CRISTINA SICCARDI

Mutter Teresa

Die Wurzeln ihrer Berufung

CRISTINA SICCARDI

Mutter Teresa

Die Wurzeln ihrer Berufung

Sankt Ulrich Verlag

Allen *Missionarinnen* und
Missionsbrüdern der Nächstenliebe gewidmet.
Sie stillen Christi zeitliches Dürsten,
indem sie ihren Mitmenschen zu trinken geben –
jetzt und für die Ewigkeit.

Titel der Originalausgabe:
Cristina Siccardi: Madre Teresa.
Tutto iniziò nella mia terra. Con lettere inedite alla famiglia, 2009

Übersetzung aus dem Italienischen: Gabriele Stein

Bibliographische Information der Deutschen Bibliothek

Die Deutsche Bibliothek verzeichnet diese Publikation in der Deutschen Nationalbibliographie; detaillierte bibliographische Daten sind im Internet über http://dnb.ddb.de abrufbar.

Titelbild: imago/Pressefoto Kraufmann&Kraufmann
Umschlaggestaltung: uv media werbeagentur
Mediengruppe Sankt Ulrich Verlag, Augsburg
Bildteil: Die Bilder wurden uns freundlicherweise von Don Lush Gjergji und dem Verlagshaus Velar zur Verfügung gestellt.
Druck und Bindung: Bercker, Kevelaer
Printed in Germany
ISBN 978-3-86744-096-7
www.sankt-ulrich-verlag.de

INHALT

VORWORT

Wenn man eine Kirche oder Kapelle der *Missionarinnen der Nächstenliebe* betritt, fällt der Blick als erstes auf das große Kruzifix hinter dem Altar und auf die Worte, die danebenstehen: „I thirst" (Mich dürstet). Besser als mit dieser Inschrift kann man das Leben und Wirken der Mutter Teresa von Kalkutta nicht zusammenfassen: sie war berufen, Christi Dürsten zu stillen, und ihre Nächstenliebe kannte keine Grenzen.

Alle wissen, wer Mutter Teresa war, doch nur wenige kennen ihre Herkunft. Und doch hat dort, in Albanien, alles angefangen. Ihre Mutter war eine außergewöhnliche und tiefgläubige Frau, stark wie ein Baum und von einer grenzenlosen und überströmenden Nächstenliebe. Schon in ihrer Kindheit wurde Anjezë Bojaxhiu entscheidend geprägt. Sie wuchs unter der Obhut einer Mutter auf, die mit außergewöhnlicher Mildtätigkeit unterschiedslos und ohne Ansehen der Person allen half und allen beistand. Drane Bernaj Bojaxhiu, die aus einer vornehmen Familie stammte, war die „Mutter Teresa von Skopje", und sie hat ihre unermeßliche Liebe zu Gott und zu den Armen an ihre Tochter weitergegeben.

Die Wurzeln, aus denen Mutter Teresa hervorging, heranwuchs und ihre Persönlichkeit ausformte, reichen tief hinab in den Nährboden eines jahrhundertealten religiösen Glaubens, der zäh, unerschütterlich und sogar bereit war, Kriege und Verfolgungen hinzunehmen, wie sie ja gerade in Albanien häufig genug vorkamen: zuerst unter den Türken und dann unter dem kommunistischen Regime des Tyrannen Enver Hoxha.

Gott und die Familie – das waren die beiden Pfeiler der monumentalen Spiritualität und Menschlichkeit jener Frau, die allen alles war.

Anders als manche glauben, war Mutter Teresa keine Sozialarbeiterin, die karitatives Engagement und missionarisches Wirken bewußt oder unbewußt miteinander verwechselte. Sie selbst hat immer wieder gesagt: „Wir sind keine Sozialarbeiter, sondern Ordensfrauen in der Welt, kontemplative Ordensfrauen, die in der Welt aktiv sind, die Liebe Gottes in Aktion. Alles, was wir tun, tun wir aus Liebe und mit Liebe zu Jesus." In einem Brief an ihre Mitschwestern definiert sie das Charisma ihres Ordens in aller Deutlichkeit: „Meine lieben Töchter, ohne das Leid wäre unsere Arbeit nur ein soziales Werk, sehr gut und nützlich, aber es wäre nicht das Werk Jesu Christi, es wäre nicht Teil der Erlösung. Jesus hat uns helfen wollen, als er unser Leben, unsere Einsamkeit, unsere Todesangst und unser Sterben teilte."

Als unfaßbar mutige Frau des Glaubens, der Hoffnung und der Liebe besaß Mutter Teresa eine christozentrische und eucharistische Spiritualität. Sie sagte oft: „Ich kann mir keinen einzigen Augenblick meines Lebens ohne Jesus vorstellen. Jesus zu lieben und ihm in den Armen zu dienen ist mein größter Lohn." Deshalb gab sie ihren Schwestern den Rat: „Wenn du beten kannst, kannst du auch lieben und dienen und diese Liebe vor aller Welt bezeugen."

Für die Journalisten, die sie auf Schritt und Tritt verfolgten, hatte sie nichts übrig. Sie betrachtete sie mit Argwohn und Mißtrauen, und einmal sagte sie sogar: „Lieber würde ich einen Leprakranken waschen als mit einem Journalisten reden." Dennoch konnte sie sich weder der Presse noch dem Rampenlicht einer mehr und mehr von den Medien beherrschten Welt entziehen, die jede Nachricht aufbauscht und aus dem Makro- und Mikrokosmos der Geschichte ein großes Spektakel macht. Sie wollte an diesem Spektakel keinen Anteil haben, doch ihre Werke wurden zu berühmt, als daß sie sich den „Luxus" der

Stille hätte leisten können. Dennoch muß man den Medien dankbar sein, denn sie haben mit ihrer Nachrichtenverbreitung dafür gesorgt, daß die von Mutter Teresa geschaffene Realität allseits bekannt wurde. So gesehen zählen auch sie zu den Wohltätern der *Missionarinnen der Nächstenliebe.* Und dieser Publicity ist es überdies zu verdanken, daß Mutter Teresa selbst allen vertraut geworden ist und mit ihrer winzigen Gestalt Einzug hielt in die Häuser dieser Welt: die Hände gefaltet oder ausgestreckt, um einen Kranken, einen Sterbenden, einen Aussätzigen oder ein Kind zu liebkosen, dessen verdorrte Gliedmaßen an einen Baum im Winter erinnern und dessen geweitete Augen größer wirken als das ganze Gesicht. Wie alle berühmten Persönlichkeiten erntete sie Zustimmung, aber auch Kritik.

In den Jahren nach 1968 forderte man mit lauter Stimme die Befreiung von allem, was mit Tradition zu tun hatte. Wer von Heiligen und Seligen sprach, galt schon bald als hoffnungslos altmodisch und lächerlich, denn man hatte sich ja nun von den „Klischees" der „Heiligenbildchen" befreit... Das richtige Leben, so hieß es, war etwas ganz anderes. Doch dann kam Mutter Teresa, eine kleine Frau, die das Herz Jesu und das Herz Tausender und Abertausender von Menschen im Sturm eroberte, und sie bewies mutig und in aller Öffentlichkeit, daß die Heiligkeit keineswegs aus der Mode gekommen ist und der Glaube an Christus noch immer Berge versetzen und das menschlich Unmögliche möglich machen kann – denn unmöglich schien vieles von dem, was sie anfing. Aus dem Senfkorn wuchs ein gewaltiger Baum, ja, ein ganzer Wald, „so daß die Vögel des Himmels kommen und in seinen Zweigen nisten" (Mt 13,32). Diese Schwester mit ihren europäischen Gesichts- und Charakterzügen, ihrem indischen Gewand und ihren franziskanischen Sandalen, deren Erscheinung schon bald jedem Gläubigen und Nichtgläubigen, jedem Katholiken und Nichtkatholiken vertraut war, errang die Bewunderung und Wertschätzung eines ganzen Landes – eines Landes, in dem die Anhänger Christi in der Minderheit sind und die Christen – auch die Schwestern von Mutter Teresa – heute verfolgt werden.

In Mahatma Gandhis Indien[1], einem Indien der Toleranz und der Demokratie, tötete die fundamentalistische Hindu-Organisation *Vishwa Hindu Parishad* (VHP) am Heiligen Abend 2007 drei Menschen und attackierte und zerstörte 13 Kirchen und Kapellen; dabei wurden zahlreiche Christen aus dem Distrikt Kadhamal verletzt oder verloren ihr Zuhause. Am 16. Januar 2008 traf Schwester Nirmala Joshi, die Nachfolgerin von Mutter Teresa[2], in Orissa ein, einer Region mit 37 Millionen Einwohnern, in deren nördlichem Teil viele Katholiken leben. Sie reiste mit dem Zug und hatte die örtlichen Behörden nicht von ihrem Kommen in Kenntnis gesetzt. Sie besuchte alle Schulen, Klöster und Pfarreien, gegen die sich die Angriffe gerichtet hatten. Am Ende ihres von der Polizei eskortierten Besuchs verfaßte die Generaloberin einen Brief, in dem sie alle „ohne Unterschied der Kaste oder des Glaubens" zu Versöhnung und Vergebung aufrief.

Geschürt worden war der Konflikt von Swami Laxmanananda Saraswati, einem der Anführer des VHP, der am Abend des 23. August 2008 von einer maoistischen Terrorgruppe ermordet worden war; daraufhin richtete sich der Zorn der Hindus in Orissa gegen die Christen, denen man die Schuld an dem Mord gab, obwohl die Polizei die Sache bereits aufgeklärt hatte. „Tötet die Christen! Zerstört ihre Einrichtungen!", hatten Tausende radikaler Hindus während der Bestattungszeremonien für den Guru skandiert und damit das Pogrom eröffnet.

„Eine Schande für unser Heimatland", nannten Premierminister Manmohan Singh und Kardinal Oswald Gracias, der Erzbischof von Mumbai, das Pogrom. Die Bilanz wog schwer: Dutzende von Menschen starben; über 50 (katholische, protestantische und andere) Kirchen wurden zerstört, Hunderte von Häusern beschädigt; vier Klöster, fünf Jugendherbergen und -wohnheime, sechs katholische Freiwilligen- und Sozialeinrichtungen verwüstet, Hunderte von Autos in Brand gesteckt. Tausende von Christen flohen vor dem Massaker und leben aus Angst noch heute versteckt und unter erbärmlichen Bedingungen in den Wäldern der Region.

Ein Zeuge dieser tragischen Ereignisse, der wie durch ein Wunder überlebt hat, ist Pater Thomas Chellanthara von der Kirche von Orissa, der von den Hindus grausam geschlagen wurde: die Hiebe trafen ihn am Kopf, an den Schultern, am Rücken... Man hatte ihn zusammen mit einigen Schwestern gefangengenommen; die Schwestern wurden vergewaltigt, Pater Thomas riß man die Kleider vom Leib und übergoß ihn mit Kerosin, um ihn anzuzünden, doch im letzten Moment entschieden einige, daß es besser sei, ihn zur Polizei zu bringen. Das rettete ihm das Leben. Am 23. Mai 2009 wurde ihm auf einer Gala der katholischen Zeitschrift „Il Timone" die Auszeichnung *Defensor Fidei* der Stiftung *Fides et Ratio* verliehen. Bei dieser Gelegenheit, die für alle Anwesenden sehr ergreifend war, sagte Pater Thomas: „Daß ich heute bei Ihnen sein kann, verdanke ich einer Genehmigung, die sehr schwierig zu bekommen war. Ich bin bei Ihnen, zweitausend Kilometer von dem Ort entfernt, an dem ich lebe, und dennoch vereint mit den verfolgten Katholiken meines Landes." Anschließend las der Direktor von „Il Timone", Gianpaolo Barra, die Begründung für die Auszeichnung vor: „Weil er mit seinem geschundenen Leib ein Symbol für die entsetzliche Verfolgung ist, die die Kirche von Orissa und von Indien erleidet; weil er mit seinem Zeugnis der Treue zu Christus wie ein guter Hirte dazu beigetragen hat, die katholische Gemeinschaft zu stärken und zu ermutigen; und weil er mit seinem Glauben auch für die Nichtchristen ein lebendiger Zeuge Christi ist." Die zehntausend Euro, die dem *Miles Christi* überreicht wurden, sollen nach dem Willen von Pater Thomas den Kindern von Orissa zugutekommen.

Don Bernardo Cervellera, ein Missionar des *Pontifico Institute Missioni Estere* (PIME), schrieb am 4. September 2008:

„Die eigentliche ‚Schande' besteht darin, daß die Christen Indiens, ein wichtiger Motor der sozialen und wirtschaftlichen Entwicklung des Landes, massakriert werden und die Regierungen und humanitären Vereinigungen in aller Welt dazu schweigen. Ein weiteres Beispiel der ‚Christianophobie'" – jener „Christenfeindlichkeit", die vor allem Europa vergiftet.

Dieses gezielte Vorgehen gegen Personen und Strukturen dient dazu, die christliche Missionsarbeit zu untergraben. Die Mitglieder der Stämme jedoch, die häufig als Sklaven für landwirtschaftliche Arbeiten mißbraucht werden, und die vom Kastensystem ausgegrenzten Dalit sehen im Christentum einen Weg, um ihre Situation zu verbessern, ihre Rechte zu stärken und ihrem Leben Würde zu geben – was sich mit den Erfahrungen der vielen Menschen deckt, die nach der Begegnung mit Mutter Teresa von Kalkutta konvertiert sind.

Don Cervellera schreibt weiter: „Mit ihrem Widerstand gegen das Engagement der Christen stellen sich die hinduistischen Fundamentalisten auch gegen den Hinduismus Gandhis, der ein laizistisches, für alle Religionen offenes Indien, die Abschaffung des Kastensystems und die Wiederherstellung der Würde der Dalit erreichen wollte, die er ‚Söhne Gottes' *(Harijan)* nannte."

Piero Gheddo erklärt:

> In der christlichen Tradition und bis in die jüngste Vergangenheit hinein hielt man die nichtchristlichen Religionen für Teufelswerk, für Feinde des Kreuzes Christi, die es zu vernichten galt. Der heilige Paulus beschreibt die Situation der Menschen ohne Christus absolut negativ und verurteilt sie ganz offen (Röm 1); dann aber spricht er in der berühmten Rede auf dem Athener Areopag (Apg 17,16–31) positiv von den Überzeugungen der Athener und von ihren Bemühungen auf der Suche nach dem wahren Gott. Was die Einstellung zu den nichtchristlichen Religionen betrifft, ist die ganze Geschichte des Christentums von diesen beiden gedanklichen Strömungen geprägt.

> In der Vergangenheit war die negative Lesart vorherrschend, nach dem Zweiten Vatikanischen Konzil hat man begonnen, die Religionen als eine Vorbereitung auf die Begegnung mit Christus zu verstehen [...]. Die Evangelisierung ist kein Zwang, sondern ein Dialog mit dem Menschen, mit den Völkern, mit den organisierten Religionen, der Teil der Evangelisierungsmission der Kirche ist. Der Dialog, eine providentielle ‚Entdeckung' des Zweiten Vatikanischen Konzils, ist an die Anerkennung der Würde jeder menschlichen Person und der verschiedenen Wege geknüpft, die der Mensch gefunden hat, um zu Gott zu gelangen. Viele Dokumente der Kirche erklären, daß der Dialog keine Alternative zur Evangelisierung, sondern eine Forderung unserer Zeit ist, die die verschiedenen Völker, Kulturen und Religionen immer mehr in Kontakt zueinander bringt.[3]

Andererseits kann man aber auch nicht so tun, als ob nichts wäre, und, weil man niemanden kränken und es allen ein bißchen rechtmachen will, letztlich Gott beleidigen und aus Feigheit die ureigene Berufung preisgeben, die der Sohn Gottes den Aposteln anvertraut hat, nämlich alle Völker der Erde zu evangelisieren und ihnen die „Gute Nachricht" zu bringen: „Geht hinaus in die ganze Welt, und verkündet das Evangelium allen Geschöpfen! Wer glaubt und sich taufen läßt, wird gerettet; wer aber nicht glaubt, wird verdammt werden" (Mk 16,15–16).

Einen klaren Standpunkt bezieht in dieser Hinsicht der Diener Gottes Pater Clemente Vismara (1897–1988), ein Missionar des PIME, der 65 Jahre in Birma gelebt hat:

> Die Leute hier sind arm, weil sie arm oder, besser gesagt, elend bleiben wollen. Die Faulheit steckt ihnen sozusagen im Blut, zuweilen hat man sogar Hemmungen, ihnen zu helfen, weil diese Hilfe bedeutet, daß man sie noch fauler macht [...]. Nichts treibt sie an. Wenn sie für zwei Tage zu essen haben, ruhen sie sich einen Tag lang aus. Ersparnisse kennen

> sie nicht: wenn sie krank werden oder einen Unfall haben, jammern sie. Sollen sie doch sagen, daß der Buddhismus eine gute und ehrenwerte Religion ist. Ich bin mir sicher: sie kriegen viele, viele Milliarden aus Amerika und aus Europa, aber wenn sie ihre Religion nicht ändern, werden sie immer auf der Stelle treten [...]. Es liegt an ihrer üblen Religion, die sie so werden läßt. Die christliche Spiritualität bringt von sich aus ganz automatisch auch den materiellen Wohlstand mit sich.

Der extrem nationalistische VHP will Christen, Muslime und Parsen in Indien eliminieren, kurz: die Geschichte Indiens zerstören, das schon immer ein Ort der Begegnung zwischen Kulturen und Religionen gewesen ist. Und im Westen, wo die Vereinigungen pazifistischer Prägung aus dem Boden schießen, um Gruppen, Minderheiten und bedrohte Arten zu schützen, schweigt man über die Christenverfolgung in Orissa, in China oder im Mittleren Osten, und das „im Namen einer ‚Christianophobie', die ihr christliches Erbe notfalls auch mit Lügen abzuschütteln versucht", wie Pater Cervellera weiter schreibt.

Gerade in einem solchen Kontext ist eine Gestalt wie Mutter Teresa so elementar wichtig, denn ihr ethisches und missionarisches Beispiel wirkt fort, und deshalb kennt ihre Ordenskongregation keinerlei Nachwuchssorgen, sondern eröffnet immer wieder neue Zentren in aller Welt.

Mutter Teresa ist für ihre Schwestern, für die Waisenkinder, die Kranken, die Armen und die Aussätzigen eine Lehrerin des Lebens gewesen und ist es bis heute für Tausende und Abertausende von Menschen. Sie ist es auch durch die Schriften und Gedanken, die sie uns hinterlassen hat: wahre Goldgruben der Weisheit und Wahrheit. In diesen Dokumenten findet sich ihre gesamte Philosophie, die man zuweilen in einer Handvoll Worte zusammenfassen kann: Lehren, die unmittelbar zu Herzen gehen, die zum Wesen des Daseins und zum Geheimnis der Selbstverwirklichung vordringen, weil es immer gilt, „die gewöhnlichen Dinge mit außergewöhnlicher Liebe zu tun". Auf diese Weise erfüllt sich der Plan der Liebe, den Gott für jeden von uns hat. Die Weisheit wohnte in ihrem Herzen, und sie drückte sich in ihrem Denken, in ihrem Handeln und in der hohen Kunst aus, ihre Vorstellungen in Poesie umzusetzen:

Was ist…
Der schönste Tag: heute.
Das Einfachste: sich irren.
Das größte Hindernis: die Furcht.
Der größte Fehler: aufgeben.
Der Ursprung allen Übels: der Egoismus.
Die schönste Zerstreuung: die Arbeit.
Die schlimmste Niederlage: die Mutlosigkeit.
Der beste Lehrer: die Kinder.
Das Notwendigste: die Kommunikation.
Das, was am glücklichsten macht: für andere nützlich zu sein.
Das größte Geheimnis: der Tod.
Der schlimmste Makel: schlechte Laune.
Der gefährlichste Mensch: der Lügner.
Das verheerendste Gefühl: der Groll.
Das schönste Geschenk: die Vergebung.
Das Unentbehrlichste: die Familie.
Der schnellste Weg: der richtige.
Die angenehmste Empfindung: der geistige Friede.
Der wirksamste Schutz: das Lächeln.
Die beste Medizin: der Optimismus.
Die größte Befriedigung: seine Pflicht getan zu haben.
Die größte Macht der Welt: der Glaube.
Die wichtigsten Menschen: die Eltern.
Das Allerschönste: die Liebe.

Mutter Teresa hat ihre Liebe durch das Dienen, aber gerne auch durch Poesie und Prosa zum Ausdruck gebracht. Ihr seelisches Erbe hat sie uns schriftlich hinterlassen; vieles ist erhalten:

Autographe, Reflexionen, Briefe, Meditationen, Tagebuchseiten, poetische Texte, Lehren, Gebete... Mutter Teresa vermittelte ihre Lehren mit großer Leichtigkeit durch das geschriebene Wort, das ihr ebenso aus dem Herzen und aus dem Geist strömte wie das Gebet. Oft sagte sie: „Die Frucht der Stille ist das Gebet. Die Frucht des Gebets ist der Glaube. Die Frucht des Glaubens ist die Liebe. Die Frucht der Liebe ist das Dienen." Es waren ganz präzise Vorkehrungen, die ihr halfen, immer und überall zu beten: Stille, Distanz zu den Geschöpfen, Sammlung. Es nie überstürzen, denn „die Seele braucht Zeit, Zeit, um sich zurückzuziehen und zu beten, mit dem Mund, mit den Augen, mit dem ganzen Leib." Sie lehrte: „Wenn ihr betet, werdet ihr ein reines Herz haben, ihr werdet Gott sehen können, und dann werdet ihr einander lieben." Wer das Gebet nicht an die erste Stelle stellt, muß scheitern: „Unsere Häuser sind die Häuser der Armen auf der Straße, wo sie Hungers sterben. Das Kloster brauchen wir nur wenige Stunden, für die Ruhe und fürs Gebet. Wir brauchen das Gebet, wir brauchen es sehr. Ohne die Kraft des Gebets wäre unser Leben nicht möglich."

Sie hatte überraschende Einsichten, die man aus der Sicht des Glaubens als echte göttliche Erleuchtungen bezeichnen könnte. Sie vertraute und verließ sich einzig und allein auf Gott, und sie achtete weniger auf die Mittel, die nötig waren, um das Ziel zu erreichen, als vielmehr auf das Ziel an sich. Beispielsweise die Berühmtheit: „Ich war gezwungen, die Berühmtheit zu ertragen. Ich nutze sie aus Liebe zu Jesus. Wenn die Zeitungen und die Fernsehsender von mir sprechen, dann sprechen sie gleichzeitig von den Armen und machen auf die Armen aufmerksam. Es ist eine Last, die zu tragen sich lohnt."[4]

Um es auf den Punkt zu bringen: sie konzentrierte sich einzig und allein auf die Berufungen durch Gott (erstens: die Ordensberufung, zweitens: die uneingeschränkte Hingabe an die Armen), und deshalb wußte sie auch, daß die Vorsehung sie bei der Verwirklichung konkreter Projekte niemals im Stich lassen würde.

Ihr Ringen war immer spiritueller, genauer gesagt, mystischer Natur; ihre Seele war in Gott verliebt, ja, verrückt nach Gott, und sie spürte alle Entbehrungen des begrenzten Geschöpfs, das noch nicht mit seinem Schöpfer vereint ist.

Sie war eine Heilige im Rampenlicht, und deshalb verbreiteten sich ihre Worte mit rasender Geschwindigkeit und lösten geteilte Reaktionen aus: manche unterstellten ihr Proselytismus und behaupteten, sie helfe den Armen, um sie zum Katholizismus zu bekehren, während andere mit dem Finger auf sie zeigten und ihr vorwarfen, ihre Einstellung sei zu ökumenisch, eine Art religiöser Schmelztiegel und nicht mit ihrem Ordenskleid vereinbar.

Mutter Teresa, die in Albanien geboren und aufgewachsen ist, einem Land, wo Christen, Muslime und Orthodoxe Seite an Seite lebten, hat viel aus der Erfahrung ihres Volkes gelernt, das an den Umgang mit Vertretern anderer Religionen gewohnt war. In Indien zu arbeiten, fiel ihr nicht schwer, denn auch hier gab es eine lange Tradition des je nach Epoche eher toleranten oder eher intoleranten Aufeinandertreffens verschiedener Glaubensgemeinschaften. Und wie in Albanien hatten auch in Indien Katholiken unter heftigen Angriffen und grausamsten Verfolgungen leiden müssen.

Mutter Teresa selbst beschrieb ihre Identität folgendermaßen: „Der Abstammung nach bin ich Albanerin. Ich habe die indische Staatsbürgerschaft. Ich bin eine katholische Nonne. Der Berufung nach gehöre ich der ganzen Welt. Und im Herzen ganz und gar Jesus.“[5] Wenn man sie malen wollte, müßte man sie eigentlich am Wallfahrtsort der Muttergottes von Letnica, Zoja Cërnagore, darstellen, den sie als Kind und als junges Mädchen regelmäßig mit ihrer Familie besuchte: inmitten einer bunten Menge von Menschen verschiedenster Ethnien, die heute wie damals in Scharen in jenes kleine Dorf im Kosovo pilgern, um bei der Schwarzen Muttergottes Zuflucht zu suchen.

Ihre Berufung war es, wirklich der ganzen Welt zu gehören. Dank dieser *Forma mentis,* die sich seit ihrer frühesten Kindheit in ihr entfalten konnte, kam es ihr zwar nicht unbedingt einfach, aber doch ganz natürlich vor, Hindernisse zu überwinden, die auf einer wie auch immer gearteten Verschiedenheit beruhten:

> Unser Ziel ist es, Gott und seine Liebe ohne Ansehen der ethnischen Herkunft oder des Glaubens zu den Ärmsten der Armen zu bringen. Wenn wir ihnen unsere Hilfe anbieten, achten wir nicht auf ihre Überzeugungen, sondern auf ihre Bedürfnisse. Wir versuchen nie, die, denen wir helfen, zum Christentum zu bekehren. Doch unsere Arbeit ist das lebendige Zeugnis der allgegenwärtigen Liebe Gottes. Und wenn wir durch dieses Zeugnis erreichen, daß Katholiken, Protestanten, Buddhisten oder Agnostiker ein bißchen bessere Menschen werden, dann sind wir zufrieden. Wenn sie in einem Klima der Liebe wachsen und leben, werden sie Gott näher sein und ihn und seine grenzenlose Güte finden können.

Niemand wurde je in einem der Häuser von Mutter Teresa abgewiesen, denn sie hat nie auf das Äußere, sondern immer nur auf das Wesentliche geachtet, und das Wesentliche sind die Worte Jesu: „Was ihr für einen meiner geringsten Brüder getan habt, das habt ihr mir getan" (Mt 25,40). Eben deshalb verdiente auch der allergeringste Bruder jegliche Aufmerksamkeit. Sie achtete die Vorstellungen der anderen, aber – und das sei hier in aller Deutlichkeit gesagt – ließ sich nie auf Kompromisse ein, sondern blieb der Kirche als Bewahrerin des geoffenbarten Wortes und ihrem Bräutigam und König Christus treu, der für das Heil aller Menschen am Kreuz gestorben ist. Dieses Kreuz wollte Mutter Teresa, die gelobt hatte, Gott nie auch nur das geringste abzuschlagen, voll und ganz umarmen.

Mein tiefempfundener Dank und alle meine Anerkennung gelten Don Lush Gjergji, Mutter Teresas geistigem Sohn, für seine Unterstützung, seine Großzügigkeit, seine Wertschätzung, für sein wunderbares Zeugnis und für die Bücher und kostbaren Dokumente, die er mir zugänglich gemacht hat; dem Salesianerpater Giuseppe Pelizza, der mir mit seiner reichen Albanienerfahrung ein lebendiges Bild dieser unter der kommunistischen Diktatur so schwer geprüften Nation entworfen und dank seiner Sprachkenntnisse viele Schriften Mutter Teresas, die im vorliegenden Buch veröffentlicht sind, aufs sorgfältigste aus dem Albanischen übersetzt hat; Herrn Professor Massimo Introvigne für seine kluge Beratung in historischen und soziologischen Fragen; Frau Agi Bojaxhiu Guttadauro, Mutter Teresas einziger Nichte, für ihre große Geduld und ihre Mitarbeit; und schließlich jener *Missionarin der Nächstenliebe,* die mir so viele Fragen beantwortet hat, aber aus Demut ungenannt bleiben wollte und die trotzdem oder gerade deshalb alle ihre Mitschwestern der Vergangenheit, der Gegenwart und der Zukunft repräsentiert.

„VERBRANNTE“ ERDE

Mutter Teresa von Kalkutta: schon zu Lebzeiten eine Ikone, eine Legende für alle Völker der Erde. Allgemein bekannt und für die Welt schon heilig, als sie noch durch die Straßen, Krankenhäuser und Leprastationen zog oder mit Staatsoberhäuptern, Ministern, Botschaftern und Päpsten zusammentraf. Sie war die erste Nichtpolitikerin, von der es noch zu Lebzeiten eine Briefmarke gab.

Ausgerechnet Mutter Teresa, die nicht gerne vor Publikum sprach und die Öffentlichkeit scheute („Ich bin nicht bestimmt für Konferenzen und Kongresse. In der Öffentlichkeit zu sprechen ist nicht meine Sache.“[6]), wurde berufen, auf internationalen Versammlungen und Symposien zu den Großen dieser Erde zu sprechen, die renommiertesten Ehrungen und Auszeichnungen und 1979 sogar den Friedensnobelpreis entgegenzunehmen, auf den Titelblättern der Zeitungen und Illustrierten und auf den Bildschirmen in aller Welt zu erscheinen.

Ganze Ströme von Tinte sind geflossen und scheinen noch immer nicht auszureichen, um die Gestalt dieser kleinen und doch so gewaltig großen Gottesfrau zu umreißen, denn nach wie vor beschäftigen sich die Journalisten und Schriftsteller mit der Mutter der Leidenden und wollen unzählige Menschen mehr über sie erfahren. Niemand wird ihrer überdrüssig.

Aber wie wurde sie Mutter Teresa von Kalkutta?

In den vier Wänden ihres Elternhauses fing alles an.

Mutter Teresa sprach nie von ihren Verwandten und ihrer Heimat. Sie war eine Mauer der Zurückhaltung. Ihre „Geheimnisse", ihre Gefühle und das, was daraus entstanden war, verschloß sie immer in ihrem Herzen. Sie sprach nicht über ihre Lieben, und sie sprach nicht über sich: Jesus war die Mitte ihres Herzens, die Armen waren das Zentrum ihres Interesses.

Und doch gibt es heute, da sie von der Kirche offiziell als Selige anerkannt ist, vieles über sie selbst, über ihre persönliche Geschichte und über diese außergewöhnliche Familie zu sagen, in der sie geboren, aufgewachsen und geformt worden ist, bis aus ihr Mutter Teresa von Kalkutta wurde. Im Keim war dort in Skopje bereits alles angelegt.

Anjezë Bojaxhiu wird am 27. August 1910 in Skopje in Albanien geboren. Damals herrschten hier noch die Türken, die das albanische Volk fünf Jahrhunderte lang, vom Tod des Nationalhelden Gjergj Kastrioti Skanderbeg (1405–1468) bis zum Jahr 1912, unterjocht hatten. Von klein auf war der Nationalheld Albaniens von den Türken in der Kunst der Kriegsführung unterwiesen worden und hatte im osmanischen Heer Karriere gemacht. Als Fürst von Kruja kämpfte er für die Osmanen, bis er zusammen mit einer Gruppe seiner engsten Gefolgsleute die Festung Kruja in Albanien besetzte. Sultan Murad II. raste vor Zorn über diesen Verrat. Er stellte Ali Pascha an die Spitze eines mächtigen Heeres, das er gegen die Albaner schickte. Mit teilweise unglaublichen Schachzügen gelang es Skanderbeg, das osmanische Heer aufzuhalten. Zahlenmäßig waren Skanderbegs Truppen deutlich unterlegen, doch dank seiner Kriegstaktik erlitten die Türken eine schmerzhafte Niederlage, die den Sultan so sehr erboste, daß er eine weitere Expedition gegen die Albaner sandte. Doch auch aus dieser Auseinandersetzung ging Skanderbeg als Sieger hervor, woraufhin ihm der Papst den Titel eines „furchtlosen Verteidigers der abendländischen Zivilisation" und eines „Athleta Christi" verlieh.

Murad II. gab sich jedoch noch immer nicht geschlagen und rüstete erneut zwei insgesamt 25.000 Mann starke Heere aus. Wieder war der Ausgang für die Osmanen katastrophal. Allerdings beunruhigten Skanderbegs Erfolge nun die Venezianer, die die inzwischen mit den Türken geknüpften Handelsbeziehungen gefährdet sahen und sich deshalb mit dem Sultan gegen Skanderbeg verbündeten. Doch es war zwecklos. Im Frühling 1449 zog Murad II. höchstpersönlich gegen Albanien zu Feld. Sein Heer war riesig für damalige Verhältnisse. Nach mehreren Schlachten und Belagerungen hatten die Türken die Hälfte ihrer Soldaten eingebüßt. Der Versuch, Skanderbegs Reich zu erobern, wurde dennoch fortgesetzt. Die tüchtigsten türkischen Paschas zogen gegen die Festung Kruja, doch keiner dieser Feldzüge endete siegreich für die Osmanen.

Skanderbeg wurde über die Grenzen seines Landes hinaus berühmt. 1458 begab er sich nach Italien, um Ferdinand I., dem König von Neapel und Sohn seines Freundes und Gönners Alfons von Aragon, im Kampf gegen seinen Rivalen Johann von Anjou zu helfen. Er reihte einen Erfolg und Triumph an den anderen, und solange er lebte, gelang es den Türken nicht, sein Reich zu erobern. Am 17. Januar 1468 starb Skanderbeg in Alessio an der Malaria. Zehn Jahre später fiel Kruja, die heldenhafte kleine Stadt, in die Hände der Türken, und mit ihr gelangte ganz Albanien unter osmanische Herrschaft.

Einem Großteil der aus Illyrien stammenden albanischen Bevölkerung gelang es trotz der osmanischen Unterdrückung, ihre Traditionen und ihren tiefen katholischen Glauben am Leben zu erhalten, der noch auf den heiligen Paulus zurückgeht; in seinem Römerbrief schreibt der Völkerapostel: „So habe ich von Jerusalem aus in weitem Umkreis bis nach Illyrien überallhin das Evangelium Christi gebracht" (Röm 15,19).

Das Christentum war in diesem Gebiet auf so fruchtbaren Boden gefallen, daß im Jahr 283 n. Chr. sogar der aus Saloma stammende Cajus zum Papst gewählt wurde. Als das albanische Reich in die Hände der Türken fiel, wanderten viele nach Venedig oder ins südliche Italien aus; andere, die in der Heimat geblieben waren, mußten zur islamischen Religion konvertieren. Viele starben für ihren Glauben, wie in den Jahren zwischen 1846 und 1848 die Märtyrer von Stublla, Binça, Vërnakolla und Terzijaj, die man mit Gewalt in die Türkei verschleppt hatte, um – allerdings erfolglos – alle Spuren des christlichen Glaubens in dieser Region auszumerzen. Daneben entwickelte sich das Phänomen der „Laramani“ oder heimlichen Katholiken, die ihren Überzeugungen und ihrem Bewußtsein nach Katholiken waren, aber muslimische Namen, Sitten und Gebräuche angenommen hatten.

Albaniens Kultur, Sprache und Literatur sind insofern eng mit dem Christentum verbunden, als sie mehrere Jahrhunderte lang in Büchern überlebten, die von der Kirche publiziert wurden. Letztere und ihre Priester haben also nicht nur den Glauben, sondern auch die albanische Tradition bewahrt. Die Rolle der Kirche wurde und wird von allen anerkannt – auch von Albanien selbst, das noch bis vor kurzem ein atheistischer und kommunistischer Staat war und am 13. November 1967 jegliche Religion per Staatsdekret abgeschafft und verboten hatte. Unmittelbare Folge dieser Maßnahme war die Zerstörung von 268 Kirchen.

Inmitten dieser religiösen und moralischen Verwüstung, dort, wo der religionsfeindliche Geist des stalinistischen Regimes von Diktator Enver Hoxha Trostlosigkeit und soziale Angst verbreitete, wuchs ein hellstrahlender Leuchtturm empor: Mutter Teresa.

Die Bojaxhius waren eine Familie von Händlern und Kämpfern, hier war der Krieg eine alltägliche Angelegenheit: jahrhundertelang hatten die Bewohner vieler albanischer Zentren immer wieder selbst zu den Waffen greifen und sich verteidigen müssen. Ihre Geschäfte führten die Bojaxhius bis nach Misir in Ägypten. Ein Zweig der Familie ließ sich in Prizren nieder, einer alten Stadt in der autonomen Provinz Kosovo, ein anderer in Skopje. Die Mitglieder wechselten häufig ihren Wohnort, um den Handelslinien zu folgen, aber auch, um vor Epidemien – insbesondere der Cholera, die der Bevölkerung von Prizren zwischen 1850 und 1855 hart zusetzte – oder den grausamen Verfolgungen durch die Türken zu fliehen; diese luden eines Abends in Prizren alle katholischen Familienoberhäupter zu einem Abendessen ein, begingen Verrat und verstümmelten sie auf grausame Weise; wie es die mündliche Überlieferung berichtet.[7]

Es waren von Leid, Armut und Kriegen geprüfte Menschen. Menschen, die ihre Existenz auf die starken Familienbande, auf die Freundschaft und auf das Wort gründeten, in welchem Umfeld und in welcher Situation es auch gegeben worden war: das sogenannte „Ehrenwort". Eines Tages erklärte Mutter Teresa ihren Schwestern: „Sie [die Albaner] haben ein Wort, die Besa: selbst wenn Sie meinen Vater getötet haben und die Polizei hinter Ihnen her ist, ich Ihnen aber mein Wort gegeben habe, Sie nicht zu verraten – werde ich Ihren Namen nicht preisgeben, selbst wenn die Polizei mich töten würde."[8] Ihrem Gott und den Menschen gegebenen „Ehrenwort" wird Mutter Teresa immer treu sein, und sie war bereit, jeden beliebigen Preis dafür zu zahlen.

Anjezë, die in der Familie mit dem Kosenamen Gonxhe, das heißt Blütenknospe, gerufen wurde, wächst mit dieser Kultur auf und sieht Tag für Tag, wie sich die Tür ihres Elternhauses für Frauen und Männer öffnet, die Brot und Fürsorge brauchen – ein Vorspiel zu jener hölzernen Tür mit dem darüber angebrachten Holzkreuz in der Lower Circular Road 54/A in Kalkutta, dem Mutterhaus der *Missionarinnen der Nächstenliebe.* Daneben wird ein ganz einfaches und schlichtes Schild auf ihr neues Zuhause hinweisen: *Mother Teresa M. C.*[9]

BROT, SALZ UND HERZ

Die Eltern von Anjezë Gonxhe waren wohlhabende Kosovaren; Kolë, der Vater (1873–1918), stammte aus Prizren, die Mutter Drane (1998–1972) aus Novosella (Gjakova); nicht zufällig sollte Mutter Teresa zeit ihres Lebens eng mit dem Kosovo verbunden bleiben. Als die Familie Bojaxhiu nach Skopje kam, besaß sie bereits ein beträchtliches Vermögen, denn die Geschäfte des von ihr geführten kaufmännischen Betriebs liefen hervorragend. Gonxhes Großmutter, Çila, arbeitete mit ihrem Mann, Großvater Lazër, zusammen. „Oma Çila", erinnert sich Lazër Bojaxhiu (1908–1981), der Bruder von Anjezë und Age (1913–1973), im Gespräch mit Mutter Teresas wichtigstem Biographen und geliebten geistigem Sohn Don Lush Gjergji[10], „war besonders tüchtig, wir waren sehr reich, wir hatten viele Arbeiter, die uns halfen, sie erledigten Stickereien und andere Frauenarbeiten, während sie sich um die Geschäfte kümmerte. Es waren Kaufleute aus alter Tradition",[11] einer Tradition, die Lazërs und Gonxhes Vater, Kolë Bojaxhiu, fortsetzte. Er war

ein sehr bekannter Kaufmann. Anfangs arbeitete er mit Doktor Suškalović zusammen, der damals einer der berühmtesten Ärzte in Skopje war und ihn sehr schätzte. Wahrscheinlich haben deshalb viele Schriftsteller geschrieben, mein Vater sei Apotheker oder Drogist gewesen, weil er mit einem Arzt zusammenarbeitete und Medikamente verkaufte. Aber er war ein Kaufmann und ein tüchtiger Unternehmer. Gemeinsam mit einem Freund war er Inhaber einer sehr großen Baufirma

> in Skopje. Er brachte es so weit, daß er mehrere Häuser oder Villen besaß, und in einer davon lebten wir. Bis zu seinem Tod führten wir ein angenehmes und unbeschwertes Leben. Er war ein sehr geselliger Mann, und unser Haus stand allen offen [...]. Später lernte er einen italienischen Kaufmann kennen, einen gewissen Herrn Morten, wahrscheinlich Venezianer und sehr reich, der mit verschiedenen Waren handelte: Lebensmitteln, Öl, Zucker, Stoffen, Fellen, also mit all dem, was man damals „Kolonialwaren" nannte. Papa tat sich mit ihm zusammen und war von da an viel unterwegs, man kann sagen, er reiste durch ganz Europa.[12]

Mit Morten realisierte er private und öffentliche Bauprojekte wie die Eisenbahnlinie, die Skopje mit dem Kosovo verbindet, und das erste Theater der Stadt, wo auch die Familie Bojaxhiu vor allem im Rahmen von Kindervorstellungen mit Rezitationen, Tanzdarbietungen und Musikkapellen auftrat.

Kolë war ein großer Musikliebhaber und Mitbegründer der städtischen Musikkapelle *Zani i maleve* oder „Die Stimme der Berge", die auf Skopjes Plätzen und Straßen auftrat, als Albanien 1912 nach fünf Jahrhunderten unter türkischer Besatzung die Unabhängigkeit errang. Kolë Bojaxhius Kapelle zog durch die Stadt und stimmte patriotische Hymnen, Volkslieder und Kriegsgesänge an. Von jenem Tag existieren noch heute kostbare Photographien und Augenzeugenberichte.

Mutter Teresas Eltern schufen in der Familie eine sehr warmherzige und liebevolle Atmosphäre:

> Wenn er zurückkam, versammelte er uns alle um sich und erzählte uns ausführlich alles, was er gesehen, getan oder geplant hatte. Er brachte uns auch viele Dinge mit, aber vor allem war es lustig und schön, ihm zuzuhören, wenn er von seinen Reiseabenteuern erzählte. Er sprach oft und sehr gerne mit Age [...], während Nëna Loke[13] [...] sich gerne mit mir und mit Gonxhe unterhielt.[14]

Lazër erzählte Don Lush:

> Vater war ein strenger Mann und verlangte viel von uns. Ich erinnere mich, daß er mich weckte, wenn er abends nach Hause kam, um mich zu fragen, ob ich tagsüber brav gewesen war; er fragte mich das Einmaleins und andere Schulaufgaben ab und sagte immer: „Vergeßt nicht, wessen Kinder ihr seid!" Gerne erinnere ich mich noch daran, wie großzügig er war. Er gab allen zu essen und Geld, aber er machte es ganz unauffällig und ohne damit zu prahlen. Ich wurde auch manchmal von ihm losgeschickt, um den Armen in unserer Stadt Geld, Kleidung, Lebensmittel und andere Dinge zu bringen... er sagte immer: „Ihr müßt zu allen großzügig sein, denn Gott war und ist mit uns großzügig, er hat uns so vieles geschenkt, er hat uns alles geschenkt, also tut allen Gutes..."[15]

Die Gastfreundschaft war eine Lebensregel, die ganz selbstverständlich umgesetzt wurde. Bei Gonxhe zu Hause saß beim Mittag- oder Abendessen immer ein fester Gast mit am Tisch, die alte Frau Markoni: Sie trank Kaffee und Schnaps und aß zusammen mit der Familie, die sie immer freundlich aufnahm. Seinen Kindern schärfte Kolë ein: „Nehmt sie gut und mit Liebe auf, denn sie ist arm und allein, sie hat niemanden!"[16]

Unfruchtbarkeit galt in Albanien als Tragödie, und in einem alten Volkslied heißt es: „Wer keinen Sohn und keine Tochter hat, hat weder Fleisch noch Seele"; andererseits wurden aber infolge der massiven kulturellen Beeinflussung durch den Islam auch weibliche Nachkommen als Unglück betrachtet, denn für den Islam war die Frau nur im Hinblick auf die Söhne angesehen, die sie gebar, und der Vater war der Herr des Hauses. So heißt es im 34. Vers der vierten Sure des Korans:

> Die Männer haben Vollmacht und Verantwortung gegenüber den Frauen, weil Gott die einen vor den anderen bevorzugt hat und weil sie von ihrem Vermögen (für die Frauen)

> ausgeben. Die rechtschaffenen Frauen sind demütig ergeben und bewahren das, was geheimgehalten werden soll, da Gott es geheimhält. Ermahnt diejenigen, von denen ihr Widerspenstigkeit befürchtet, und entfernt euch von ihnen in den Schlafgemächern und schlagt sie. Wenn sie euch gehorchen, dann wendet nichts Weiteres gegen sie an. Gott ist erhaben und groß.[17]

Wenn in Albanien ein Mädchen geboren wurde, feierte niemand, denn die Jungen waren die Freude und Hoffnung der Familie. Gonxhe war die dritte Tochter:

> Als Gonxhe Bojaxhiu zur Welt kam, empfing die Familie sie, obwohl in Skopje und den umliegenden Regionen noch immer die Türken herrschten, mit großer Liebe und Dankbarkeit als ein Geschenk Gottes, auch wenn die Eltern gemäß dem Brauch und den Volkstraditionen der damaligen Zeit lieber noch einen Sohn gehabt hätten.[18]

Sie wurde in der Herz-Jesu-Kathedrale getauft. Mit sieben Jahren begann sie in derselben Pfarrei die katholische Schule zu besuchen, und in der Herz-Jesu-Kirche empfing sie auch die Erstkommunion und die Firmung. Dann wurde sie an der staatlichen Schule angemeldet. Gonxhe besaß einen sehr liebenswerten Charakter; sie wurde nicht müde, Freundschaften zu schließen und ein gutes Verhältnis zu den Lehrkräften aufzubauen. Sie war immer eine hervorragende Schülerin, die Klassenbeste und stets bereit, den anderen zu helfen. Das zeigte sich auch in der Familie – zum Beispiel dann, wenn ihr Bruder an der Reihe war, dem Auftrag der Mutter nachzukommen und die Schuhe zu putzen. Weil das in seinen Augen eine „Frauenarbeit“ war, die er nicht mochte, bat er Gonxhe, sie für ihn zu erledigen, und die Schwester tat ihm den Gefallen. Ihre Mutter war stolz auf sie und erklärte immer, daß sie ihre Gesellschaft nicht lange würde genießen können: entweder käme Gonxhe aufgrund ihrer schwachen Gesundheit bald in den Himmel, oder sie würde den Weg einer Ordensberufung einschlagen.

Die Großzügigkeit war eine Eigenschaft, die Gonxhe unmittelbar von ihren Eltern übernahm. Von ihrem Vater erzählte Mutter Teresa später: „Papa Kolë sagte zu mir: ‚Meine Tochter, nimm nie einen Bissen an oder zu dir, der nicht mit den anderen geteilt worden ist!‘ oder: ‚Der Egoismus ist eine spirituelle Krankheit, die dich zum Sklaven macht, die dich weder leben noch den anderen dienen läßt!‘“[19] Materieller und spiritueller Reichtum bildeten in Mutter Teresas Familie eine vollkommene Einheit. Gonxhe entdeckte das „Geheimnis“ ihres eigenen Lebens in den vier Wänden ihres Elternhauses: jedes Übel der Welt mit Liebe und aus Liebe zu bekämpfen, denn, wie Mutter Teresa später sagen wird: „Nur die Liebe kann die Welt retten!“

In der albanischen Bevölkerung hatten die jahrhundertelangen Tragödien, Kämpfe und Gewalttaten einen ausgeprägten Sinn für Solidarität und Gastfreundschaft geschaffen. Hinter alledem aber stand eine tiefe Religiosität. Sie ist die Achse, um die sich die autochthone Tradition drehte und noch immer dreht. Die Grundregel der albanischen Gastfreundschaft lautet: „Das Haus gehört Gott und dem Gast“; und die Symbole dieser Gastfreundschaft sind Brot, Salz und Herz. Diese Regel und diese Symbole machte Mutter Teresa zum Fundament ihres Lebens. Jedes von ihr eröffnete Haus wird ein Haus Gottes und deshalb auch ein Haus sein, in dem die Armen – ihre Brüder! – Obdach, Speise, Trank und Fürsorge erhalten. Ihr Brot wird nicht nur das aus Mehl gebackene, sondern vor allem der eucharistische Jesus sein, aus dem sie all ihre Kraft gewinnt. Ihr Salz wird die Freude am Leben sein, die sie aus der unermeßlichen, sprudelnden, überströmenden Quelle des Glaubens schöpft. Wer kennt nicht ihre Hymne an das Leben?

Das Leben ist eine Chance – ergreife sie!
Das Leben ist Schönheit – bewundere sie!
Das Leben ist Seligkeit – koste sie!
Das Leben ist ein Traum – verwirkliche ihn!
Das Leben ist eine Herausforderung – stell dich ihr!
Das Leben ist eine Pflicht – erfülle sie!
Das Leben ist ein Spiel – spiele es!
Das Leben ist kostbar – hüte es!
Das Leben ist Reichtum – bewahre ihn!
Das Leben ist Liebe – erfreue dich an ihr!
Das Leben ist ein Rätsel – entdecke es!
Das Leben ist ein Versprechen – erfülle es!
Das Leben ist Traurigkeit – überwinde sie!
Das Leben ist ein Lied – singe es!
Das Leben ist ein Kampf – kämpfe ihn!
Das Leben ist eine Tragödie – ringe mit ihr!
Das Leben ist ein Abenteuer – wage es!
Das Leben ist Glück – verdiene es!
Das Leben ist das Leben – verteidige es!

In diesen Versen findet sich das Salz, das der sichtbaren Wirklichkeit Geschmack verleiht und allem, was ist, einen Sinn gibt, jenes Salz, das das Dasein würzt und damit die Tür zur Klugheit und Weisheit aufschließt.

Und schließlich das Herz, das heißt die Liebe. Noch heute ist es im albanischen Volk Brauch, Geschenke mit der ausgestreckten Rechten zu überreichen und dabei die linke Hand auf die Brust zu legen, um zu zeigen, daß das Geschenk von Herzen kommt. Diese Tradition hat Gonxhe bis in die letzte Faser ihrer Persönlichkeit hinein verinnerlicht und sie aus ihrem eigenen Zuhause und über die Grenzen ihres Heimatlandes hinaus in die elendsten Straßen und Hütten dieser Welt getragen.

ALLES BEGANN IN DER FAMILIE

Die Familie Bojaxhiu war etwas Besonderes. Es war nicht nur die Tradition, die ihr den Unterbau für Solidarität und Religiosität lieferte und ihr half, mit Leid, Tragödien und moralischer sowie materieller Not umzugehen. Die Bojaxhius waren außerdem stark, immer bereit, es mit allen nur denkbaren Widrigkeiten aufzunehmen, und gleichzeitig überaus feinfühlig. Alle Familienangehörigen von Mutter Teresa bestätigen, daß sie ihrer Mutter vor allem in puncto Nächstenliebe sehr ähnlich gewesen und die eine der Spiegel der anderen gewesen sei. Das „Geben", das im Hause Bojaxhiu immer und unter allen Umständen gepflegt wurde, erwuchs nicht nur aus den albanischen Sitten und Gebräuchen, sondern auch aus der gütigen und großherzigen Veranlagung von Mama Drane, in der die christlichen Tugenden der *Pietas* und der *Caritas* eine segensreiche Verbindung eingegangen waren.

Das Gebet und der gemeinsame Rosenkranz hielten die Kernfamilie zusammen. Später wird Mutter Teresa häufig sagen: „Wenn wir das Gebet in die Familien bringen, werden sie immer stärker zusammenwachsen; sie werden einander lieben. Versammelt euch zum Gebet, auch wenn es nur fünf Minuten sind, und es wird euch Kraft geben." Und den Lesern der Zeitschrift „Drita"[20] erklärt sie im Juni 1979:

> Wenn ich an meine Mutter und an meinen Vater denke, dann fällt mir immer ein, wie wir abends alle miteinander gebetet

haben […]. Ich kann euch nur einen Rat geben: daß ihr so bald wie möglich wieder miteinander betet, denn eine Familie, die nicht miteinander betet, kann auch nicht miteinander leben. Und das gemeinsame Beten war noch nie so notwendig wie heute. Ich denke, daß alle Probleme der Welt daher kommen, daß wir den Kindern, dem Gebet und dem Miteinander keine Zeit mehr widmen. Alle Krisen der Welt haben hier ihren Ursprung: Die Eltern sind so von der Arbeit beansprucht, daß sie keine Zeit mehr für ihre Kinder haben. Die Kinder sind allein und reden nicht mehr mit ihren Eltern. Die Mutter ist das Herz der Familie. Sie ist die häusliche Mitte, die die Kinder umsorgt, behütet und für sie da ist.

Wir haben mit Agi Bojaxhiu Guttadauro gesprochen, Mutter Teresas einziger Nichte. Lazër's Tochter lebt in Mondello, wenige Kilometer von Palermo entfernt, und ist mit dem Sizilianer Giuseppe Guttadauro verheiratet. Die beiden haben zwei Söhne: Domenico und Massimiliano. Agi ist eine attraktive und kultivierte, sehr freundliche und zurückhaltende Frau. Sie ist am 11. November 1944 in Tirana geboren und hat ihre Eltern Maria und Lazër in bester Erinnerung:

Gegen Ende des Zweiten Weltkriegs kamen wir nach Italien. Unsere Familie hielt sehr eng zusammen. Mein Vater hat seine Mutter und seine Schwester Age nicht mehr wiedergesehen. Als der Kommunismus in Albanien die Macht übernahm, war es in den ersten Jahren nicht einmal möglich, ihnen zu schreiben; Ende der Fünfzigerjahre schickte Vater meiner Großmutter dann Pakete mit Lebensmitteln und Medikamenten, denn es fehlte dort an allem, aber wenn die Pakete ankamen, war ihr Inhalt teilweise oder ganz gestohlen. Die Priester und die Katholiken waren die Helden dieser tragischen Stunde in der albanischen Geschichte, in der unsägliche Grausamkeiten begangen wurden und die Menschen Hunger und Verfolgung litten.

Meine Oma Drane war eine großartige Frau und hatte einen entscheidenden Einfluß auf die ganze Familie. Sie ermutigte ihre Tochter auf dem Weg des Glaubens und führte sie auf die Straße der Armen. Sie war eine Frau von so maßloser Nächstenliebe, daß man in Skopje noch heute sagt: „Du bist großzügig wie ein Bojaxhiu."

Meine Tante Age war Journalistin. Sie arbeitete als Ansagerin bei Radio Tirana, das in serbokroatischer Sprache sendete, doch zu einem bestimmten Zeitpunkt wurde sie entlassen, denn sie war die Schwester von Lazër, der auf der schwarzen Liste der nach Italien geflüchteten Albaner stand, und von Anjezë, einer katholischen Nonne, die man unter dem Namen Mutter Teresa von Kalkutta kannte. Meine Oma und meine Tante lebten zusammen in einem Zimmer und mußten sich das Bad mit anderen teilen. Die Regierung hatte ihnen alles genommen. Mutter [so nennt sie ihre Tante Anjezë, und sie tut dies in einem sehr liebevollen und ehrerbietigen Ton] trug in ihrem Herzen immer den tiefen und bohrenden Schmerz, daß sie nichts hatte tun können, um ihnen zu helfen.

Man konnte nach Albanien ein-, aber nicht wieder ausreisen, und niemand von uns hat Oma und Tante noch einmal wiedergesehen. Ich habe im Dezember 1966 geheiratet, und Anfang 1967 fuhren meine Familie und ich nach Rom, um Mutter zu treffen; für mich war es das erste Mal. Es war ein bewegendes, ergreifendes Zusammentreffen. Papa hatte sie seit über dreißig Jahren nicht gesehen. Sie hatten sich sehr, sehr gerne.

Bis es jedoch gelang, zwischen Mutter Teresa und Nëna Loke einen brieflichen Kontakt herzustellen, vergingen elf Jahre. Diese Trennung war grausam und schmerzlich für beide. Was für ein Temperament hatte Mutter Teresa?

Eine einfache Person, sehr demütig, sehr energisch, flink, mit entschiedenem Ton und durchdringendem Blick. Wenige Worte, viel Substanz. Aktiv und entschlossen, sie verlor keine Zeit. Eine Frau, die die Welt genau kannte – sie war ganz bestimmt nicht naiv – und sie furchtbar liebte. Eine nach außen starke und nach innen, vor allem ihrem Jesus und den Armen und Kranken gegenüber ganz sanfte und zärtliche Frau. Mutter gab ihrer Umgebung Sicherheit, sie flößte Gelassenheit ein und strahlte eine große Kraft aus.

Sie hatte immer einen Rosenkranz in der Hand oder am Gürtel. Wenn wir mit ihr im Auto unterwegs waren, beteten wir ihn immer.

Wie hat sie Ihr Leben beeinflußt?

Ich wäre ganz sicher heute ein anderer Mensch, wenn ich einer Person wie ihr nicht geistig so nahegestanden hätte. Wir konnten nicht oft miteinander telefonieren, aber sie war immer in mir und unter uns. In den schwierigsten Momenten meines Lebens und wenn ich Probleme hatte, fragte ich Mutter immer um Rat: Ich vertraute ihr. Mir und meinem Vater gegenüber war sie sehr herzlich. Mein Vater nahm sie immer in den Arm, solche Vertraulichkeiten konnte nur er sich bei ihr erlauben, er und Johannes Paul II., der sie immer auf die Stirn küßte. Die Freundschaft zwischen ihr und dem Papst war ganz außergewöhnlich: sie unterhielten sich auf englisch und tauschten Rosenkränze, Medaillen und Bildchen aus. Als Mutter krank wurde, rief Johannes Paul II. jeden Tag an, um sich persönlich nach dem Stand der Dinge zu erkundigen.

Agi erinnert sich noch ganz klar und deutlich an die Lehren ihrer seligen Tante:

Mutter betrachtete die Rolle der Familie als grundlegend. Die Familie stand an erster Stelle… immer wieder sagte sie zu mir, der wichtigste Schatz, den man bewahren, hüten und pflegen müsse, sei die Familie, der wesentliche Bestandteil einer gesunden Gesellschaft. Mit tiefem Ernst sagte sie zu mir: „Denk zuerst an dein Zuhause und dann erst an die anderen." Ihr verdanke ich es, daß ich eine gute Ehefrau und Mutter geworden bin.

Ich bete jeden Abend zu Mutter und sehe sie dann wieder durch unseren Garten gehen, ich höre wieder ihre sanfte und doch feste Stimme. Sie liebte die Armen und lebte wie eine Arme. Sie aß wenig, gönnte sich nichts und hatte zum Schlafen das unbequemste Zimmer im ganzen *Mother House* in Kalkutta, das heißeste, weil gleich darunter der Kohleofen stand, und gleichzeitig das feuchteste. Es war ein kleiner, enger Raum mit einem schmalen Bett, einer Schulbank, die als Schreibtisch diente, und einem Schemel. Der Arzt sagte ihr, sie könne dort nicht bleiben. Doch sie blieb dort, bis zum Ende.

Tausendfach umsorgte Drane Bernaj Bojaxhiu ihre Kinder, die sie mit unendlicher Zärtlichkeit liebte. Dank der hervorragenden wirtschaftlichen Situation konnte die Familie Bojaxhiu es sich erlauben, die Ferien in dem Kurort Vrnjačka Banja (im zentralserbischen Distrikt Raška) zu verbringen. „Ich gebe euch alles", pflegte der Vater zu sagen, „bittet, verlangt, was ihr wollt, aber ich verlange auch etwas von euch: daß ihr gut und für alle ein Vorbild seid!"

Mutter Teresas Bruder Lazër erinnert sich:

Mein Vater Kolë gab mir oft Geld oder Essen oder Kleidung und sagte zu mir: „Geh zu der und der Familie. Gib acht, daß man dich nicht bemerkt. Wenn die Tür oder das Fenster offensteht, laß die Sachen da und lauf weg." Ich habe das sehr oft getan und Age und Gonxhe auch. Mein Vater wollte helfen, ohne daß man ihn dabei beobachtete, wie es im Evangelium heißt: „Wenn du Almosen gibst, soll deine linke Hand nicht wissen, was deine rechte tut. Dein Almosen soll verborgen bleiben und dein Vater, der auch das Verborgene sieht, wird es dir vergelten."[21]

Vater Kolë war sehr intelligent; er sprach mehrere Sprachen (Albanisch, Serbo-Kroatisch, Türkisch, Italienisch, Französisch) und war ein überaus geschickter Geschäftsmann. Als glühender Patriot interessierte er sich für politische Fragen. Mit großer Energie setzte er sich für die Sache Albaniens ein und engagierte sich aktiv für die Unabhängigkeit von der türkischen Oberherrschaft.

Sein Sohn Lazër berichtet:

> Am 28. November 1912 trafen sich die Anführer der Stämme Barista, Logoraci und Palucaj mit Naraci und anderen bei uns zu Hause, um die Unabhängigkeit Albaniens zu feiern! Auch Bajram Curri, der berühmte Patriot, der gegen die Türken gekämpft hatte, Hasan Prishtina, Sabri Qytezi und viele andere waren dabei. In der Mitte des Raumes hatten sie Streichholzschachteln aufgehäuft und angezündet; die Flammen schlugen bis unter die Decke. Ich war vier Jahre alt. Die ganze Nacht hindurch redeten sie, sangen Heldenlieder und spielten dazu Melodien auf dem Çifteli (einer traditionellen albanischen Mandoline). So war es oft bei uns zu Hause: Papa Kolë unterstützte die Patrioten finanziell und tauschte Ratschläge und Meinungen mit ihnen aus.[22]

Anders, als es damals in seinem Land üblich war, ließ Kolë nicht nur den Stammhalter, sondern auch Age und Gonxhe die höhere Schule besuchen. Er war Stadtrat von Skopje und gab sein Leben für die Politik: im Herbst 1918, als der Erste Weltkrieg zu Ende war, reiste er mit anderen Räten nach Belgrad und fand dort den Tod. Er war vergiftet worden. Er kehrte nach Hause zurück und fühlte sich sehr schlecht. Man brachte ihn in ein Krankenhaus, wo er am darauffolgenden Morgen operiert wurde, doch alle Versuche, ihn am Leben zu erhalten, waren vergeblich. Der „Vater der Armen", wie ihn die Leute in Skopje nannten, war tot. Seine letzten Worte galten Drane, seiner Frau: „Mach dir keine Sorgen, alles wird gut. Alles liegt in Gottes Hand... Drane, bitte kümmere dich um unsere Kinder... Von heute an sind es deine... und Gottes."

Es war eine gewaltige Beerdigung. Viele Kaufleute hatten ihre Geschäfte geschlossen. Die Trauer war groß und tief: unzählige Arme waren in Tränen aufgelöst. Kolë wurde auf dem katholischen Teil des städtischen Friedhofs begraben. Am 26. Juli 1964 wurde Skopje von einem heftigen Erdbeben erschüttert, das den Friedhof schwer beschädigte; daraufhin brachte man seinen Leichnam aus der Stadt nach Butel; und schließlich wurden die Überreste von Mutter Teresas Vater in denkbar größter Achtlosigkeit erneut exhumiert und mit allen anderen zusammen in einem Gemeinschaftsgrab beigesetzt: weder ein Stein noch ein Kreuz, nicht das kleinste Zeichen erinnert dort mehr an den Vater von Mutter Teresa. Don Lush Gjergji erklärt:

> Das ist das Schicksal der Familie Bojaxhiu, das Schicksal vieler unserer Familien, das Schicksal des albanischen Volks: das große Leid läßt große Persönlichkeiten wachsen und reifen, weil dies der sicherste und direkteste Weg ist, sich mit dem leidenden Christus zu vereinen und zum Sieg der Auferstehung zu gelangen. Kolë Bojaxhiu hat sich zu Lebzeiten selbst das größte Denkmal gesetzt: dadurch, daß er die große Mutter Teresa ernährt und erzogen hat, seine ruhmreiche Tochter, die in der großen Familie Bojaxhiu geboren, aufgewachsen und erzogen worden ist.[23]

Demselben Don Lush gegenüber sollte Mutter Teresa 1979 in einem Interview für die Zeitschrift „Drita" äußern:

> Das Leiden hilft uns, uns mit dem Herrn, mit seinen Leiden zu vereinen. Wenn ich die Leiden der Menschen von heute

sehe, die größer sind denn je, dann denke ich, daß Golgatha wieder einmal in der ganzen Welt gegenwärtig ist, daß die Leiden Christi noch immer unter den Menschen von heute leben. Und wenn ich Christus mit geneigtem Haupt am Kreuz hängen sehe, dann denke ich, daß er dort hängt, um uns alle zu küssen, und daß er die Arme ausgebreitet hat, um uns alle zu umarmen, und daß sein Herz offen ist, um uns alle in sich aufzunehmen. Deshalb sollten wir uns freuen, wenn der Herr Gebrauch von uns macht. Ich weiß nicht, wieviel Schmerz, wieviel Elend, wieviel Böses es in der Welt gibt, aber es ist eine Tatsache, daß es trotz des Schmerzes Menschen gibt, die im Schmerz froh sind.

Außer dem Friedhof von Skopje hatte das Erdbeben des Jahres 1964 auch die Herz-Jesu-Kathedrale, das Haus des Bischofs, das Pfarrhaus und mehrere andere kirchliche und städtische Gebäude schwer beschädigt, unter denen sich auch Mutter Teresas Geburtshaus befand: eine schöne Villa im Zentrum der Stadt. Schon in Prizren hatte die Familie Bojaxhiu viele Häuser, ja, praktisch ein ganzes Stadtviertel besessen, und auch in Skopje gehörten ihr mehrere Immobilien, die zum Teil armen Leuten zur Verfügung standen. Kein einziger Stein, kein einziger Ziegel erinnert mehr an den Ort, an dem Mutter Teresa geboren und aufgewachsen ist. Heute steht dort ein Supermarkt.

„Wir waren eine glückliche Familie voller Freude, Liebe und fröhlicher Kinder. Auch wenn ich eine weltliche Schule besuchte, haben mir zunächst meine Familie und dann meine Herz-Jesu-Pfarrei eine solide und tiefe religiöse Erziehung geschenkt“, sagte Mutter Teresa eines Tages zu ihrem geistigen Sohn Don Lush.

Drane, ihre Mutter, war von vornehmer Herkunft; sie war in die reiche Familie Bernaj hineingeboren worden und hatte Kolë Bojaxhiu geheiratet, weil die beiden Familien es so vereinbart hatten. Obwohl es eine arrangierte Ehe war, war die Beziehung zwischen Drane und Kolë vorbildlich. Mutter Teresa erzählt:

> Ich werde meine Mutter nie vergessen. Sie war tagsüber meist sehr beschäftigt. Doch wenn der Abend herannahte, dann beeilte sie sich immer, damit sie rechtzeitig fertig war, um meinen Vater zu begrüßen. Damals verstanden wir das nicht, sondern lächelten darüber und machten uns auch ein bißchen lustig. Heute kann ich nicht umhin, ihr großes Zartgefühl zu bewundern: was auch immer geschah, sie war stets bereit, ihn mit einem Lächeln auf den Lippen zu begrüßen.[24]

Mutter Teresas Denken und Fühlen wird immer von einer grenzenlosen Liebe zu ihrer Familie beherrscht sein, und das ist auch der Grund dafür, daß sie bei jeder sich bietenden Gelegenheit ihre hohe Wertschätzung für die Familie zum Ausdruck bringt: ihrer Ansicht nach eine unverzichtbare und unersetzliche Keimzelle, in der aus Kindern gesunde, anständige und integere Menschen werden. Für die Selbsthingabe in der Familie findet sie starke und anrührende Worte, denn gerade die Familie entpuppt sich nicht selten als ein Ort der Armut: „Manchmal müßten wir uns selbst einige Fragen stellen, um unser Handeln besser zu steuern. Kenne ich die Armen? Kenne ich insbesondere die Armen in meiner Familie, in meinem Haus, in meiner Nachbarschaft: Menschen, die arm sind, aber nicht, weil es ihnen an Brot fehlt?"; und weiter: „Fragen wir uns, ob wir unseren Ehemann, unsere Ehefrau, unsere Kinder oder unsere Eltern kennen, die, obwohl sie mit uns zusammenleben, vielleicht isoliert sind und sich ungeliebt fühlen", weil „sehr oft ein Wort, ein Blick oder eine Geste genügt, damit das Glück die Herzen derer erfüllt, die wir lieben". Sie sagte auch: „Beginne mit einem freundlichen Wort zu deinem Kind, deinem Mann, deiner Frau", denn sie war der Ansicht, daß das Zuhause der erste Ort ist, an dem man die Nächstenliebe praktizieren und beweisen kann: „Wie könnten wir Jesus im Nächsten lieben, wenn wir die Personen, die in unserer Nähe, in unserer Familie leben, nicht lieben?" Wer bei sich zu Hause nicht zu Hingabe und Opfer fähig ist, davon war sie überzeugt, der wird auch nicht in der Lage sein, auf die Bedürfnisse der Armen einzugehen: „Hört auf meine Worte: Wenn man sich für die, die einem nahestehen, nicht selbstlos opfert, kann man es auch nicht für die Armen tun."

Die Familie ist der sensibelste Punkt, von dem alles andere ausgeht: „Frieden und Krieg beginnen zu Hause. Wenn wir uns wirklich danach sehnen, daß in der Welt Frieden herrscht, dann sollten wir damit beginnen, einander innerhalb unserer Familien zu lieben. Wenn wir um uns herum Freude säen wollen, sind wir darauf angewiesen, daß die ganze Familie diese Freude lebt." Ein einziges trauriges, düsteres, mürrisches Element genügt, um das Klima und die Atmosphäre im Haus zu vergiften, und der extreme Egoismus des Betreffenden fällt auf die Herzen seiner Lieben zurück.

Kolës Tod war ein enormer Verlust für die Armen von Skopje und eine Tragödie für Mutter Teresas Familie. Die Geschäftsbeziehung mit Morten riß unvermittelt ab, und die Lage seiner Witwe Drane, die drei Kinder ernähren und großziehen mußte, wurde überaus schwierig.

Die hochintelligente und sehr fleißige Gonxhe verbrachte ihre Tage abgesehen von der Schule mit zahlreichen Gemeindeaktivitäten und war überdies eine wertvolle Stimme für den Chor.

Die Pfarrei war ihr zweites Zuhause. Die Beziehungen der Familie Bojaxhiu zu der örtlichen katholischen Gemeinde waren hervorragend: mit seinem Reichtum und seiner Freigiebigkeit war ihr Vater sogar für den Erzbischof von Skopje, Lazër Mjeda, mit dem er befreundet war und dem er viel zu verdanken hatte, ein geschätzter Ansprechpartner gewesen. Gonxhe, die eine Leidenschaft für Bücher hatte und die Dichtung liebte, schätzte unter den albanischen Dichtern vor allem die Lyrik von Ndrè Mjeda, der ein Bruder des Erzbischofs war.

Mit ihrer brillanten und lebhaften Intelligenz beteiligte sich Gonxhe intensiv an den Aufführungen in der Gemeinde, aber auch im Theater von Skopje; außerdem tanzte sie und spielte

Mandoline... und dichtete. Sie war sehr dynamisch und effizient und erledigte alles mit Hingabe und Elan, wie es ihr die Mutter geraten hatte: „Meine liebe Gonxhe, wenn du etwas tust, eine Arbeit, dann tu sie gut und mit Liebe oder gar nicht!"

Im Denken von Mutter Teresa war die Familie eine Schule der Liebe, denn nur hier und auf keine andere menschliche Weise sonst erlernt man, so hat sie es immer geglaubt und verkündet, das Alphabet der Selbsthingabe: „Die Liebe beginnt, wenn wir uns denen widmen, die uns nahestehen: den Mitgliedern unserer Familie." Das hatte sie in ihrem eigenen Zuhause erlebt, am Tisch und bei der Arbeit ihrer Mutter Drane, die aus Liebe immer bereit war, ihrem Mann und ihren Kindern zu dienen. Und sich, wenn sie ihnen gedient hatte, dem Dienst an den Armen von Skopje widmete. Don Lush Gjergji erinnert sich:

> Unsere albanische Kultur ist im wesentlichen eine Kultur des Lebens und für das Leben. Das zeigt sich insbesondere darin, daß Kinder als Geschenk des Lebens angenommen werden, und in der Sorge um die älteren Menschen – zwei Juwelen unserer Tradition. In Albanien, wo es keinerlei staatliche Hilfen gab, war die Frau die Säule, die Achse, um die herum sich das gesamte soziale System drehte: das Haus war die Zuflucht der Kleinen und der Alten, der Gesunden und der Kranken, der Armen und der Reichen.

„MENSCHEN, DIE NICHTS HATTEN UND DIE MEINE MUTTER MIT ESSEN VERSORGTE“

Von heute auf morgen fand sich Gonxhes Mutter in einer wirklich kritischen Situation wieder. Die Tage waren nicht mehr lang genug, um alles zu erledigen, und so besorgte Mama Drane sich eine Arbeit, die sie auch nachts tun konnte: sie nähte Brautkleider und folkloristische Kostüme, die an nationalen und religiösen Feiertagen und bei Familienfesten getragen wurden.

Ihr Sohn Lazër hat sie als eine wirklich starke, unerschütterliche, aber zugleich sanfte und großzügige Frau in Erinnerung, die den Armen gegenüber, die sich nach wie vor an ihrer Türschwelle drängten, trotz ihres furchtbaren Verlusts auch weiterhin barmherzig und freigiebig blieb. Der Glaube gab ihr Halt:

> Sie war sehr religiös. Ich glaube, daß Gonxhe sehr viel von unserer Mutter übernommen hat: ich entdecke immer wieder Eigenschaften und Charakterzüge an ihr, die sie beide hatten. Sie verstand es, das Haus in Ordnung zu halten, und sie erzog uns gut, mit wenigen Worten, aber vielen Taten und Beispielen. Sie ließ es uns nie an etwas fehlen. Ich erinnere mich besonders an ihren Glauben. Jeden Abend beteten wir gemeinsam.[25]

Gonxhes Mutter verehrte besonders die Muttergottes von Cërnagora in Letnica, dem wichtigsten Marienwallfahrtsort in der Diözese Skopje-Prizren. Immer im August nahm sie an der Wallfahrt teil, die dort alljährlich am Fest Mariä Himmelfahrt stattfindet. Wie die anderen Pilger ging sie zu Fuß; unterwegs wurde gebetet und gesungen. An diesen Ort des Gebets und der Volksfrömmigkeit nahm Mama Drane auch ihre Kinder mit; in der Regel reisten Gonxhe, der sie den Kosenamen „Gjyli" gab, und ihre Schwester Age sogar schon einen Monat vorher oder noch früher nach Letnica. Dort wohnten sie entweder bei Bekannten oder gegenüber dem Pfarrhaus in einem Gebäude, das mit der finanziellen Unterstützung ihres Vaters errichtet worden war; deshalb stellte der Hausherr der Familie Bojaxhiu immer mehrere Zimmer zur Verfügung. Die Mutter ging zu Fuß, und die Kinder reisten auf einem von Pferden gezogenen Wagen. Gonxhe war kränklich; einmal hatte sie Keuchhusten und Malaria und wurde in Letnica, dem kleinen Marienwallfahrtsort, den jährlich Tausende und Abertausende von Pilgern besuchten, wieder vollkommen gesund.

Die Wallfahrtskirche von Letnica liegt in einem kleinen Dorf gleichen Namens, und im August pilgern Christen und Muslime hierher, um zu der Schwarzen Muttergottes von Cërnagora zu beten. Normalerweise hat das kleine Dorf nicht mehr als dreihundert Einwohner, doch in dieser Zeit des Jahres kommen Tausende und Abertausende von Gläubigen aus Mazedonien, Albanien, dem Kosovo, Kroatien und anderen Regionen des ehemaligen Jugoslawien hinzu. Es ist ein farbenfrohes, multiethnisches Fest, das auch einen profanen Aspekt aufweist, denn auf dem staubigen Platz mit den improvisierten Bars, Verkaufsständen und Vergnügungsangeboten werden zu den Klängen der Zigeunermusik viele Geschäfte abgeschlossen.

Die Treppe, die zur schwarzen Madonna hinaufführt, ist voll von Lahmen und Krüppeln, Kranken, Müttern mit Kindern, Gläubigen, Roma, Bettlern, Wohlhabenden und Menschen, die um Almosen oder um etwas zu essen bitten. Schon hier in Letnica begegnen wir jener bunten Menschenmischung, wie sie übrigens auch in Skopje bereits vertreten war, mit der

Gonxhe ihr Leben teilt und mit der sie auch später als Mutter Teresa in Indien zusammenleben wird, ohne dadurch ihrer eigenen Identität untreu zu werden. Don Lush gesteht:

> Für mich ist Mutter Teresa die erste Missionarin, die jede von Zeit und Raum, von ethnischen, religiösen, soziokulturellen und Kasten-Unterschieden gezogene Grenze mit der Kraft des Glaubens und der Inspiration der Liebe überwunden hat. Vielleicht ist das der „Schlüssel", der uns hilft, Mutter Teresa und ihre Werke zu lesen und zu deuten: das bewußt angenommene und Gott zum Wohle aller aufgeopferte Leiden; das kontemplativ-aktive, Gott und dem Menschen geweihte Leben; die tatkräftige Liebe oder, wie sie selbst sagen würde: „Kleine Dinge, mit großer Liebe getan".

Die Verehrung der Jungfrau von Letnica reicht bis ins 17. Jahrhundert zurück: die erste Kirche wurde erbaut, nachdem die Türken die Stadt Skopje in Brand gesteckt hatten. Die Statue der Muttergottes überstand das Feuer unbeschadet und wurde auf wunderbare Weise in den Bergen von Letnica wiedergefunden. Im Inneren der Wallfahrtskirche reißt der Strom der Gläubigen nicht ab: sie beten, ziehen in Prozession zur Madonna und um das Gnadenbild herum, singen Loblieder, beten den Rosenkranz und zünden Kerzen an. Keine hundert Meter entfernt liegt eine große Wiese, auf der nach der Prozession Hunderte und Aberhunderte von Menschen zusammenkommen.

Lazër erzählt:

> Das waren wunderbare Zeiten. Wir waren den ganzen Tag zusammen, spielten, gingen spazieren, vor allem bei den Quellen (des Flusses Letnica). Am Abend saßen wir alle in der Stube, und die Stunden vergingen wie im Flug unter Lachen und Geschichtenerzählen. Gonxhe hatte immer irgendein Buch in der Hand; Mama ermahnte Age, sie solle sie nicht zuviel lesen lassen, sondern lieber mit ihr spazierengehen und dafür

sorgen, daß sie sich ausruhte. Viele Menschen kamen nach Letnica, um ihren Glauben und ihre Religiosität zu bezeugen. Nicht nur Katholiken, sondern auch Gläubige anderer Religionen. Gonxhe war sehr gerne in der Kirche, besonders, wenn sie leer war. Sie war beim Beten gerne allein.[26]

In Letnica fühlte Drane sich sehr wohl, das war ihr Paradies, hier blühte sie auf: „Es war so", berichtet ihr Sohn, „als ob sie sich das ganze Jahr über die Freude bewahrte, die sie auf der Wallfahrt nach Letnica gefunden hatte."[27]

Auch nach dem Tod des Vaters wandten sich die Armen von Skopje weiterhin an die Bojaxhius, obwohl die wirtschaftlichen Möglichkeiten der Familie nun spürbar eingeschränkt waren. So wuchs Mutter Teresa auf: umgeben von der Armut anderer und umgeben von der Mildtätigkeit ihrer Mutter. Später erinnert sie sich:

> Niemand ging je mit leeren Händen fort. Jeden Tag hatten wir jemanden zum Mittagessen bei Tisch. Anfangs fragte ich meine Mutter noch: „Wer sind die?" Dann antwortete sie: „Einige sind mit uns verwandt, andere nicht, aber sie gehören alle dazu." Als ich größer wurde, begann ich zu ahnen, daß das arme Leute waren, Menschen, die nichts hatten und die meine Mutter mit Essen versorgte.[28]

Die Mutter kümmerte sich um diese Menschen wie um ihre eigene Familie – sie gehörten wirklich „alle dazu". Etwa einmal in der Woche besuchte sie eine alte Dame, der sie zu essen brachte und das Haus aufräumte, oder sie ging zu Filja, einer Alkoholikerin, die sehr krank und mit Wunden bedeckt war: Drane wusch und verarztete sie zweimal am Tag, gab ihr zu essen und umsorgte sie wie ein Kind. Dann war da eine Witwe mit sechs Kindern, von schwacher Gesundheit, die Tag und Nacht arbeitete. Wenn Drane nicht selbst hingehen konnte, schickte sie Gonxhe. Eines Tages starb die arme Frau; daraufhin beschloß Mama Drane, die sechs Kinder zu sich zu nehmen und gemeinsam mit ihren eigenen großzuziehen.

Sie war eine besondere, ganz sicher eine außergewöhnliche Frau. Eine Mutter Teresa von Skopje, könnte man sagen... Die Hilfe, die Drane den Armen zuteil werden ließ, erwuchs direkt aus ihrem starken Glauben: der Nächste war Christus für sie, Christus, der ihre Tage über die Maßen ausfüllte. Sie war nie nervös oder wehleidig, beklagte sich nie und betete immer, entweder mit dem Mund oder mit ihrem Denken und Handeln. Eine außerordentliche Mutter, die ihren Glauben an ihre Kinder weiterzugeben wußte – und gemeinsam mit ihrem Glauben auch ihre Liebe zum Herrn und zum Nächsten, insbesondere zum leidenden Nächsten, der ein Spiegel Christi ist.

Häufig nahm sie ihre Kinder auf diese „Expeditionen der Nächstenliebe" mit, und sie lehrte sie: „Wenn ihr Gutes tut, dann tut es so, als würdet ihr einen Stein ins tiefe Meer werfen." Nicht der geringste Lärm sollte an der Oberfläche zu hören sein, denn die Nächstenliebe ist nicht dazu da, um von irgend jemandem Beifall zu ernten, nicht einmal von dem, dem sie zugutekommt. In dieser Hinsicht ist die Episode von der Witwe im Evangelium aufschlußreich: die arme Frau wirft „ihren ganzen Lebensunterhalt" (Mk 12,44) in den Tempelschatz. „Ihre kleine und unbedeutende Münze wird zu einem aussagekräftigen Symbol: diese Witwe gibt Gott nicht etwas von ihrem Überfluß; nichts, was sie besitzt; sie gibt, was sie ist. Sie gibt sich selbst ganz", wie Benedikt XVI. in seiner Botschaft für die Fastenzeit 2008 erklärt hat.

Doch es ging Drane Bojaxhiu nicht einfach darum, Almosen zu geben: es ging ihr darum, immer bei den Armen und Leidenden zu sein. Nicht nur für ihr eigenes Leben, sondern auch für das Leben ihrer Kinder war dies ganz grundlegende und richtungweisende Entscheidung. Sie hat Gonxhes Zukunft maßgeblich inspiriert.

In den Heiligenviten begegnet man häufig anderen Heiligen, die als Vorbilder fungieren; so war beispielsweise der französische Heilige Vinzenz von Paul, der „Vater der Armen“, eine Inspiration für Giuseppe Benedetto Cottolengo. Vinzenz, für den man in Frankreich eigens ein „Ministerium der Nächstenliebe“ schuf, hatte gesagt: „Laßt uns Gott lieben, meine Brüder, aber laßt uns ihn auf unsere Kosten lieben, mit der Müdigkeit unserer Arme und dem Schweiß unseres Angesichts.“ Und der heilige Giuseppe Benedetto Cottolengo erklärte: „Zählt niemals das Geld, das ihr gebt, denn ich sage euch: wenn beim Almosengeben die linke Hand nicht wissen soll, was die rechte tut, dann soll auch die rechte nicht wissen, was sie selbst tut.“[29] Die Mutter des heiligen Augustinus, die heilige Monika, wurde für ihren Sohn zur Mittlerin zwischen Himmel und Erde. „Mamma Margherita“ war für ihren Sohn, den heiligen Johannes Bosco, Lehrerin, Helferin und Mitarbeiterin. Eine ähnliche Rolle spielten für die heilige Therese von Lisieux ihre seligen Eltern Zélie Guérin und Louis Martin.[30] Die kleine heilige Therese sagte oft, sie selbst sei gar keine Heilige, sie sei vielmehr die „Tochter von Heiligen“ und: „Der Herr hat mir zwei Eltern geschenkt, die besser in den Himmel als auf die Erde passen.“ Sie, der die Kirche das Verdienst zuerkennt, den „kleinen Weg“ zur Heiligkeit aufgezeigt zu haben, bekannte ganz offen, sie habe ihr „Pfädchen“ auf den Knien ihrer Mutter gelernt und „beim Gedanken an ihren Papa ganz selbstverständlich an den lieben Gott gedacht“, während sie ihren Mitschwestern anvertraute: „Wenn ich wissen wollte, wie die Heiligen beten, mußte ich nur auf meinen Vater schauen.“

Die Heiligkeit war auch bei den Bojaxhius in Skopje zu Hause. Drane war für die selige Mutter Teresa diejenige Bezugsperson, die mit dem Vorbild ihrer Seele der Tochter alles vermittelte, was diese nur aufnehmen konnte. Von Anfang an lernte die kleine Gonxhe, Jesus zu lieben und in den Armen den gekreuzigten Christus zu sehen. Das alltägliche Verhalten, das sie an ihren Eltern beobachten konnte, öffnete ihr nach und nach die Augen für den Weg, die Wahrheit und das

Leben. Papst Paul VI. sollte eines Tages sagen: „Ehe du selbst heilig wirst, solltest du deine Eltern heiligen.“[31]

Gonxhe wächst heran, und die Ordensberufung zeichnet sich immer deutlicher ab. Sie will ins Kloster gehen, sie will ihr ganzes Leben dem Herrn schenken. Mutter Teresa selbst erzählt später, wie sie ihren Wunsch Mama Drane gegenüber erwähnte, für die eine Welt zusammenbrach, nachdem der einzige Sohn bereits das Haus verlassen hatte und mit einem Stipendium nach Österreich gegangen war:

> Als ich von meinem Wunsch sprach, Gott meine Reinheit zu schenken, war meine Mutter dagegen, aber am Ende sagte sie: „Gut, meine Tochter, geh, aber gib acht, daß du nur Gott und Christus gehörst.“ Nicht nur Gott, sondern auch sie hätte mich verurteilt, wenn ich meiner Berufung nicht gebührend gefolgt wäre. Eines Tages würde sie mich fragen: „Meine Tochter, hast du nur für Gott gelebt?“ Meine Mutter war zunächst gegen meine Berufung, Missionarin zu werden, obwohl sie eine Heilige war. Sie wollte mich nicht verlieren. Zu Hause haben wir immer alle gemeinsam gebetet. Eines Tages sagte sie zu mir: „Ich erlaube dir, ins Kloster zu gehen“, und was tat sie dann? Sie schloß sich in einem Zimmer ein und wollte den ganzen Tag über niemanden sehen. Als ich mein Geburtshaus verließ, um in die Mission zu gehen, sagte sie zu mir: „Leg deine Hand in die Hand Jesu und blicke nach vorne. Blicke direkt auf ihn. Blicke niemals zurück. Immer vorwärts!“[32], denn „wenn du zurückschaust, wirst du zurückgehen.“[33]

Gonxhe ging nicht zurück.

DER JESUITENPATER UND DIE MISSIONSZEITSCHRIFT

Entscheidend für Gonxhes Schritt war auch die Begegnung mit den Jesuitenpatres, die 1921 nach Skopje kamen; sie gehörten zur „Fliegenden Mission“ der Provinz Venedig. Der erste, der ankam, war Pater Gaspër Zadrima; er war gebürtiger Albaner und wurde 1922 Pfarrer an der Herz-Jesu-Kathedrale. Dann kam Pater Anton Buković, danach Pater Cepetić, dem die Jugendseelsorge der Kirche anvertraut wurde; er wurde später durch Pater Franjo Jambreković abgelöst, der 1925 zum Pfarrer ernannt wurde.

Gonxhe nahm aktiv am Gemeindeleben teil und spielte eine wichtige Rolle in der katechetischen Unterweisung; häufig übersetzte sie aus dem Serbokroatischen ins Albanische, weil die Jugendlichen ersteres oft nicht verstanden. Außerdem schrieb sie sich in die von Pater Jambreković gegründete Kongregation Mariens ein. Pater Jambreković hatte großen Einfluß auf Gonxhe.

Genau in diesem Umfeld nahm die Sehnsucht nach einem missionarischen Ordensleben in ihr Gestalt an. Pater Jambreković, ein tiefgläubiger Priester und umtriebiger Evangelisierer, versammelte die Gläubigen zum Gebet und sprach vor allem bei den Jugendlichen immer von den Missionen, für die er auch Spenden sammelte. Es genügt, den ersten Bericht zu lesen, den er über seine Aktivitäten in Skopje verfaßt hat, um einen Eindruck von seiner apostolischen Begeisterung zu bekommen:

> Zum Fest der Unbefleckten Empfängnis am 8. Dezember 1925 haben wir die ersten neuen Mädchen in die Kongregation Mariens eingeschrieben und feierlich aufgenommen. Sie haben in diesen drei Monaten etwa einhundertmal die Kommunion empfangen, ungefähr zweihundert Rosenkränze gebetet und viele Opfer für die Bekehrung Skopjes gebracht.

Dieser tatkräftige Priester gründete die Vereinigung der katholischen Jugend, die Kongregation vom heiligen Vinzenz sowie die Kongregation für die Frauen und für die gymnasiale Jugend. Um die Jugendlichen vor schädlichen kulturellen Einflüssen zu schützen, eröffnete er eine katholische Bibliothek: er begann mit dreihundert Bänden, und es wurden immer mehr. „Manche Jugendliche vermeiden jeglichen Kontakt mit der Kirche", schrieb er weiter in seinem Bericht, „doch viele andere, Jungen und Mädchen, bieten sich an und opfern sich auf für das Heil der Stadt Skopje. Man muß nur unseren Versammlungssaal sehen, um zu begreifen, was hier für die Jugendbildung getan wird" – unter anderem von der eifrigen Gonxhe, die sich nicht darauf beschränkte, mitzumachen, sondern die Arbeit organisierte, bis sie zur rechten Hand von Pater Jambreković geworden war. Man nannte sie „die Seele der katholischen Jugend von Skopje". Und alle liebten sie. Die Musik war ein wichtiger Bestandteil des Lebens im Hause Bojaxhiu, und deshalb gingen Age, die Alt, und Gonxhe, die Sopran sang, gemeinsam mit ihrem Bruder Lazër in den Chor. Die Schwestern sangen so schön, daß man sie „die beiden Kirchennachtigallen" nannte.

„Die Mädchen von der Kongregation Mariens", schrieb Pater Jambreković in einem Bericht aus dem Jahr 1927, „haben das Gebet für die Bekehrung Skopjes organisiert [...]. Nach so vielen Gebeten und Opfern kommen jetzt auch viele Jungen, einer nach dem anderen, und so wird der Chor immer größer und besser." Der Pfarrer war unermüdlich, wenn es darum ging, kulturelle Treffen, Aufführungen, Benefizkonzerte,

Ausflüge und dergleichen mehr zu organisieren. Mutter Teresas gleichaltriger Cousin Lorenc Antoni erinnert sich:

> Er las uns etwas über die Missionen, über die Armen und die Aussätzigen vor. Er verteilte auch katholische Presseerzeugnisse, vor allem die Zeitschrift „Katoličke misije" („Katholische Missionen"). Ich weiß, daß auch Gonxhe diese Zeitschrift oft und gerne las. Darin fanden sich viele Beiträge von kroatischen und slowenischen Missionaren in Indien, in der Gegend von Kalkutta, wo sie arbeiteten. Ich kann mit Sicherheit sagen, daß gerade diese Zeitschrift Gonxhe für die Missionen begeisterte und ihr half, ihre missionarische Ordensberufung zu entfalten.

Von Pater Jambreković sollte Mutter Teresa später sagen: „Er war ein guter Priester. Wo gute Priester sind, wachsen und reifen auch die Berufungen gut." er und die Missionszeitschrift „Katoličke misije" ließen in Gonxhe jene große Sehnsucht entstehen...

Ihr Bruder Lazër erzählt:

> Manchmal hatte ich den Eindruck, meine Mutter und meine Schwester wohnten in der Kirche, so fromm waren sie und so aufopferungsvoll. Der religiöse Gesang, die Liturgie und die Geschichten über die Missionen prägten die Welt, in der wir lebten. Solange unser Vater noch am Leben war, war unser Haus ein Hort der Politik. Nach seinem Tod nährte uns der Glaube. Mutter und Töchter waren unermüdlich damit beschäftigt, religiöse Aktivitäten zu organisieren und zu unterstützen. Als ich von zu Hause fortging, war Gonxhe schon über dreizehn. Sie begeisterte sich für die Arbeit der Missionare. Wenn sie aus fernen Ländern kamen, dann traf sie sich mit ihnen und hörte ihnen sehr gerne zu. Einer von ihnen hatte einmal gesagt: „Jeder Mensch hat seinen Weg und muß ihm folgen." Diese Worte haben das junge Herz meiner

Schwester zutiefst berührt. Der Jesuit, der den albanischen Priester abgelöst hatte, breitete eines Tages in der Kirche eine Landkarte aus, auf der alle Missionsstandorte eingezeichnet waren. Ich erinnere mich, daß Gonxhe davon tief beeindruckt war, denn sie kam sofort zu mir, um mir davon zu erzählen, und sie sagte zu mir: „Mein Bruder, wenn du wüßtest, wie und wo unsere Missionare arbeiten… was für ein Leben sie führen und wie sehr sie Hilfe brauchen."[34]

Sie war zwölf Jahre alt, als sich zum ersten Mal der Wunsch in ihr regte, ganz Gott zu gehören. Das war nicht leicht: manchmal schien es ihr, als wäre die Berufung nicht mehr da, manchmal war die „Versuchung" überaus stark. Sie begann zu fasten, zu meditieren, zu lesen und noch mehr zu lesen, zu beten... Sechs Jahre lang betete sie vor allem zur Muttergottes von Letnica, Zoja Cërnagore.

Nëna Loke ging zum Pfarrer: „Meine Tochter will Missionarin werden". Der Pfarrer fragte sie: „Bist du sicher, daß das auch Gottes Wille ist?" Auch Gonxhe stellte sich diese Frage. Und Pater Jambreković antwortete: „Du wirst es wissen, wenn du tief in deinem Inneren glücklich bist. Wenn du dich glücklich fühlst bei der Vorstellung, daß Gott dich einlädt, ihm und dem Nächsten zu dienen, dann ist das der beste Beweis für deine Berufung." Darauf sie: „Seit ich zwölf war, denke ich darüber nach. Inzwischen glaube ich, daß Gott mich ruft, eine Missionarin zu werden. Und ich bin glücklich! Ich wünsche mir, eine Missionsschwester zu sein, um zur Evangelisierung beizutragen und den Armen zu dienen. Ich wünsche mir, daß die Menschen Jesus Christus lieben."[35] „Meine Tochter, dieses Glück: daß du glücklich bist bei dem Gedanken, daß Gott dich ruft, um ihm und den Nächsten zu dienen, das ist der beste Beweis für deine Berufung. Die tiefe Freude ist wie ein Kompaß, der dir die Richtung des Lebens zeigt. Man muß sich daran orientieren, auch wenn die Straße nicht klar und der Weg schwierig ist…" Und weiter: „Die Freude ist das Gebet. Die Freude ist die Kraft. Die Freude ist die Liebe. Gott liebt den, der mit Freude gibt."

In den Jahren 1927 und 1928 verbrachte sie zwei Monate der spirituellen Einkehr am Wallfahrtsort der Muttergottes von Letnica. Sie wollte herausfinden, ob es wirklich der Herr war, der sie rief. Und genau dort, vor der Madonna von Cërnagora, am Vorabend des Fests Mariä Himmelfahrt, dem 14. August 1928, entschied sie sich. Ihrem Cousin Lorenc, den sie Lenci nannte, wird sie später erzählen:

> Ich werde in die Missionen gehen und mich ganz Gott weihen für das Heil der Seelen! Am Fest der Himmelfahrt habe ich die Madonna von Letnica um ihren mütterlichen Segen gebeten: „Muttergottes mein, hilf mir, den Plan und den Willen Gottes zu erfüllen, wie du es getan hast! Steh mir bei auf dieser langen und unbekannten Reise. Ich breche mit dir auf, Muttergottes mein..." Ich weiß nicht, wie mein künftiges Leben, die Arbeit, das Apostolat aussehen wird. Ich habe mir in meinem Leben schon vieles gewünscht: mich der Musik zu widmen... Du weißt genau, wie sehr ich die Musik liebe, das Singen, und ich werde es auch noch lieben, wenn ich das Lob des Herrn singe. Dann habe ich auch die Literatur und vor allem die Dichtung sehr geliebt. Und sie vertraute mir an, daß sie ein Heft voller Gedichte hatte... „Wer weiß, ob ich sie noch weiter schreiben und lesen kann", sagte sie zu mir. „Dann wäre ich gerne Lehrerin geworden. Es hätte mir gefallen, die jungen Generationen zu erziehen, mich der Schule zu widmen. Du siehst also, daß ich wahrscheinlich nicht alle diese Pläne werde verwirklichen können... Eines aber ist sicher, und das genügt mir: ich weiß, daß der Herr mich ruft, daß er mich liebt, daß er mich zur missionarischen Berufung führt. Das ist jetzt meine einzige Gewißheit!"[36]

Eine von Gonxhes Mitschülerinnen erzählt:

> Sie las die Zeitschrift „Katoličke misije" und andere Briefe, die Jesuitenpatres aus den Missionen in Indien schickten. Das begeisterte sie sehr, und sie sprach und erzählte oft von den Missionen; sie lebte schon in den Missionen. Ich und andere Freundinnen waren überzeugt, daß wir auch in die Missionen gehen würden, aber der Wille Gottes hatte etwas anderes für uns vorgesehen. Sie war wirklich von kleiner Statur, schwach, aber sie hatte einen großen Willen, eine gotterfüllte Seele, ein Herz, das alle lenkte. Als ich sie 1980 in Skopje wiedersah, erinnerte ich sie an einige Episoden aus unserer Jugend, aber sie erinnerte sich nicht mehr; es waren ja jetzt so viele Menschen in ihrem Geist und in ihrem Herzen, die ganze Welt des Leidens.[37]

Die Eltern und die engsten Freunde wußten schon seit einiger Zeit, was in Gonxhe vorging, denn sie bat ihre Lieben und ihre Freunde ständig, für sie zu beten, damit sie den göttlichen Willen entschlüsseln könne. Dennoch waren alle bestürzt, als sich die Neuigkeit von ihrer Entscheidung ausbreitete. Man spürte eine Traurigkeit, die mit Stolz vermischt war. Der Bischof von Skopje, der Slowene Ivan Gnidovec, der Mjedas Nachfolge angetreten hatte, war sehr glücklich darüber und unterstützte das Mädchen in seiner Berufung. Im Volk galt er als Heiliger, und als er von Skopje aufbrach, feierte er die heilige Messe für Anjezë, segnete sie und sagte ihr, sie solle Jesus alles geben und nur für ihn leben.

Eines Tages wurde Gonxhe von ihrer Tante Mrika Gjergji gefragt, wie sie denn mit ihrer schwachen Gesundheit in der Mission überleben wolle, und Gonxhe antwortete: „Wenn Gott mich ruft, dann muß er sich auch um meine Gesundheit und alles übrige kümmern. Das ist nicht meine Sache; ich gehorche nur und tue, was Gott von mir verlangt."

Also fragt Gonxhe im irischen Dublin an, ob sie den Loretoschwestern beitreten dürfe, von deren Missionsstationen in Indien die Jesuitenpatres an Herz Jesu ihr soviel erzählt hatten.

Für Nëna Loke sind es schwere Tage bis zu ihrer Abreise:

> Ich bete ohne Unterlaß zu Gott, damit er mir Kraft und Mut gibt, heiter zu sein, ruhig, fröhlich, und nicht zu weinen, zumindest nicht vor Gonxhe zu weinen, damit meine Tochter meinen Schmerz, mein Leid nicht bemerkt... Gott hilft mir sehr, ich habe noch nie vor meinen Kindern geweint... Ich muß der Situation gewachsen sein... Wenn mir das nicht gelingt, dann gehe ich in ein Zimmer, schließe die Tür hinter mir, als ob ich irgendeine häusliche Arbeit zu tun hätte, und bete, weine und opfere meine Gonxhe dem Herrn auf.[38]

Am 25. September 1928, dem Tag vor der Abreise, füllte sich das Haus der Familie Bojaxhiu in der Vlashkastraße mit Menschen, die gekommen waren, um sich von Gonxhe zu verabschieden und ihr alles Gute zu wünschen. Auch viele Jugendliche und viele Arme wollten an diesem Ereignis teilhaben. Viele waren traurig darüber, daß Gonxhe ging – nicht nur ihre Verwandten und Freunde, sondern auch diejenigen, die von ihrer Anwesenheit profitiert hatten. Die Abreise des Mädchens in ein Land, das in der damaligen Zeit nahezu allen völlig unbekannt war, sorgte in jenen Tagen in Skopje für Gesprächsstoff. Man suchte Indien auf den Landkarten, doch es war nicht nur die Entfernung, die die Gemüter beschäftigte, sondern mehr noch der fundamentale Unterschied zwischen der albanischen und der indischen Bevölkerung, zwischen der heimatlichen Kultur und der des indischen Subkontinents. Alle staunten über den Mut der kleinen „Knospe", die sich mit gerade einmal achtzehn Jahren auf ein Unternehmen einließ, das ihnen überaus gewagt erschien. Für die albanische Gesellschaft der damaligen Zeit war sie eine absolut außergewöhnliche Frau.

Viele brachten ihr Geschenke, und viele begleiteten sie zum Bahnhof, wo sie den Schnellzug in die kroatische Hauptstadt Zagreb nahm; ihre Mutter und ihre Schwester sollten nachkommen. Ihr Cousin Lorenc schrieb in sein Tagebuch:

Alle weinten am Bahnhof, auch sie, obwohl sie noch kurz vorher gesagt hatte, daß sie es nicht tun würde. Auch ich hätte beinahe geweint bei dem Gedanken, daß ich eine Verwandte und eine gute Freundin verlieren würde. Im Moment des Abschieds drückte sie mir fest die Hand. Ich erwiderte ihren Gruß eher kühl, um ihr über diesen schmerzlichen Augenblick hinwegzuhelfen. Der Zug fuhr ab. Wir winkten alle vom Bahnsteig aus mit unseren Taschentüchern. Sie hörte nicht auf zu winken, bis wir sie aus den Augen verloren. Die Sonne beschien sie mit ihren Strahlen: sie war wie der Mond, der in der Helligkeit des Tages langsam verblaßt, bis sie nur noch ein Punkt war, der immer kleiner wurde und unter ständigem Winken immer noch mehr verblaßte. Schließlich war sie ganz verschwunden. Man sah sie nicht mehr, wie einen Stern im Sonnenlicht...[39]

Ihre Mutter, ihre erste geistliche Leiterin, ihre erste Novizenmeisterin, hatte ihr kostbare Ratschläge gegeben und gab sie ihr auch weiterhin: Ratschläge, die sie ihr Leben lang nicht vergaß:

Du mußt allein Jesus gehören... Geh, aber du mußt eine heilige Schwester sein... Leg deine Hand in die Hand Jesu und geh getrost voran... Geh mit Gott, meine Tochter, geh ins Kloster, um Missionsschwester zu werden, aber du mußt dich ganz Gott und ganz dem Gebetsleben weihen.[40]

ZAGREB – DUBLIN – BENGALEN

Nëna Loke, Age und Gonxhe legten etwa 800 Kilometer zurück, um Zagreb zu erreichen. Die nächste Etappe würde Dublin sein, wo sich das Mutterhaus der Loretoschwestern befand. Gonxhe verlor alle und alles, um in Christus alles zu gewinnen. Sechs Jahre lang hatte sie gezweifelt, nachgedacht und sich mit Vorbehalten und Widerständen gegen ihre Berufung auseinandergesetzt, die doch so stark gewesen war. Jetzt war sie aufgebrochen, jetzt gab es für sie keinerlei menschliche Gewißheit mehr, jetzt hatte sie alles in Gottes Hand gelegt.

Die Zeitschrift „Katolicke misije" schreibt in der letzten Ausgabe des Jahres 1928:

> Gonxhe Bojaxhiu ist eine Albanerin aus Skopje. Der Ruf des Herrn überraschte sie, als sie noch zur Schule ging. Wie der heilige Petrus einst seine Netze zurückließ, so ließ Gonxhe ihre Bücher zurück und brach im Namen Gottes auf. Alle wunderten sich, denn sie war Klassenbeste und allseits beliebt! Sie war die Seele der katholischen Frauenaktivitäten und des Kirchenchors. Als sie von Skopje abreiste, waren rund hundert Menschen am Bahnhof, die sich von ihr verabschieden wollten. Alle weinten und waren tiefbewegt.

Von jetzt an sollte die „Nachtigall" für den Herrn singen.

In der Stadt Zagreb wohnten Mutter und Töchter bei einer Familie albanischer Katholiken, die mit Papa Kolë befreundet gewesen waren. Es waren emotionsgeladene Tage: sie trafen mit Freunden und Bekannten zusammen und sahen sich die Stadt an; sie besuchten Museen und gingen ins Theater; vor allem aber beteten sie in den Kirchen und in der Kathedrale von Zagreb. Sie kosteten den letzten Rest der Zeit aus, die sie noch miteinander hatten, und sprachen über ihre Vergangenheit, ihre Gegenwart und ihre Zukunft.

Der Zug nach Dublin fuhr am 13. Oktober 1928, und Gonxhe begann ihr neues Lebenskapitel gemeinsam mit einer Gefährtin, die mit ihr zusammen in die Kongregation der Loretoschwestern eintreten sollte: der Slowenin Betilka Kajnč, der späteren Schwester Maria Magdalena.

Bei der Abreise versprach sie ihrer Mutter: „Ich werde versuchen, mein Bestes zu geben. Ich werde mich immer an deine Ratschläge, aber vor allem an deine Güte, an deine Liebe erinnern."[41]

Es war das letzte Mal. Weder ihre Schwester sollte sie jemals wiedersehen noch Nëna Loke, die sich mit weinendem Herzen von ihr verabschiedete: „Geh, Gonxhe Gjyli, meine Tochter, und der Herr, der dich gerufen hat, sei immer mit dir! Vergiß uns nie in deinen Gebeten, und auch wir werden immer für dich beten."[42] Age gelang es nicht, ihre Tränen zurückzuhalten.

Vom Zugfenster aus sah Gonxhe Jugoslawien, Österreich, die Schweiz und Frankreich vorüberziehen. Von dort aus stieg sie mit Betilka auf ein altes und überfülltes Schiff, das sie über den Ärmelkanal brachte, und dann ging es über London weiter nach Dublin.

Mama Drane sagte später zu Lorenc Antoni: „Wenn ich mich sehr danach sehne, meine Gonxhe Gjyli zu sehen, zu fühlen oder in meiner Nähe zu haben, dann nehme ich ihr Foto, sehe es an, küsse es, und dann nehme ich den Rosenkranz und bete. Wenn ich bete, habe ich immer das Gefühl in ihrer Nähe zu sein, ihr zu helfen und auch mir selbst zu helfen."[43]

In Dublin erwartete sie die Oberin der Loretoschwestern. Gonxhe hatte etwas Zeit, um sich von der Reise auszuruhen, und begann dann sofort, Englisch zu lernen. Das Mutterhaus der Loretoschwestern befand sich damals wie heute bei Rathfarnharm in der Nähe von Dublin. Ebenso rasch wie die neue Sprache eignete sie sich auch die Regeln an, um eine gute Nonne zu werden. Sie wählte den Ordensnamen Maria Teresa vom Kleinen Jesus.

Schon bald war sie soweit, daß sie die Reise nach Indien antreten konnte, das damals unter britischer Herrschaft stand. Am 1. Dezember 1928 stach ihr Schiff, die „Marcha", in See: Außer ihr, ihrer Gefährtin Schwester Maria Magdalena und drei franziskanischen Missionsschwestern waren die Passagiere mehrheitlich Anglikaner. Es war eine sehr strapaziöse Reise bei stürmischer See. In Porto Said besuchten sie die heilige Messe. Weihnachten verbrachten sie auf dem Schiff. Zusammen mit den Franziskanerinnen bastelten sie eine Krippe aus Papier. Am 24. Dezember um Mitternacht sangen sie *Gloria in excelsis Deo!,* beteten den Rosenkranz und stimmten *Adeste fideles* an. Nicht einmal am 25. Dezember gab es eine heilige Messe, denn es waren keine katholischen Priester an Bord. Deshalb mußten sie sich mit einer geistigen Kommunion begnügen.

Die Tage der Reise vergingen mit Beten, Meditation, Lesen, Briefen an die Verwandten – in denen sie sich trotz des Opfers und der mühsamen Überfahrt als glücklich bezeichnet – und mit Beschreibungen von jener für sie absolut abenteuerlichen Reise, die sie ins ferne Indien bringen sollte. Sie verfaßte auch Gedichte. Sie hatte das Heft mit ihren bisher verfaßten Versen mitgenommen. Sie las die alten und verfaßte neue. Am 9. Dezember entstand „Abschied":

Ich verlasse meine geliebte Heimat
Und mein geliebtes Land.
Ich fahre ins heiße Bengalen
An ein weit entferntes Ufer.

Ich verlasse meine alten Freunde
Und gebe Familie und Heimat auf.
Mein Herz treibt mich vorwärts,
Um meinem Christus zu dienen.

Auf Wiedersehen, liebe Mutter,
Gott sei mit euch allen.
Eine höhere Macht zwingt mich
In das glühendheiße Indien.

Das Schiff kommt langsam voran,
Es teilt die Wellen des Ozeans,
Als meine Augen einen letzten Blick werfen
Auf die geliebten Ufer Europas.

Unerschrocken auf dem Deck
Steht mit freudigem und friedlichem Antlitz
Christi kleine glückliche,
Seine zukünftige Braut.

In ihrer Hand hält sie ein eisernes Kreuz,
An dem der Erlöser hängt,
Und ihre eifrige Seele bietet
Ihr schmerzvolles Opfer an.

„O Gott, nimm dieses Opfer an
Als ein Zeichen meiner Liebe,
Bitte, hilf Deinem Geschöpf,
Deinen Namen zu preisen!

Nur um eines bitte ich Dich dafür,
Liebster Vater von uns allen:
Laß mich wenigstens eine Seele retten –
Eine, die Du schon kennst.“

Fein und rein wie Sommertau
Fließen ihre weichen warmen Tränen,
Und sie besiegeln und weihen nun
Ihr schmerzvolles Opfer.[44]

Gonxhe verabschiedet sich von ihrer gesamten Vergangenheit und wendet den Blick den neuen Horizonten zu, die sie erwarten: Indien wird ihre neue Heimat, ihre neue Welt sein, genau dorthin fühlt sie sich berufen, um das Evangelium zu leben, genau dort wird Christus ihr Bräutigam sein wollen, und dort soll sie auch seinen Durst stillen. In diesem Gedicht ist bereits die ganze Mutter Teresa, alles, was sie ist und sein wird, enthalten. Der Ort ihrer Bestimmung ist in ihren Geist und ihren festen Willen hineingeschrieben: „Ich fahre ins heiße Bengalen an ein weit entferntes Ufer"; die Menschen, die ihr mit ihrer Berufung anvertraut sind, stehen ihr bereits vor Augen; zwar hat sie die konkreten Personen noch gar nicht kennengelernt, aber „mein Herz treibt mich vorwärts, um meinem Christus zu dienen." Dann der Gruß an die geliebte Mutter, der sie zutiefst dankbar ist. Vor ihr lag nun das Indien aus ihren Mädchenträumen, aus jener Zeit, da sie auf den Seiten der Missionszeitschriften mit den Augen der Seele die mühselige Arbeit der Missionare bei jenen Armen gesehen hatte, die aus religiöser Überzeugung, schicksalsergeben und ohne Hoffnung auf Veränderung an dem ihnen bestimmten Platz in ihrer Kaste lebten.

Gonxhe ist die „zukünftige Braut", die der dreieinige Gott mit der Freude des Heiligen Geistes erfüllt. Sie ergreift das Kreuz, sie ergreift den Kelch des Leidens, sie ist zu allem bereit „als ein Zeichen meiner Liebe". Gerade um dieser Liebe willen bittet sie den Herrn um Hilfe, damit sie ihn auf Erden verherrlichen kann. Und die Tränen, die sie vergießt, zeigen, wie schwer es ihr fällt, ihr sicheres bisheriges Leben auf der anderen Seite des Meeres zurückzulassen.

„Betet für eure Missionarin", schreibt sie am 25. März 1929 an die Zeitschrift „Blagovijest" in Skopje, „daß Jesus ihr helfen möge, so viele unsterbliche Seelen wie möglich aus der Dunkelheit des Unglaubens zu retten."[45] Mutter Teresa hofft, das Licht des Glaubens und der Wahrheit entzünden und inmitten von Religionen, die anders sind als ihre eigene, Seelen retten zu können: sie etabliert keinen schwammigen interreligiösen

Dialog – das wird sie nie tun –, sondern mischt sich unter Hindus, Buddhisten und Muslime, wie sie es schon am Gnadenbild von Letnica getan hat, nämlich in dem festen Bewußtsein ihrer Identität als Tochter der Kirche von Rom. Wie der heilige Paulus als Apostel Christi unter die Heiden gegangen ist, geht auch sie mitten unter die Andersgläubigen und legt so mit ihrem Beispiel und ihrer Liebe ein Zeugnis für die Freiheit ab, die der Erlöser uns schenkt. Sie selbst hat diese Wahrheit so formuliert:

> Die Hitze in Indien ist einfach glühendheiß. Wenn ich herumgehe, kommt es mir vor, als hätte ich Feuer unter meinen Füßen, das sogar meinen ganzen Körper versengt. Wenn es am schlimmsten ist, dann tröste ich mich mit dem Gedanken, daß auf diese Weise ja Seelen gerettet werden und daß der liebe [geliebte] Jesus noch viel mehr für sie gelitten hat… Das Leben einer Missionarin ist nicht mit Rosen gestreut, sondern tatsächlich eher mehr mit Dornen; doch alles in allem ist es ein Leben erfüllt mit Freude und Glück, wenn sie daran denkt, daß sie die gleiche Arbeit verrichtet wie Jesus, als er auf Erden war, und daß sie dem Gebot Jesu nachkommt: „Gehet hin und lehret alle Völker“ (Mt 28,19).[46]

Dem Jesuitenpater Franjo Jambreković, der in Skopje ihr Beichtvater gewesen war, vertraut sie an, daß sie Kreuz und Leid früher einmal gefürchtet habe, jetzt aber, da ihre Profeß unmittelbar bevorstehe (1937), gerne annehmen wolle,

> noch bevor es eigentlich da ist, und so leben Jesus und ich in Liebe zusammen. Glauben Sie, daß mein spirituelles Leben auf Rosen gebettet ist – diese Blume entdecke ich so gut wie gar nicht auf meinem Weg. Ganz im Gegenteil, ich habe öfters als meine Gefährtin „Dunkelheit“. Und wenn diese Nacht besonders tief ist – und es mir scheint, als ende ich in der Hölle –, dann bringe ich mich einfach Jesus dar. Wenn er will, daß ich dort-

hin gehe – dann bin ich bereit – doch nur unter der Bedingung, daß es ihn wirklich glücklich macht. Ich brauche viel Gnade, viel von der Kraft Christi, um im Vertrauen durchzuhalten, in dieser blinden Liebe, die nur zu Jesus, dem Gekreuzigten, führt. Doch ich bin glücklich – ja, so glücklich wie nie. Und für keinen Preis auf der Welt würde ich mir wünschen, meine Leiden aufzugeben [...]. Mama schreibt mir regelmäßig – gewiß ist es sie, die mir Kraft gibt, freudig zu leiden. Meine Abreise war wirklich der Beginn ihres übernatürlichen Lebens. Wenn sie zu Jesus geht, dann wird er sie bestimmt mit großer Freude empfangen [...]. Vor einigen Tagen mußte ich lachen – als mir einige Zwischenfälle aus Letnica in den Sinn kamen. Wirklich, wie stolz war ich doch damals. Sogar jetzt bin ich noch nicht demütig – doch zumindest möchte ich es gerne werden – und Demütigungen sind meine süßesten Süßigkeiten.... Ich muß gehen – Indien ist so glühend heiß wie die Hölle – doch seine Seelen sind schön und kostbar, weil das Blut Christi sie wie Tau bedeckt.[47]

Indien ist heiß wie die Hölle. Sie sieht Abscheuliches und Tragisches. Das durch die Kasten geregelte Lebenssystem achtet nicht auf die Einzigartigkeit und Kostbarkeit der Personen, die zwar oft in den Augen der Menschen, niemals aber in den Augen Gottes ihre Würde verlieren, weil der Sohn Gottes gekommen ist, um auch sie mit dem Blut seines Opfers zu reinigen, und weil auch sie wie alle Völker der Erde Teil des Heilsplans sind. Schwester Teresa wird die Aufgabe anvertraut, Christi Durst zu stillen: indem sie den Verzweifelten zu trinken gibt und das Wasser aus dem Brunnen von Sychar schöpft,[48] schenkt auch sie das Wasser des ewigen Lebens aus.

Schwester Teresa ist intelligent, äußerst scharfsinnig und eine genaue Beobachterin. In einem Brief an die Redaktion der Zeitschrift „Katoličke misije“ beschreibt sie in überaus prägnanten Worten ihre Ankunft in jenem Land, das für sie nun auch zu einer Art Heimat werden soll. Es ist der erste, geradezu photographische Eindruck, den die künftige Mutter Teresa von Indien bekommt.

Kalkutta, den 6. Januar 1929:

Am 27. Dezember sind wir in Colombo angekommen. Dort erwartete uns Herr Scalon, der Bruder einer unserer Mitschwestern. Von da aus haben wir uns ins Missionskolleg St. Joseph begeben, wo wir in einer armseligen Kapelle den Herrn angebetet haben. Dann sind wir zu ihm (Herrn Scalon) nach Hause gegangen. Mit großem Erstaunen haben wir das Leben auf der Straße beobachtet. Die eleganten Kleider der Europäer fielen in der Menge sofort auf, denn alle anderen hatten dunkle Haut und trugen bunte Gewänder. Die meisten waren halbnackt. Ihre Haut und ihre Haare glänzten in der heißen Sonne. Man sah deutlich, daß unter diesen Menschen großes Elend herrschte. Besonders leid taten uns die, die durch die Straße liefen und dabei wie Pferde ihre eigenen Karren hinter sich herzogen. Einmütig beschlossen wir, uns nie eines solchen Verkehrsmittels zu bedienen. Gerade in diesem Moment jedoch entschied Herr Scalon, der an diese Sitten gewohnt war, daß wir mit diesen Karren zu ihm nach Hause fahren sollten. Wir alle waren bestürzt, und die anderen Schwestern staunten sehr, doch wir mußten uns darauf einlassen. Wir konnten nur beten, daß wir eine leichte Last für sie waren. Als wir am Haus ankamen, fühlten wir uns besser.

Die Natur hier ist wunderbar. Die ganze Stadt ist ein einziger großer Garten. Hohe Palmen voller Früchte ragen majestätisch in den Himmel, und praktisch jedes Haus hat die schönsten Pflanzen. Als wir all das sahen, beteten wir, daß Gott mit seiner Barmherzigkeit auch ihre Seelen schöner machen möge.

Am darauffolgenden Tag waren wir bei den Schwestern vom Guten Hirten, die eine schöne Kirche haben. Sie erzählten uns viele Dinge, unter anderem, daß es in Colombo gute

Katholiken gibt, obwohl sie unter Buddhisten und Protestanten leben. Gegen halb acht Uhr abends, als wir an Bord unseres Schiffes zurückkehrten, waren wir sehr glücklich, dort einen katholischen Jesuitenpater anzutreffen, der bis Darjeeling mit uns reisen würde. So haben wir nun jeden Tag die Messe, und das Leben an Bord kommt uns schon nicht mehr ganz so trostlos vor.

Wir haben eine sehr festliche Silvesternacht verbracht, aber dabei in unseren Herzen das *Te Deum* gesungen. Gott sei Dank haben wir das neue Jahr gut begonnen; wir haben eine gesungene heilige Messe gefeiert, weil uns das feierlicher erschien.

Am selben Abend kamen wir in der Dämmerung in Madras an. Schon die Küste bot uns ein trauriges Bild von diesem armen Volk. Als wir am folgenden Tag die Stadt besuchten, waren wir zutiefst erschüttert von der unbeschreiblichen Armut dieser Menschen. Auf den Straßen entlang den Stadtmauern und auch auf den Durchgangsstraßen lebten unzählige Familien. Sie leben Tag und Nacht unter freiem Himmel, auf einem Teppich aus großen Palmblättern oder in ganz vielen Fällen auch auf dem nackten Boden. Sie alle sind fast vollständig nackt. Sie haben ganz feine Armbänder an Armen und Beinen und etwas wie Ornamente auf der Nase und an den Ohren. Auf der Stirn tragen sie Zeichen von religiöser Bedeutung.

Wir gingen durch eine Straße und trafen auf eine Familie, die sich um einen verstorbenen Angehörigen versammelt hatte. Er war in ärmliche rote Lumpen gehüllt und mit gelben Blumen bestreut, und sein Gesicht war mit vielfarbigen Streifen bemalt. Es war ein entsetzliches Bild. Wenn unsere Leute das alles gesehen hätten, hätten sie sich ganz sicher nicht mehr über ihr eigenes Elend beklagt, sondern Gott gedankt, der sie mit solchem Überfluß gesegnet hat.

In einem Kloster, wo wir uns eine Zeitlang aufhielten, erzählte man uns, daß es hier viele Katholiken gibt, die aber alle sehr arm sind. Auch wenn sie nicht nackt umherlaufen, leben sie doch unter sehr schwierigen Bedingungen, weil die Missionare ihnen nicht alles geben können.

Die Stadt ist recht interessant, aber die Schönheiten der Natur sind nicht so auffällig wie in Colombo. Am 6. Januar haben wir das Meer verlassen und sind in den Fluß Ganges eingebogen, der „der heilige Fluß" genannt wird; so konnten wir unsere Heimat Bengalen gut sehen. Die Natur war wunderbar, an einigen Stellen standen schöne Häuser und dann unter den Bäumen lange Zeltreihen. Als wir sie sahen, konnten wir es gar nicht mehr erwarten, dort zu sein. Wir wußten, daß die Katholiken nicht zahlreich waren.

Als unser Schiff vor Anker ging, sangen wir ein stummes *Te Deum*. An der Kaimauer erwarteten uns unsere indischen Mitschwestern, und in ihrer Gesellschaft betraten wir zum ersten Mal mit einer unbeschreiblichen Freude bengalischen Boden. In der kleinen Klosterkirche dankten wir dem Herrn dafür, daß er uns die Gnade gewährt hatte, glücklich unser Ziel zu erreichen. Wir werden eine Woche lang hierbleiben und dann nach Darjeeling weiterreisen, wo wir für die Dauer unseres Noviziats wohnen werden.

Betet viel für uns, damit wir gute und mutige Missionarinnen werden.

Die Qual (das Elend der Menschen) und Empörung (die vor die Karren gespannten Männer), die Gonxhe bei ihrer Ankunft in Indien empfand, sind kein Hindernis, sondern für sie vielmehr das authentische „Willkommen" dessen, was sie Jahre später nicht mehr nur als außenstehende Beobachterin registrieren, sondern zu einem Teil ihres eigenen Daseins machen wird. Gonxhes erste Begegnung mit der neuen Welt ist schon entscheidend für Mutter Teresas späteres missionarisches Wirken.

Das Mädchen tritt ihren neuen Weg mit Kühnheit an, ist dabei aber weder naiv noch unbedarft: Sie hatte sich sechs Jahre lang in einer Art Vornoviziat vorbereitet, und dank dieser kostbaren Zeit war sie nun imstande, ihr neues Leben in Angriff zu nehmen. Durch ihre regelmäßige und begeisterte Lektüre der Missionschroniken und Artikel in der Zeitschrift „Katoličke misije“ hatte Gonxhe sich bereits ein genaues Bild davon gemacht, was es heißt, Missionarin zu sein.

Einige Tage lang – gerade lange genug, um sich von den Strapazen der Reise zu erholen – blieb sie bei den Mitschwestern in Kalkutta, der Hauptstadt des westlichen Bengalen. Dann reiste sie nach Darjeeling ab, wo ihr Postulat beginnen sollte. In eine durch und durch fremde Welt hineinkatapultiert, ließ Gonxhe den Herrn in sich handeln und folgte ausschließlich dem, was der Geist ihr eingab.

Das Postulat dauerte einige Monate; dann folgten zwei Jahre des Noviziats, das sie am 23. Mai 1929 in Anwesenheit des Erzbischofs von Kalkutta, Ferdinand Périer, antrat. Der Bischof überreichte den Novizinnen die Symbole des Ordenslebens, Kreuz, Schleier und Rosenkranz, und segnete die Gewänder.

Schwester Teresa schrieb sofort an ihre Verwandten, um ihnen mitzuteilen, daß sie bei guter Gesundheit und glücklich sei. Sie legte auch ein Photo „vom schönsten Tag ihres Lebens“ bei, „als ich mich für mein ganzes Leben Christus geweiht habe“ (wie sie am 23. Mai 1929 an ihre Tante Maria, die Großmutter von Lorenc Antoni, schrieb).

Jetzt war sie nicht mehr Anjezë, sondern Schwester Maria Teresa.

1925 war die Karmelitin Therese vom Kinde Jesus und vom Heiligen Antlitz, bekannt als die kleine heilige Therese von Lisieux, zur Schutzpatronin der Missionen erklärt worden, und die neue Schwester Teresa, die ihre Lebensgeschichte kannte, war davon so beeindruckt und fasziniert, daß sie ihren Namen gewählt hatte.

Sie bleibt im Briefkontakt mit ihren Verwandten und Freunden. Aus ihren Briefen spricht die heitere Freude über den gewählten Lebensweg. Die „Kleine Teresa vom Kinde Jesus“, wie sie sie unterschreibt, drückt den Daheimgebliebenen ihre ganze Verbundenheit aus und bittet um ihre Gebete. Unter den Briefen befindet sich auch jener, der in der katholischen Zeitschrift von Skopje, „Blagovijest“, erschienen ist. Die Art, wie dieses Schreiben präsentiert wird, zeigt, wie sehr alle dieses Mädchen bewunderten, das mit 18 Jahren einen so radikalen und anspruchsvollen Weg eingeschlagen hatte:

> Das 18jährige Mädchen aus Skopje, das hier unter ihrem albanischen Namen Gonxhe hinreichend bekannt ist, ist Nonne geworden und hat den Namen Teresa vom Kinde Jesus angenommen. Bis zum vergangenen Herbst hat sie in Skopje den Kirchenchor unterstützt, hat ihre Gefährtinnen aus der Kongregation Mariens angespornt, den Missionen zu helfen, hat kleinere Kinder unterrichtet und war eine vorbildliche Schülerin des Mädchengymnasiums von Skopje. Am 9. 12. 1928 hat sie unterwegs auf dem Schiff einen Brief an die Leser von Blagovijest begonnen und ihre ureigensten spirituellen Empfindungen in ein kurzes und einfaches Gedicht gefaßt...

Dann vermerkt der Artikel für alle, die ihr schreiben wollen, Schwester Teresas genaue Adresse: *M. Terezija Bojaxhiu, Novicijat, Loreto konvent, Darjeeling, British India.* Der Beitrag endet mit einem Aufruf, ihren Spuren zu folgen – als „Ansporn für die katholische Jugend von Skopje und insbesondere für diejenigen, die genau wissen, worum es geht: Opfer!“

Für den Augenblick ist Schwester Teresa vom Kinde Jesus froh und fühlt die Last des Opfers nicht: Im Noviziat verbringt sie Stunde um Stunde mit Gebet, Studium, Meditation, Bibellektüre und mit ihren geliebten Büchern. Ihr Leben ist erfüllt und harmonisch. Sogar ihre Gesundheit hat von dieser für alle sichtbaren und spürbaren inneren Verwirklichung profitiert.

DIE ARZNEI DER TAUFE

In kurzer Zeit hatte Schwester Teresa Englisch gelernt, und nun beginnt sie, sich auch die bengalische Sprache anzueignen. In spiritueller Hinsicht kommt dieses kleine Wundermädchen ebenfalls mit Riesenschritten voran, und so wird sie schon am 23. Mai 1931 zu den zeitlichen Gelübden zugelassen. Später wird sie diese Tage die „schönsten meines Lebens" nennen; endlich fühlt sie sich ganz dem Herrn Jesus gehörig und vollkommen wohl in der Gemeinschaft der Loretoschwestern.

Nach drei Jahren ist Schwester Teresa bereit, zu dienen und das in die Tat umzusetzen, was sie aus der Ordensregel gelernt hat. Die erste Aufgabe, die ihr anvertraut wird, ist die Krankenpflege, eine ihrer liebsten Pflichten, die sie ja bereits in Skopje unter Nëna Lokes Anleitung erfüllt hat. Bei den Kranken zu sein heißt für Schwester Teresa, bei Jesus zu sein. In Indien grassieren Elend und Leid. Es gibt wahrhaftig viel zu tun, und obwohl sie so zierlich ist, bleibt sie den ganzen Tag und, wenn nötig, auch die Nacht über auf den Beinen. Immer aber steht das Gebet über allem und allen.

Oberin und Mitschwestern sind sehr zufrieden mit Schwester Teresa vom Kinde Jesus, „der albanischen Schwester", wie sie liebevoll genannt wird. Sie ist glücklich darüber, daß sie die Liebe Gottes in all diesen Schmerz hineintragen kann: Das Leiden ist ihre Welt, und wenn die Kranken sie kommen sehen, haben sie ein Lächeln auf ihren Lippen, und ihre Augen leuchten.

In der Krankenhausapotheke, wo sie ihren Dienst leistet, hängt zu Schwester Teresas großer Freude ein Bild des Erlösers, und so sieht sie ihn inmitten einer Schar von Unterdrückten, auf denen die Mühsal des Daseins lastet; jeden Morgen, ehe sie mit der Arbeit beginnt, blickt sie auf das Antlitz des Heilands, und in seinem Blick „ist alles zusammengefaßt, was ich empfinde: Jesus, für Dich und für die Seelen!", wie sie im November 1931 in einem Brief schreibt, der in der Zeitschrift „Katoličke misije" erscheint. Dann betritt sie den Wartesaal, der immer mit Patienten, Notleidenden und Unglücklichen gefüllt ist. „Alle Augen sind auf mich gerichtet", die Mütter halten ihr ihre kranken Kinder entgegen, „in derselben Pose wie das Bild, das an der Wand hängt. Mein Herz pocht vor Glück: ich kann dein Werk weiterführen, mein lieber Jesus! Ich kann viele Schmerzen lindern! Ich tröste und pflege und wiederhole die Worte des besten Freundes der Seelen." Immer sät sie das Evangelium aus: „Es ist tröstend, unsere Konvertiten im Gebet versunken vor dem Besitzer der Liebe zu sehen."

Sie beobachtet und registriert. Viele Patienten kommen von weit her und haben bis zu drei Wegstunden hinter sich, einige sind an den Ohren und Füßen mit Wunden übersät. Auf ihrem Rücken sind die Geschwüre so gewuchert, daß sich Furchen und Beulen bilden. Manche haben das Tropenfieber, andere Tuberkulose im Endstadium, wieder anderen gelingt es nicht einmal, ihre elenden und schmutzigen Behausungen zu verlassen. In diesen Fällen geben die Schwestern die Medikamente an Verwandte oder Bekannte des Kranken aus, doch nicht selten muß man ihnen mindestens dreimal erklären, wie eine bestimmte Medizin eingenommen wird, und mindestens dreimal dieselbe Frage beantworten. Die Unwissenheit ist groß, und die Geduld wird auf eine harte Probe gestellt.

Jetzt ist ein Mann von mittlerer Statur an der Reihe mit einem langen schwarzen Bart und einer plattgedrückten Nase. Seine glänzenden Augen blinzeln listig, und er lacht zufrieden in seinen langen Bart hinein. Er muß nicht untersucht werden. Aber bei ihm ist seine kleine, zierliche Frau.

Ihr tun die Ohren weh. Also schnell auf den Operationstisch, um die Ohren zu heilen, die schon lange darauf warten, daß man sie gründlich mit Wasser wäscht. Der Operationstisch ist sehr schlicht: eine niedrige Kiste, in der man uns Spenden fürs Haus geschickt hatte. Obwohl das ein denkbar einfaches Sitzmöbel ist, ist dieser kleine Wirrkopf nicht imstande, daraufzuklettern und sich hinzusetzen. Sie steht vor der Kiste, als wäre sie ein Monster, hebt zuerst das rechte Bein, dann das linke... Ich sage ihr wieder und wieder, sie solle sich setzen und sich nicht auf den Tisch stellen! Ohne Erfolg. Sie ist nicht in der Lage, das Problem zu lösen. Dann greift ein älterer Mann ein und hilft ihr. Er setzt sich auf die Kiste und sagt zu ihr: „Mach es so!" Die Frau hatte noch nie auf einem Platz gesessen, der höher war als der nackte Erdboden.[49]

Viele Frauen warten darauf, an die Reihe zu kommen, um ihre Kinder untersuchen zu lassen, die mit „faustgroßen" Pusteln übersät sind. Die 21jährige Hilfsschwester schneidet, drückt aus, verarztet. In einer langen Prozession zieht die leidende und von physischen und moralischen Schmerzen heimgesuchte Menschheit an der „Mutter der Katholiken" vorbei, wie sie sie nennen. Dieses Kommen und Gehen von Menschen mit entsetzlichen Leiden und abstoßenden Wunden macht ihr nicht nur keine Angst: diese Gelegenheit zu pflegen und zu heilen macht sie sogar glücklich.

Zuletzt höre ich aus einer Ecke die Stimme einer Frau: „Mein Mann wollte mir auf gar keinen Fall erlauben, herzukommen, Mutter der Katholiken. Er war zornig und hat mir gesagt, daß der Barbier das Kind genausogut operieren kann. Aber ich habe ihm geantwortet, daß ich meinen Sohn zur Mutter bringe, und bin wie eine Verrückte aus der Hütte gerannt." Ich bin gerade fertig und im Begriff, die Tür zu schließen, als ich die nächste Prozession kommen sehe.

„Welcher Wind führt euch her, gute Leute?“ „Wir kommen aus Belvarave, Mutter der Christen. Die Leute, die heute morgen gekommen sind, haben die Kunde im ganzen Dorf verbreitet. Das Unglück zwingt uns, um deine Mildtätigkeit, deine Liebe und deine Güte zu bitten.“ Ganz sicher brauchten sie etwas Wichtiges, denn in Indien nimmt man eine solche Reise nicht für nichts auf sich. Ich sage ihnen, daß sie mir die Kinder bringen sollen, für die die Ärzte nichts mehr tun können. Für sie habe ich eine wunderbare Medizin. Sie geben ein Versprechen, das sie auch halten. Ich bin froh, ihnen die religiöse Medizin geben zu können: die heilige Taufe, die ewige Seligkeit.

Dann ist die Reihe an einer Frau mit einem gebrochenen Arm, danach an einem Jungen, der einen Messerstich in den Rükken bekommen hat, später – sehr spät ist es schon, und der Tag der „Wunder“ neigt sich für die Mutter der Katholiken seinem Ende zu – kommt ein Mann. Er hält ein kleines Bündel in den Armen, aus dem zwei trockene Stöcke hervorragen: die Beine eines ganz schwachen Kindes, dessen Lebenskraft nur noch ein kleines Flämmchen ist.

Ich erkenne, daß es bald in die Ewigkeit eingehen wird. Schnell hole ich das Weihwasser... Der Mann hat Angst, daß wir das Kind nicht bei uns behalten wollen, und sagt: „Wenn ihr es nicht wollt, dann werfe ich es irgendwohin, ins Gras: die Schakale werden es sicher nicht verschmähen!“ Mir gefriert das Herz! Armes Kind! Schwach und blind, vollkommen blind. Mitleidig und liebevoll nehme ich das Kind in die Arme, hülle es in meinen Kittel [...]. „Wer ein solches Kind um meinetwillen aufnimmt, der nimmt mich auf.“, hat der göttliche Kinderfreund gesagt.

So vollkommen wehrlos und anderen ausgeliefert erinnerte das kleine Gottesgeschöpf an die Italienerin Eluana Englaro, die zum Opfer einer Politik des Todes und der Zerstörung wurde. Nun aber hatte es die Mildherzigkeit und Liebe einer Mutter gefunden, der es nie um die Effizienz oder Ineffizienz eines Menschen gegangen ist, da wir doch alle ohne Ausnahme nach dem Bild Gottes geschaffen sind. Sie hat immer nur auf das ihnen eingehauchte Dasein geachtet: das erste Recht jedes Geschöpfs, das von Gott, dem einzigen Herrn über Leben und Tod, zum Licht gerufen ist.

DAS PRIVATE GELÜBDE

Die Loretoschwestern hatten in Kalkutta ein sehr großes Kloster und entfalteten zahlreiche Aktivitäten, deren wichtigste allerdings die Bildungsarbeit war. Die Oberen von Schwester Teresa wußten von ihrer großen Intelligenz und ihrer hervorragenden Ausbildung. Deshalb entschieden sie, sie an der Universität studieren zu lassen; gleichzeitig sollte sie aber auch schon eine Mädchenklasse unterrichten. Schwester Teresa willigte gerne ein – aus Gehorsam, weil sie die Weisungen ihrer Oberen mit dem Willen der Vorsehung gleichsetzte, andererseits aber auch, weil das Lernen und Unterrichten ihr Freude machte. Also teilte sie sich fortan auf zwischen Büchern und Prüfungen und dem Unterricht an der *St. Mary's School,* einem sehr bekannten Institut in Kalkutta, dessen Schülerinnen den höheren Kasten angehörten und aus wohlhabenden Familien stammten. Doch Schwester Teresas Pflichten sollten immer zahlreicher werden, denn neben den genannten Obliegenheiten mußte sie weiterhin viele Kranke pflegen und überdies zehn Mitschwestern bei deren Studium helfen. 1935 kam schließlich auch noch die Lehrtätigkeit an der Schule der heiligen Therese hinzu. „Es brauchte viel Geduld und Glauben, um sich nicht ‚kaputtzumachen', sich dadurch zugrundezurichten, daß man über der vielen Arbeit das geistliche Leben vernachlässigte. Das wäre der Selbstmord der Missionsberufung, des Apostolats und damit des geweihten Lebens gewesen."[50]

Auch die Schule der heiligen Therese lag in Kalkutta, aber nicht in der Nähe des Klosters. Deshalb mußte Schwester Teresa sich von einer Rikscha, einem von einem Mann gezogenen Karren, dorthin bringen lassen, damit sie früher da war als ihre „kleinen Rußköpfchen", wie sie die Kinder nannte. Als die Kleinen sie zum ersten Mal sahen, fragten sie sich, ob sie ein böser Geist oder eine Göttin sei. Sie kannten keine Abstufungen: entweder man war gut, oder man war böse. Und was tat Schwester Teresa, kaum daß sie das Klassenzimmer betreten hatte? Sie schob alle Pulte an die Seite, nahm Schrubber und Wasser und begann den Boden zu wischen. Die 52 Schüler waren wie vom Donner gerührt. Noch nie hatten sie eine Lehrerin putzen sehen: für das Putzen waren die unteren Kasten zuständig. Angezogen von Schwester Teresas Beispiel und ihrer Fröhlichkeit begannen die Mädchen ihr zu helfen, während die Jungen weitere Eimer mit Wasser heranschleppten. Nach zwei Stunden tatkräftiger Arbeit sah das Klassenzimmer aus wie neu. Schon bald unterrichtete Schwester Teresa noch an einer weiteren Schule mit 200 Kindern, wo die Räumlichkeiten an Ställe erinnerten. Auch in einem Hof hielt sie Unterricht, und als sie sah, wo die Kinder schliefen und was sie aßen, griff es ihr ans Herz, wie sie später selbst erzählen sollte, doch die kleinen Geschöpfe waren glücklich: „Selige Kindheit!" Sie waren vor allem darüber glücklich, mit ihr zusammenzusein, und immer, wenn sie zu ihnen kam, feierten sie ein Fest und sangen fröhliche Lieder. Sie legte ihnen die Hand auf die Köpfchen, und die Kleinen nannten sie „Ma" – Mutter.

Nach und nach begannen die Mütter, ihre Kinder zu ihr zu bringen, damit sie sie segnete. Jeden Sonntag besuchte sie die Elendsviertel von Kalkutta. Sie brachte keine materiellen Gaben, doch die Menschen waren glücklich, sie zu sehen. Diejenigen Familien, die vier Rupien für die Miete bezahlen konnten, lebten in zwei Meter langen und eineinhalb Meter breiten Baracken mit Türen, die so eng waren, das selbst Schwester Teresa, die ihr Leben lang mager gewesen ist, sich nur mit Mühe hindurchzwängen konnte, während die niedrigen Decken jeden zwangen, sich zu bücken. Über die Kinder, die sie unterrichtete, konnte Schwester Teresa Kontakte zu den jeweiligen Familien knüpfen und auch ihnen das eine oder andere vermitteln. Allein dadurch, daß sie ihr Vertrauen und ihre Wertschätzung genoß, hatte sie die Möglichkeit, ihnen neue spirituelle Horizonte zu eröffnen und das Licht Christi in ihre dunklen Behausungen dringen zu lassen.

Schwester Teresa betete zum Herrn um die Kraft, „immer das Licht ihres Lebens zu sein, damit ich sie zu Dir führen kann!" Manchmal ging sie zu Fuß zu den Schulen, an denen sie unterrichtete, weil sie dann unterwegs die Gelegenheit hatte, Leute zu treffen, sie zu begrüßen, Neuigkeiten zu erfahren, Ratschläge zu erteilen und sie mit einem Lächeln oder einer liebevollen Berührung zu beschenken...

Als sie eines Tages einen Witwer besuchte, der im Sterben lag, wurde sie von dem üblen Geruch in der kleinen Hütte beinahe ohnmächtig, doch sie riß sich zusammen und hörte den letzten Willen des Mannes, der ihr seinen einzigen Besitz anvertraute: seine drei Töchter. „Ma" versprach ihm, sie zu sich zu nehmen, und der Greis lächelte selig. Ein anderes Mal kam sie in die Baracke eines verzweifelten Mannes; als sie in der elenden und chaotischen Behausung saubermachte und aufräumte, entdeckte sie eine schöne Lampe; daraufhin sagte sie dem Mann, es sei eine echte Sünde, sie nicht zu benutzen, und schlug ihm vor, sie an einen Platz zu stellen, wo man sie gut sehen konnte. Der Mann akzeptierte ihren Vorschlag, und von da an leuchtete in der kleinen Hütte das Licht der Hoffnung.

Eines Tages stattete ein englischer Protestant der *St. Mary's School* einen Besuch ab und wunderte sich über die große Zahl von Schülern: es waren 375. Er staunte auch darüber, daß diese vielen Kinder so leise waren, und fragte Schwester Teresa, wie sie es anstelle, hier für Ordnung zu sorgen, und welche Strafen sie für die wirkungsvollsten halte. Sie erklärte ihm, daß es die schlimmste Strafe für die Kinder sei, übersehen, ignoriert und mit ihren Streichen und Launen alleingelassen zu werden, ohne daß die Lehrerin eine Notiz davon nahm.

Die Zeit verging wie im Flug, und bald nahte der Moment des entscheidenden und endgültigen Schritts heran: der Profeß. Ehe sie die ewigen Gelübde ablegte, wurde Schwester Teresa für eine Weile von der Schule beurlaubt, und alle ihre Schüler waren untröstlich, weil sie ihre „Ma Tiresa“ nicht sehen konnten.

Einkehr, Schweigen, Gebet und Meditation im Kloster von Darjeeling. Am 24. Mai, dem Schutzmantelfest, darf sie in Gegenwart des Erzbischofs von Kalkutta, Ferdinand Périer, die ewigen Gelübde ablegen. Gemeinsam mit ihr feiert auch Schwester Maria Magdalena Kajnč ihre Profeß.

„Wenn Sie wüßten, wie glücklich ich war! So glücklich, daß ich mich sogar aus meinem eigenen freien Willen heraus selbst als Opfer entzünden könnte“, gestand sie Pater Jambreković am 25. November 1937. „Nun bin ich sein, und das in alle Ewigkeit! Gewiß können Sie sich nicht vorstellen, wie die ehemalige Gonđa nun die Braut Jesu ist. Aber er war stets so unendlich gut zu mir – als ob er sich vergewissern wollte, daß mein Herz ganz ihm gehörte.“ Dann formuliert sie ihre Ziele, die ganz und gar auf Jesus ausgerichtet sind: „Wenn wir Bengalen für Christus gewinnen wollen, dann müssen wir dafür mit vielen Opfern bezahlen. – Jetzt freut es mich sogar, wenn etwas nicht so läuft, wie ich es möchte – weil ich erkenne, daß er unser Vertrauen will – deshalb lassen Sie uns Gott auch im Verlust preisen, so, als ob wir alles bekommen hätten.“ Dann gehen ihre Gedanken zu ihrer geliebten Mutter: „Vielleicht hat Mama Ihnen ja geschrieben. Sie ist jetzt bei meinem Bruder. Sie sind so glücklich. Nur eins vermissen sie – und das ist ihre Gonđa.“ Dann bittet sie, „zur Zeit mehr denn je“, um Gebete, denn:

> Ich will einzig und allein alles für Jesus sein – wahrhaftig und nicht nur dem Namen und der Kleidung nach. Oft ist es genau umgekehrt – so etwa, wenn mein ehrwürdiges „Ich“ den wichtigsten Platz einnimmt. Noch immer dieselbe stolze

Gonđa. Nur eins hat sich geändert – meine Liebe für Jesus – ich würde alles, selbst mein Leben, für ihn geben. Es hört sich zwar schön an, doch in der Realität ist es nicht so leicht. Und das möchte ich eben, daß es nicht leicht wird. Erinnern Sie sich noch, wie Sie mir einmal in Skopje sagten: „Gonđa, du willst den Kelch bis auf den letzten Tropfen austrinken." Ich weiß nicht, ob ich damals schon wie heute dachte, doch jetzt, „ja", und das freudig, sogar ohne jede Träne

Es geht alles nicht so einfach, wenn man von morgens bis abends auf den Beinen steht. Doch immer noch ist alles für Jesus, so als sei alles schön, auch dann, wenn es schwer ist.[51]

Paul VI. hat immer gesagt: „Das Christentum ist nicht einfach, aber es ist glücklich." Das Schwierige wird für Mutter Teresa zu einem Leitmotiv ihres Daseins werden. Sie war so sehr in Christus verliebt, daß sie sich wie alle Mystikerinnen der Kirchengeschichte danach sehnte, mit ihm ans Kreuz geschlagen zu werden.

Schwester Teresas Liebe zu Christus, dem Herrn, war so überwältigend, daß es ihr nicht genügte, die drei ewigen Gelübde zu leben: sie wollte ihnen ein viertes hinzufügen. Im April des Jahres 1942 legte sie ein offizielles „Gelübde vor Gott" ab, das sie bei Strafe der Todsünde dazu verpflichtete, „ihm alles zu geben, worum er mich bittet, ‚ihm nichts zu versagen'": ein Gelübde, über dessen Wortlaut sie am 1. September 1959 auch Erzbischof Ferdinand Périer in Kenntnis setzte. Sie wollte Gott ohne jeden Vorbehalt etwas sehr Schönes schenken: alles und insbesondere sich selbst ganz hinzugeben, genau so, wie die Jungfrau Maria es getan hatte.

Eine andere Frau, die dieses Gelübde abgelegt hat, war die selige Savina Petrilli (1851–1923), die aus Siena gebürtige Gründerin der *Schwestern der Armen der heiligen Katharina von Siena*. Sie war eine außergewöhnliche Persönlichkeit, die sowohl in den großen Werken der Nächstenliebe als auch im Kampf gegen die eigenen Fehler einen starken Willen bewies.

Ihr Leben war ein Weg der fortschreitenden und unermüdlichen christlichen Vervollkommnung, und schon als kleines Mädchen hatte sie immer nur den Wunsch, heilig, „eine große Heilige“ zu werden. Die Liebe zu Gott äußerte sich bei Savina nicht anders als bei der Seligen von Kalkutta in der Liebe zu den Armen. 1917, in demselben Jahr, als die Jungfrau Maria den drei Hirtenkindern von Fatima erschien, hatte Mutter Savina am Fest der Unbefleckten Empfängnis in Anwesenheit der Allerseligsten Jungfrau, des heiligen Josef, der heiligen Katharina von Siena und des gesamten „himmlischen Hofstaats“, wie sie selbst es formulierte, ein ewiges Gelübde der vollständigen Hingabe abgelegt: „mich selbst ganz Dir, meinem Gott, und Deinem anbetungswürdigen Willen“ hinzugeben, „und folglich weder den Beifall der Geschöpfe noch ihr Mitleid zu suchen oder zu erstreben“.

Teresas heroisches „Ja“, das Unterpfand ihres irdischen und ihres ewigen Lebens, war so beständig und fortschreitend, daß sie sich danach sehnte, „den Kelch bis zum letzten Tropfen auszutrinken“ – eine Entscheidung, die weltlichen Menschen verrückt erscheinen mag, in Wirklichkeit aber unumgänglich ist für jemanden, der das Wesentliche des Lebens erkannt, den besseren Teil, das höchste und größte Glück und das Paradies auf Erden für sich erwählt hat.

Sie legte ihr Gelübde unter größtmöglicher Geheimhaltung ab: nur ihr Beichtvater, Pater Van Exem, wußte davon, der sie zu diesem Schritt hingeführt und ihr auch die Erlaubnis dazu erteilt hatte. Die Forderung, Gott nichts zu verweigern, erwuchs direkt aus ihrem tiefen Begreifen dessen, was der menschgewordene Gott für seine Kinder getan hatte:

> Weshalb müssen wir uns selbst ganz Gott geben? Weil sich Gott selbst uns gegeben hat. Wenn Gott, der uns nichts schuldig ist, dazu bereit ist, uns nichts weniger als sich selbst zu geben, wie können wir dann darauf nur mit einem Bruchteil von uns antworten? Uns selbst ganz Gott zu geben ist ein

> Weg, um Gott selbst zu empfangen. Ich für Gott und Gott für mich. Ich lebe für Gott und gebe mein eigenes Selbst auf, und damit bewege ich Gott, in mir zu leben. Um also Gott zu besitzen, müssen wir ihm erlauben, unsere Seele in Besitz zu nehmen.[52]

Dieses Versprechen wird auch von der kleinen heiligen Therese von Lisieux erfüllt, ihrer geliebten Patronin, von der sie so vieles gelesen, gelernt und übernommen hatte. Indem er die Seele in Besitz nimmt, macht Gott sie in allem und zu allem frei. So frei, wie Mutter Teresa zeit ihres Lebens gewesen ist.

Unter den vielen Texten der christlichen Literatur, die sie gelesen hatte, war Schwester Teresa auch auf die Praxis der Privatgelübde des irischen Jesuitenpaters William Doyle gestoßen, der verschiedene private Gelübde abgelegt hatte wie beispielsweise: „Ich gelobe freiwillig und verpflichte mich unter [der Strafe für die Konsequenz einer] Todsünde, Jesus kein Opfer zu verweigern, bei dem ich deutlich erkenne, daß er es von mir verlangt."[53]

Die von Gott in Besitz genommene Seele wird ein Meisterwerk der Schönheit, das alle, wirklich alle, auch die Nichtgläubigen, voller Staunen bewundern können. Wer wäre nicht wenigstens einmal in seinem Leben von den Taten der Mutter Teresa von Kalkutta und von ihrem strahlenden Lächeln erstaunt und betroffen gewesen, das sie den Kindern und den Kranken schenkte?

Diese Schönheit, die aus ihren Augen und von ihren Lippen strahlte, war auch die Frucht jenes Gelübdes von 1942, eines lebenslangen Liebespfands, dem sie sich niemals entzog. Durch ihre völlige Hingabe an den Herrn erwarb sie sich nach göttlichem Recht die Fähigkeit, für ihre Mitmenschen ein irdischer Spiegel der Liebe Gottes zu sein.

DIE FREUDE

Trotz der Pflicht, die sie sich bei Verlust des ewigen Lebens selbst auferlegt hatte, Gott niemals etwas abzuschlagen, war Schwester Teresa heiter und froh, denn sie hatte die Seligkeit gefunden, die aus der Unterwerfung stammt. In einer Art autobiographischem Bekenntnis wird sie ihren *Missionarinnen der Nächstenliebe* später häufig sagen: „Die Unterwerfung ist für den, der liebt, mehr als eine Pflicht: sie ist eine Seligkeit." Sie war die Frau der Freude, und enttäuscht blickte sie auf die, die traurig waren: „Wenn ich jemanden unglücklich sehe, denke ich immer, daß diese Person Jesus etwas verweigert."[54] Die Freude war ein wesentlicher Bestandteil im Leben von Mutter Teresa, die zwar den Journalisten nicht gerne zulächelte, aber immer ein strahlendes Lächeln für die Aussätzigen hatte, die Behinderten, die Parias...

In Mutter Teresas Freude wurde eine alte ekklesiologische Tradition lebendig. Die Wüstenväter, die Kirchenväter und die Lehrer der Ostkirche betrachteten die Traurigkeit, die der christlichen Freude entgegengesetzt ist, als die achte Todsünde. Origenes zum Beispiel hat die Freude dessen, der in die innigste Vertrautheit mit Jesus eintritt, häufig beschrieben: die Seele wird von einer Freude überflutet, wie sie der heilige Simeon empfunden haben muß, als er Jesus auf seinen Armen hielt. Alle katholischen Märtyrer, vom Erzmärtyrer Stephanus bis in unsere Zeit, sind voller Freude. Aufschlußreich ist in diesem Zusammenhang das Zeugnis des heiligen Ignatius von Antiochien: „Ich schreibe euch, da ich noch lebe, aber ich begehre zu sterben. Mein irdisches Begehren ist gekreuzigt worden, und in mir ist kein Feuer mehr, die Materie zu lieben, sondern nur mehr lebendiges Wasser, das in meinem Inneren murmelt und sagt: ‚Komm zum Vater'." Der heilige Bernhard, der heilige Dominikus, der heilige Ignatius von Loyola, der heilige Johannes vom Kreuz, die heilige Theresia von Avila, der heilige Franz von Sales, der heilige Johannes Bosco, der heilige Maximilian Kolbe, sie alle sind glühende Verfechter der Freude, genauso wie die kleine heilige Therese, die man getrost als Mutter Teresas Spiegel bezeichnen kann.

Mutter Teresas Hände wurden die Hände der kleinen Therese, Mutter Teresa war das, was Therese gerne gewesen wäre, wenn ihre Gesundheit es zugelassen hätte. Die Patronin der Missionare, die trotz ihres sehnlichen Wunschs nicht in die Indochina-Mission nach Saigon gehen konnte, wo Karmelitinnen aus Lisieux eine Gemeinschaft gegründet hatten, war von missionarischem Geist durchdrungen (und nicht die tatsächliche Handlung, sondern der Geist entscheidet darüber, wie verdienstvoll das Wirken eines Menschen ist) und hatte sich in ihrem Inneren ganz dem Heil der Seelen geweiht. In Kapitel XI der *Geschichte einer Seele* schreibt sie:

> [Ich] öffnete [...] eines Tages die Briefe des heiligen Paulus [...]. Die Kapitel 12 und 13 des ersten Briefes an die Korinther fielen mir unter die Augen. Dort las ich, daß nicht alle zugleich Apostel, Propheten und Kirchenlehrer sein können, daß die Kirche sich aus verschiedenartigen Gliedern zusammensetzt und daß das Auge nicht zugleich Hand sein kann (1 Kor 12,28–31). Die Antwort war klar, aber sie erfüllte meine Wünsche nicht und gab mir nicht den Frieden. [...] Und ohne mich zu entmutigen, setzte ich die Lesung fort und fand den Ratschlag, der mich tröstete: *„Strebet eifrig nach den vollkommeneren Gaben, aber ich werde euch einen noch weit vorzüglicheren Weg zeigen"* (1 Kor 12,31). Und dann erklärt der Apostel, wie auch die vollkommensten Gaben nichts sind ohne die

LIEBE – daß die Nächstenliebe der ausgezeichnetste Weg ist, um sicher zu Gott zu gehen. Endlich hatte ich Ruhe gefunden. [...] Ich begreife, daß wenn die Kirche einen aus verschiedenen Gliedern zusammengesetzten Körper hat, das notwendigste, das edelste von allen Organen ihr nicht fehlt. Ich verstand, daß sie ein Herz hat, und dieses Herz glüht von Liebe. Ich verstand, daß die Liebe allein die Triebkraft der Glieder ist – daß, wenn die Liebe erlöschen sollte, die Apostel das Evangelium nicht mehr verkündigen und die Märtyrer sich weigern würden, ihr Blut zu vergießen. Ich begreife, daß die Liebe alle Berufungen in sich einschließt, daß die Liebe alles ist, daß sie alle Zeiten und Orte umfaßt, weil sie ewig ist! [...] Um was ich bitte, ist die Liebe! Ich kann nur eines: *Dich lieben,* o Jesus! Die glänzenden Werke sind mir versagt. Ich kann das Evangelium nicht verkünden, mein Blut nicht vergießen... Was tut das? Meine Brüder arbeiten an meiner Statt, und ich *kleines Kind* bleibe ganz nahe dem königlichen Thron – ich liebe für jene, die kämpfen. [...] Ich habe keine anderen Mittel, um Dir meine Liebe zu beweisen, als Blumen zu streuen: das heißt, kein Opfer, keinen Blick, kein Wort vorübergehen lassen, aus den kleinsten Handlungen Nutzen ziehen und sie aus Liebe tun. [...] Und dann werde ich singen – immer singen, selbst wenn ich meine Rosen mitten unter den Dornen pflücken muß. [...] Aber mein Jesus, zu was wollen Dir meine Blumen und meine Gesänge dienen? O ich weiß es wohl: [...] sie werden der triumphierenden Kirche ein Lächeln abgewinnen – sie wird mit ihrem kleinen Kinde, das diese entblätterten Rosen wieder sammelt, spielen, und indem es diese durch Deine göttlichen Hände gehen läßt [...], wird es sie auf die leidende Kirche herabstreuen, um ihre Flammen zu ersticken, und auf die streitende Kirche, um ihr zum Sieg zu verhelfen.[55]

Mutter Teresa hingegen werden die großen Werke nicht „versagt" bleiben, und sie wird die spirituelle, apostolische und missionarische Leidenschaft der kleinen heiligen Therese in die greifbare Tat, in eine sichtbare und konkrete Nächstenliebe umsetzen können. Das ist die Gemeinschaft der Heiligen, das ist die Fülle der Freude in den Männern und Frauen Gottes.

Im Leben der Kinder der Kirche ist die Teilhabe an der Freude des Herrn nicht von der Feier des eucharistischen Geheimnisses zu trennen, wo der Herr selbst den Hunger und den Durst der Gläubigen mit einem eigenen Leib und Blut stillt. Auf diese Weise gestärkt, empfangen sie als Reisende auf dem Weg zur Ewigkeit schon jetzt im Sakrament die Erstlingsfrüchte der eschatologischen Freude.

Der heilige Nilus der Ältere schreibt: „Die Süße des Geistes wächst aus der Freude, während die Traurigkeit wie der Schlund des Löwen ist, der den melancholischen Menschen verschlingt." Die Freude ist eine Pflicht für den Christen: „Wer vorankommen will, muß die spirituelle Freude haben", erklärt der heilige Thomas von Aquin.

Die Freude ist das Merkmal des echten Christen und ohne jeden Zweifel das Geschenk, das das Christentum der Welt gemacht hat. Das ganze menschliche Dasein ist für die Freude geschaffen. „Man findet nicht einen, der nicht glücklich sein will", schreibt der heilige Augustinus, und doch ist es nicht „gewiß, daß alle glücklich sein wollen; denn wer nicht die Freude in Dir haben will, der Du das einzige Glück bist, der will nicht das Glück."

Die ganze Heilige Schrift ist voll von Aussagen über die Freude. „Überlaß dich nicht der Sorge, schade dir nicht selbst durch dein Grübeln! Herzensfreude ist Leben für den Menschen, Frohsinn verlängert ihm die Tage" (Sir 30,21–22); „Gott liebt einen fröhlichen Geber" (2 Kor 9,7; vgl. Sir 35,11). Auch Jesus ist die Freude ein wichtiges Anliegen: „Dies habe ich euch gesagt, damit meine Freude in euch ist und damit eure Freude vollkommen wird" (Joh 15,11). Er betet für seine Jünger, „damit sie meine Freude in Fülle in sich haben" (Joh 17,13). Er beeilt sich, ihnen zu versichern, daß ihre Trauer über sein Leiden und Sterben sich in Freude verwandeln wird, wenn sie ihn als verherrlichten Auferstandenen wiedersehen werden: „Amen,

amen, ich sage euch: Ihr werdet weinen und klagen, aber die Welt wird sich freuen; ihr werdet bekümmert sein, aber euer Kummer wird sich in Freude verwandeln. [...] So seid auch ihr jetzt bekümmert, aber ich werde euch wiedersehen; dann wird euer Herz sich freuen und niemand nimmt euch eure Freude" (Joh 16,20–23). Er ermahnt sie, zum Vater zu beten, damit sie sich darüber freuen können, daß er sie erhört: „Bittet, und ihr werdet empfangen, damit eure Freude vollkommen ist" (Joh 16,24). Jesus findet zärtliche und zugleich kraftvolle Worte, damit die, die ihm folgen, verstehen, daß der christliche Lebensentwurf, der einzig und allein über das Kreuz führt, die Freude als Ziel und Grundlage hat. Der heilige Paulus ruft die Christen dazu auf, sich ihre Freude immer und unter allen Umständen zu bewahren: „Vor allem, meine Brüder, freut euch im Herrn!" (Phil 3,1); „Freut euch im Herrn zu jeder Zeit! Noch einmal sage ich: Freut euch! Eure Güte werde allen Menschen bekannt" (Phil 4,4–5); „Das Reich Gottes ist [...] Gerechtigkeit, Friede und Freude im Heiligen Geist" (Röm 14,17). Der Völkerapostel hebt die Freude des Christen so sehr hervor, weil ebendies der Wille Gottes ist: „Freut euch zu jeder Zeit! Betet ohne Unterlaß! Dankt für alles; denn das will Gott von euch, die ihr Christus Jesus gehört" (1 Thess 5,16–18). Es ist also eine Lüge, wenn das Christentum als „Feind der Freude" (Anatole France) oder als „Fluch auf das Leben" (Nietzsche) bezeichnet wird.

Erleuchtet vom Wort und von der Gnade Gottes wird das Leben der Christen zu einem Fest: dem Osterfest der Welt. Die Freude ist kein Gegensatz zu dem von oder für Jesus gelebten Leid, sondern, vom Mosaik der Heilsgeschichte her betrachtet, die direkte Konsequenz aus den Tränen der Erlösung, und deshalb gehen innere Qual und Heiterkeit Hand in Hand auf ein und demselben Gleis der Liebe.

Mutter Teresa wollte Schwestern und Priester um sich scharen, die zum Opfer und zum Kreuz bereit, dabei aber heiter und froh waren; ihren Töchtern erklärte sie:

Fröhlichkeit ist ein Zeichen eines großzügigen und eines sich selbst gestorbenen Menschen, für den nichts mehr, nicht einmal mehr er selbst, eine Rolle spielen und der versucht, Gott in allem zu gefallen, was er für die Seelen tut. Oftmals ist die Fröhlichkeit ein Deckmantel, der ein Leben des Opfers, eine fortwährende Vereinigung mit Gott, Eifer und Großzügigkeit unter sich verbirgt. Ein Mensch, der diese Gabe der Fröhlichkeit besitzt, erreicht häufig einen hohen Grad an Vollkommenheit. Denn Gott liebt einen fröhlichen Geber, und er nimmt den Geweihten, den er liebt, nahe an sein Herz heran.[56]

Alles, was sie tat, auch die allerkleinsten und unbedeutendsten Dinge, war für sie eine Gelegenheit zur Liebe: „Haltet nicht nach großen Dingen Ausschau, tut einfach kleine Dinge mit großer Liebe... Je kleiner die Sache, desto größer muß eure Liebe sein.[57] So setzte Mutter Teresa das um, was Papst Paul VI. gelehrt hatte: „Alles schnell, gut und fröhlich machen", und in der Freude, alles zu tun, was Gott von ihr verlangte, erschienen ihre Entscheidungen und Handlungen manchen zuweilen überstürzt; denn es war für sie auf beglückende Weise konsequent, unmittelbar auf die Forderungen des Augenblicks zu reagieren.

Sie lebte in vollkommener Freude wie der heilige Franziskus, der die Freiheit in der Liebe des Herrn gefunden hatte und Lobgesänge über die Wunder des Vaters anstimmte. „Die Freude ist von der Liebe verursacht", erklärt der heilige Thomas von Aquin. Freude und Liebe gehen Hand in Hand, denn wer nicht liebt, kann nicht froh sein. Die Freude gedeiht in der Selbsthingabe, und sie verkümmert dort, wo Egoismus, Hedonismus und Mißgunst herrschen.

Die in der Hoffnung und in der Liebe wurzelnde christliche Freude ist ein Überquellen der Liebe Gottes und eine Wirkung der Liebe. Diese Präzisierung ist nicht überflüssig, sondern unverzichtbar und grundlegend, denn sie erklärt, weshalb viele die Freude suchen und nicht finden. Sie suchen sie vergeblich, weil sie denken, sie um ihrer selbst willen finden zu können. Tatsächlich aber hat die Freude in sich selbst keinen Bestand: Ihre Quelle ist die Liebe. Die Freude des Liebenden ist größer als die Freude des Geliebten. Die Quelle der Liebe ist Gott: „Gott ist Liebe“ (1 Joh 4,8), und deshalb ist Gott Freude, und weil er allmächtig und unendlich ist, ist er mithin auch unendliche Freude.

„Die vollkommene Freude ist nicht fleischlich, sondern geistlich“, erklärt ebenfalls der heilige Augustinus, denn die christliche Freude ist eine Gottesfreude, eine beständige Freude, eine Freude, die Frucht des Gottesgeistes ist, der in uns wohnt (Gal 5,22). Dennoch vermag die christliche Freude die verschiedenen Freuden des Menschen zu verfestigen, zu erleuchten und zu intensivieren. Und so kennt er die Herzensfreude und die Freude an der Wahrheit, er freut sich an der Schönheit, an Erinnerungen, und er freut sich auf Dinge, die erst noch eintreffen werden… Die geistliche Freude wirkt auch nach außen, sie erleuchtet den ganzen Menschen, macht ihn liebenswert und faszinierend.

Die Jungfrau Maria nimmt unter den Geschöpfen, die die Fülle der Freude in sich trugen, den ersten Rang ein, denn sie war voll der Gnade. Ihrer Cousine Elisabeth gegenüber läßt sie dieser Freude freien Lauf: „Meine Seele preist die Größe des Herrn, und mein Geist jubelt über Gott, meinen Retter. [...] Siehe, von nun an preisen mich selig alle Geschlechter“ (Lk 1,46–48). Am 9. Mai 1975 veröffentlicht Paul VI. ein apostolisches Schreiben über die christliche Freude, *Gaudete in Domino;* darin schreibt er über Maria:

> Mehr noch als alle anderen Geschöpfe hat sie es erkannt, daß Gott Wundertaten vollbringt: sein Name ist heilig, er zeigt seine Barmherzigkeit, er erhebt die Niedrigen, er steht in Treue zu seinen Verheißungen. Ihr äußeres Leben weicht in keiner Weise von dem Verlauf eines gewöhnlichen Lebens

ab, aber sie betrachtet die kleinsten Zeichen Gottes und erwägt sie in ihrem Herzen. Keineswegs bleiben ihr die Leiden erspart: sie steht unter dem Kreuz und nimmt in hervorragendem Maße als Mutter der Schmerzen Anteil am Opfer des unschuldigen Gottesknechtes. Aber sie ist auch ganz und gar offen für die Freude der Auferstehung; sie ist mit Leib und Seele aufgenommen in die Herrlichkeit des Himmels. Sie ist die zuerst Erlöste, die Unbefleckte vom Augenblick ihrer Empfängnis an; sie ist die unvergleichliche Wohnung des Heiligen Geistes; in ihr hat der Erlöser der Menschen sein Zelt aufgeschlagen; sie ist gleicherweise die vielgeliebte Tochter des allmächtigen Gottes und in Christus die Mutter aller. Sie ist das vollkommene Urbild der Kirche auf Erden und in der Herrlichkeit des Himmels. [...]. An der Seite Christi vereint sie in sich alle Freude: sie lebt die vollendete Freude, die der Kirche verheißen ist: „Mater plena sanctae laetitiae – Mutter voll heiliger Freude." Deshalb wenden sich ihre Kinder auf Erden zu Recht an sie, die die Mutter der Hoffnung und der Gnade ist, und rufen sie als die Ursache ihrer Freude an: „Causa nostrae laetitiae."[58]

Unsere Freude erwächst aus der herrlichen Fruchtbarkeit des Kreuzes. Benedikt XVI. erklärt, daß die Gläubigen „Zeugnis von der Freude, der Vernünftigkeit und der Schönheit des Christseins" ablegen, und Mutter Teresa, die sowohl mit ihrem eigenen, innersten Schmerz als auch mit der schmerzlichen Erfahrung des menschlichen Leidens für das Kreuz gelebt hat, hat diese Freude meisterhaft und vorzüglich vermittelt. Wer auf Mutter Teresa blickte und blickt, spürt einen wohltuenden Balsam auf seinem Herzen, weil er erkennt, daß in ihr die Schönheit und die Freude des Ewigen ruhen.

„VERGISS DIE ARMEN NICHT"

Schwester Teresa kehrte in den Schulalltag an der *St. Mary's School* in Kalkutta zurück, und ihre Schülerinnen, die sie Töchter nannte, waren glücklich, die „Mutter" wieder bei sich zu haben. Sie war nun examinierte Lehrerin für Geschichte und Geographie, betreute außerdem die internen Schülerinnen des Kollegs und hat sehr wahrscheinlich, auch wenn es hierzu keine Dokumente mehr gibt, auch weiterhin an der Schule der heiligen Therese unterrichtet, denn die Schwestern ihres Ordens waren in Kalkutta nicht sehr zahlreich und die Aufgaben vielfältig.

Die Loretoschwestern haben sie als sehr gute und vorbildliche Ordensfrau im Gedächtnis. Sie arbeitete Tag und Nacht. Sie kümmerte sich um die Armen und hatte eine besondere Vorliebe für sie. Sie besuchte sie praktisch regelmäßig, so, wie die Regeln der Kongregation es zuließen. Wenn sie nicht selbst zu ihnen gehen konnte, gab sie Pater Henry Nahrung, Kleidung oder andere Hilfsmittel mit, damit er sie an die Armen verteilte.

Nach wie vor erhielt sie den Briefkontakt mit ihrer Familie und vor allem mit ihrer geliebten Mutter aufrecht. Zwischen 1937 und 1938 schrieb sie einen Brief nach Tirana, wo Drane nun bei ihrer Tochter Age lebte:

> Es tut mir leid, daß ich nicht bei dir sein kann, aber sei glücklich, meine liebe Mama, denn deine kleine Gonxhe ist glücklich… das ist ein neues Leben. Mein Zentrum ist sehr schön.

> Ich bin Lehrerin, und die Arbeit gefällt mir. Ich bin auch Leiterin der ganzen Schule, und alle hier mögen mich.[59]

Schwester Teresa ist zur Direktorin der *St. Mary's School* ernannt worden, die Mädchen vergöttern sie... alles läuft bestens: Die kleine Knospe ist aufgeblüht, hat Erfolg...

Doch statt die Begeisterung ihrer Tochter zu teilen, macht Nëna Loke sich Sorgen und Gedanken. Was ist denn mit den Armen? Jenen Armen, für die ihre geliebte kleine Knospe alle und alles verlassen hatte? In einem Brief aus dem Jahr 1938 nimmt sie kein Blatt vor den Mund:

> Meine liebe Kleine, vergiß nicht, daß du wegen der Armen dorthin gegangen bist. Erinnerst du dich noch an unsere Filja? Sie ist mit Wunden übersät, aber am meisten quält sie das Wissen, daß sie in der Welt alleine dasteht. Wir tun, was wir können, um ihr zu helfen. Denn das Schlimmste sind nicht die Wunden, sondern die Tatsache, daß ihre Leute sie vergessen haben...[60]

Mama Drane zeigt ihr den Weg. Was tat denn Schwester Teresa da? Studentin, Lehrerin, Schulleiterin? Aufmerksamkeit und Respekt von allen Seiten? Und die Armen, für die sie ins ferne Indien gereist war, wo waren die geblieben? Die Worte der Mutter erschüttern sie bis ins Mark. Sie war um der Armen willen nach Indien gegangen und nicht, um Töchter aus guten Familien zu unterrichten. Ihr Fokus hatte sich verschoben, ihre Arbeit war tatsächlich überwiegend intellektueller Natur, und sie verbrachte ihre Stunden in einer wunderschönen Schule mit gut gekleideten, gesunden, wohlerzogenen und höflichen Schülerinnen.

Zweifel begannen an ihr zu nagen. Ehe die Mutter sich eingemischt hatte, hatte ihr Leben so einfach und klar ausgesehen; dann aber kam dieser Brief und stellte alles in Frage. Sie war aufgebrochen, um Christus Jesus entgegenzugehen, um ihm in den Geringsten zu begegnen... und jetzt ließ sie sich von diesem ursprünglichen Gedanken „ablenken“. Das Problem war wirklich ernst: sie hatte sechs Jahre gebraucht, um sich für das Ordensleben in Indien zu entscheiden, und nun schien sie in eine Sackgasse geraten zu sein: wie sollte sie zu ihren geliebten Armen zurückkehren, wenn der Loreto-Orden, der in ihr eine hervorragende Direktorin gefunden hatte, nicht mehr zulassen wollte, daß sie sich bei den Notleidenden „die Hände schmutzig machte“? Um die Ausgestoßenen nicht zu vergessen, würde sie einen anderen Weg einschlagen, umkehren, Ausschau halten müssen... Sie mußte nachdenken, beten und meditieren.

Don Lush erklärt: „So begann Mutter Teresas Abenteuer. Sie hatte schon seit vielen, vielen Jahren nachgedacht und gebetet und nach Möglichkeiten gesucht, um etwas für diese Menschen zu tun. Doch zu unterrichten, mit den Mädchen zu arbeiten und ihre Familien zu besuchen schien ihr zu wenig.“ Verwirrt und niedergeschlagen ist sie versucht, ihr Leben zu ändern, weil sie fühlt, daß sie nicht dafür geschaffen ist, bei Indiens „höheren Töchtern“ zu bleiben; sie fühlt sich dazu berufen, bei den Geringsten, den Ausgestoßenen zu sein. Dank Nëna Loke kristallisiert sich nun die Berufung in der Berufung heraus.

Während des Zweiten Weltkriegs wird die *St. Mary's School* von der britischen Armee beschlagnahmt und zum Lazarett umfunktioniert; deshalb verlassen alle Schwestern und Schülerinnen des Konvikts Kalkutta: die englische Gruppe übersiedelt nach Simla, die bengalische nach Morapai, um dann bis 1946 nach Kalkutta zurückzukehren. Ein großer Teil der Verwaltungsarbeiten des Konvikts wird Mutter Teresa überlassen, die auch weiterhin unterrichtet. Infolge der Überlastung erkrankt sie schwer, erholt sich jedoch wieder. Zwischen 1942 und 1943 wird die ohnehin schon äußerst schwierige Situation noch dadurch verschärft, daß in Bengalen eine Hungersnot ausbricht, die zwei Millionen Opfer fordert. Auch die Schwestern und ihre Schülerinnen litten Hunger, und die Not war groß. Mutter Teresa aber hatte keine Furcht, sie war heiter und gelassen; Pater Brian Kolodiejchuk, der Postulator des Seligsprechungsprozesses erklärt, weshalb: „Mutter Teresa, die ja versprochen hatte, Gott nichts abzuschlagen, [vertraute] wiederum auf Gott, daß er ihr nichts verweigern würde."[61] Eine ihrer ehemaligen Schülerinnen erinnert sich: „Eines Tages gab es nichts mehr zu essen. Um acht Uhr morgens sagte Mutter [Teresa] zu uns: ‚Kinder, ich gehe jetzt los. Ihr bleibt in der Kapelle und betet.' Um 16 Uhr war das Lagerhaus mit ganz verschiedenen Gemüsesorten gefüllt. Wir wollten unseren Augen nicht trauen."[62]

1944 wurde sie zur Leiterin von St. Mary und de facto zur Oberin der *Töchter der heiligen Anna* – der dem Loreto-Orden angegliederten bengalischen Schwesternkongregation – ernannt.

Die Bühne, die sie jetzt betritt, ist ein Schauplatz entsetzlicher Massaker, doch Mutter Teresa zögert nicht – so sehr hat sie ihr „Ja" zu Gott verinnerlicht. Sie stellt nichts mehr in Frage. Als 1946 in Kalkutta jener furchtbare Konflikt zwischen Hindus und Muslimen ausbricht, der später der „Tag des großen Tötens" genannt werden wird und auf den Straßen der Stadt etwa 5000 Tote und 50.000 Verwundete zurückläßt, erlebt Mutter Teresa die Greuel aus nächster Nähe mit: aufgrund der tragischen Ereignisse sind alle Lebensmittelgeschäfte geschlossen, und sie muß für ihre Mitschwestern und die Mädchen etwas zu essen besorgen. Sie selbst erzählt:

> Ich verließ *St. Mary's,* Entally. Ich hatte dreihundert Mädchen im Internat und wir hatten nichts zu essen. Wir durften nicht auf die Straßen hinausgehen, doch ich ging trotzdem. Dann sah ich die Leichen in den Straßen, erstochen, erschlagen; sie lagen dort in seltsamen Positionen, in ihrem getrockneten Blut. Wir waren hinter unserer sicheren Mauern gewesen. Wir wußten, daß es Unruhen gegeben hatte. Über unsere Mauern waren Leute gesprungen, zuerst ein Hindu,

dann ein Moslem. ... Wir nahmen jeden auf und halfen ihm, sicher zu entkommen. Ein Lastwagen voller Soldaten hielt mich an, und man sagte mir, daß ich nicht auf der Straße sein sollte. Niemand sollte draußen sein, sagten sie. Ich erzählte ihnen, daß ich unbedingt hinausgehen und das Risiko auf mich nehmen mußte; ich hätte dreihundert Schülerinnen, die nichts zu essen hatten. Die Soldaten hatten Reis und fuhren mich zurück zur Schule, wo sie Reissäcke abluden.[63]

Schwester Teresa hatte die Klosterschule spontan verlassen, damit ihre dreihundert Mädchen nicht hungern mußten, und der riesenhafte Mut, den diese kleine Frau zeit ihres Lebens an den Tag legen sollte, war belohnt worden: sie verweigerte Gott nichts, und Gott verweigerte ihr nichts, wenn es darum ging, anderen zu helfen.

CHRISTUS IST ALLES

Am 10. Juli 1946 reist die inzwischen 36jährige Schwester Teresa mit dem Zug nach Darjeeling zu den üblichen jährlichen Einkehrtagen. Die Strecke, die am Himalaya-Bergmassiv vorbeiführt, ist von beeindruckender Schönheit, doch plötzlich reißt eine „Stimme“ Schwester Teresa aus ihrer Versunkenheit. Das ist der Beginn ihres mystischen Wegs, die Geburtsstunde ihrer missionarischen Mystik.

Teresa ist eine Asketin. Fasten, Abtötungen, Gebete, Isolation, Meditationen, nicht nur gottergeben, sondern freudig angenommenes Leid – das sind die täglichen Übungen, die sie zeit ihres Lebens absolviert hat und absolvieren wird. Die „Stimme“ ruft sie aus dem Orden der Loretoschwestern heraus und fordert sie auf, sich ganz den Armen zu widmen.

Don Lush gibt wieder, was Mutter Teresa selbst ihm eines Tages in einem Interview anvertraut hat:

> Die Jugend von heute, der Mensch von heute ist die Worte und die Versprechungen leid. Er braucht Werke, konkrete Zeugnisse. Unsere jüngeren Schwestern wollen arm sein, sie wollen sich dem Herrn in einem durch und durch spirituellen Leben vollständig hingeben. Die Welt braucht den Herrn heute mehr denn je, und sie sucht ihn, und wir versuchen ihr dieses Zeugnis der Liebe zu geben. Für mich ist Christus alles. Er ist die Liebe, das Leben, das Brot meines Lebens. Und in den Armen versuche ich ihn zu lieben und ihm zu dienen.

Aber wir dürfen nicht vergessen, daß die Schmerzen, die Kreuze und die Schwierigkeiten die größten Geschenke sind, die der Herr uns macht. Weil der Herr selbst gesagt hat: nehmt euer Kreuz auf euch und folgt mir nach. Und so können wir den Herrn in den Schwierigkeiten nachahmen, wir können uns mit seinem Kreuz, mit seinen Leiden vereinigen. Die Leiden sind das Siegel Christi, sein Kuß, und sie geben uns die Gelegenheit, immer enger mit ihm zusammenzuarbeiten.

Wie alle Mystiker erlebt auch Schwester Teresa die Vereinigung der Seele mit Gott in aufeinanderfolgenden, aufwärtsführenden Stufen, und dabei bewässert sie den Garten ihrer Seele mit dem Gebet, das die Tugenden wachsen läßt. In der Vereinigung öffnet die Seele sich weit für die Wirklichkeit Gottes. Das Gebet der Vereinigung läßt die Seele in Gott aufgehen, und so entstehen das schweigende Band, die stille, liebende Schau und der unbändige Überschwang.

Für Schwester Teresa handelt es sich um eine „Berufung in der Berufung", wie sie selbst das Ereignis ihrer zweiten Sendung definiert. Die göttliche Aufforderung war denkbar klar und bedurfte keiner weiteren Deutung: Sie sollte das Loretokloster verlassen, um den Armen uneingeschränkt helfen und unter ihnen leben zu können.

Don Lush, der begreiflicherweise neugierig war und genauer wissen wollte, wie sich die „Stimme" geäußert habe, fragte Mutter Teresa eines Tages ganz direkt nach dem Hergang, woraufhin sie mit stillem Lächeln antwortete:

Ich war sicher, daß es Gottes Stimme war. Ich war sicher, daß er mich rief. Die Botschaft war klar: ich sollte das Kloster verlassen, um den Armen zu helfen, um bei ihnen und wie sie zu leben. Das war ein Befehl, ein Auftrag, eine Gewißheit. Ich hatte verstanden, was ich tun sollte, aber ich wußte nicht, wie.[64]

Noch während Don Lush sich über eine solche Größe wunderte, fuhr Mutter Teresa fort:

> Die Form des Rufs spielt keine Rolle. Das ist eine Sache zwischen Gott und mir. Wichtig ist, daß Gott jeden anders ruft. Wir haben keinerlei Verdienst. Wichtig ist, daß wir freudig auf den Ruf reagieren. Wie in jener schwierigen und dramatischen Zeit bin ich auch jetzt noch davon überzeugt, daß dies das Werk Gottes und nicht mein Werk gewesen ist. Und weil es das Werk Gottes war, wußte ich, daß es der Welt nutzen, daß Gott sich meiner Armut, meiner Schwäche, meines Lebens bedienen würde, um den Ärmsten der Armen seine Liebe zu schenken.[65] Ich begriff, was das bedeutete, aber ich wußte beim besten Willen nicht, wie ich diesen Befehl des Herrn ausführen sollte.

Die Einkehrtage des Jahres 1946 waren entscheidend. Der persönliche Ruf Christi hatte neue Horizonte geöffnet: Sie mußte ihm folgen, der etwas sehr viel Größeres von ihr wollte, nämlich daß Schwester Teresa durch das gottgewollte Werk die Liebe und Gnade des Vaters zu den Verzweifelten dieser Erde brächte.

Mutter Teresa wird später den 10. September 1946 als das Gründungsdatum der *Missionarinnen der Nächstenliebe* ansehen.

Nach diesen Einkehrtagen, die sie für immer prägen sollten, kehrte Schwester Teresa an ihren Platz als Leiterin und Lehrerin am *St. Mary's* zurück, und obwohl ihr Blick nun weit über die Loretoschwestern hinausgerichtet war, kam sie ihren Aufgaben mit der üblichen Begeisterung nach. Immer auf dem Sprung und mit unermüdlichem Eifer breitete sie die Freude unter ihren Schülerinnen aus. Doch ihre freie Zeit und insbesondere den Sonntag widmete sie dem Herrn und den Armen, die ihre Ma[66] ungeduldig und lächelnd erwarteten. Auf ihrem Weg von den Elendshütten von Kalkutta zurück ins Kloster betete Schwester Teresa, wie es einigen Freunden erzählt worden ist, folgendes Gebet: „Oh Gott, wie leicht kann ich sie glücklich machen! Gib mir die Kraft, immer das Licht ihres Lebens zu sein und sie auf diese Weise zu Dir zu führen!“

Mutter Teresa wird zeit ihres Lebens erklären, daß die einzige und wichtigste Motivation für die Entstehung der *Missionarinnen der Nächstenliebe* die gewesen sei, den Durst Jesu zu stillen: ein Ziel, das übrigens bereits im ersten Entwurf für die Regel der neuen Kongregation zu finden ist: „Das höchste Ziel der *Missionarinnen der Nächstenliebe* ist es, den Durst Jesu Christi am Kreuz nach Liebe und nach Seelen zu stillen.“

Zu den Grausamkeiten der Kreuzigung gehörte der Durst, den die Gekreuzigten litten. Nachdem er sechs Stunden am Kreuz gehangen hatte, sagte Jesus: „Mich dürstet.“ Damit lenkte er die Aufmerksamkeit seiner Henker auf sein Bedürfnis und machte die Realität und die Intensität seines Leidens deutlich. Dieser Ausdruck des äußersten Leidens ist seine letzte Bitte, weil der Messias „durch Leiden geheiligt“ worden ist (vgl. Hebr 2,10) und sich in ihm die Verheißung erfüllt hat. Es ist der Schrei, den der Herr an die Menschen richtet in seinem menschlichen Durst nach Wasser und in seinem göttlichen Durst nach Liebe. So erfüllte sich die Prophezeiung aus dem Psalm (69,22): „Sie gaben mir Gift zu essen, für den Durst reichten sie mir Essig.“

Christus schenkt der Samariterin das Wasser des Lebens, um ihren Durst, den Durst aller Menschen auf immer zu stillen, und am Kreuz bittet er unmittelbar vor seinem Tod um etwas zu trinken: „Danach, als Jesus wußte, daß nun alles vollbracht war, sagte er, damit sich die Schrift erfüllte: Mich dürstet. Ein Gefäß mit Essig stand da. Sie steckten einen Schwamm mit Essig auf einen Ysopzweig und hielten ihn an seinen Mund. Als Jesus von dem Essig genommen hatte, sprach er: Es ist vollbracht! Und er neigte das Haupt und gab seinen Geist auf“ (Joh 19,28–30).

Christus schenkt lebendiges und ewiges Wasser und erhält dafür Essig. Mutter Teresa, die ihren Durst an der Quelle Christi stillt und sein Werkzeug ist, wird ihm unablässig klares und reines Wasser, schöne und geläuterte Seelen darbieten, die bereit sind für die Umarmung Gottes. Nicht zufällig nehmen die Sterbenden unter Mutter Teresas Lieblingsschützlingen einen ganz besonderen Platz ein.

Die Mystikerin Schwester Teresa ist im Begriff, ein „Stift" in den Händen Gottes zu werden, und auf Golgatha findet sie die Antwort auf ihren neuen Ruf. In der Erklärung der ursprünglichen Konstitution der Kongregation erklärt sie ihren Töchtern:

> „Mich dürstet", rief Jesus am Kreuz, als ihm aller Trost genommen war und er in absoluter Armut, verlassen, verachtet und gebrochen an Leib und Seele starb. Er sprach von seinem Durst – nicht nach Wasser – sondern nach Liebe, nach Opfer. Jesus ist Gott: deshalb sind seine Liebe, sein Durst unendlich. Unser Ziel ist es, diesen unendlichen Durst eines menschgewordenen Gottes zu stillen. Genauso wie die anbetenden Engel im Himmel unaufhörlich den Lobpreis Gottes singen, stillen die Schwestern – durch die vier Gelübde der absoluten Armut, der Keuschheit, des Gehorsams und der Liebe zu den Armen – unaufhörlich das Dürsten Gottes durch ihre Liebe und mit der Liebe der Seelen, die sie zu ihm bringen.[67]

Seit jenem 10. September nahm Mutter Teresa den Durst Christi anders wahr, und alles stand ihr plötzlich vollkommen klar vor Augen:

> Alles an den MC *[Missionaries of Charity]* existiert nur, um das Dürsten Jesu zu stillen. Seine Worte an der Mauer jeder MC-Kapelle sind nicht nur Worte der Vergangenheit, sondern sie sind hier und jetzt lebendig, sie werden zu euch gesprochen. [...]. „Mich dürstet" geht so viel tiefer, als wenn Jesus nur sagen würde: „Ich liebe dich." Bis ihr nicht tief in eurem Innersten begreift, daß Jesus nach euch dürstet – könnt ihr auch nicht erfahren, wer er für euch sein will. Oder was ihr für ihn sein sollt.[68]

Also wird es von nun an Mutter Teresas Ziel sein, Seelen zu retten, das heißt, Menschen ihre Würde zurückzugeben: sie zu nähren, sie zu kleiden, sie zu pflegen. Sie wird niemanden zwingen, sondern allen immer nur bedingungslos und ungeschuldet helfen, um jedem Einzelnen zu zeigen, daß Gott ihn liebt.

Als sie am 16. August 1948 das Kloster der Loretoschwestern verläßt, schreibt Mutter Teresa:

> Jesus Christus wünscht, daß ich eine freie Schwester und reich an der Armut des Kreuzes bin. Heute habe ich etwas Wichtiges gelernt: die Armut ist für den Armen ziemlich hart! Heute habe ich den ganzen Tag damit verbracht, ein Haus zu suchen, ein Obdach, eine Zuflucht; ich bin den ganzen Tag unterwegs gewesen, bis mir die Beine wehtaten... das ist der zweite Ruf, der Ruf, das Kloster, in dem ich glücklich gewesen bin, zu verlassen, um den Ärmsten der Armen auf der Straße zu dienen...

Am Ende der geistlichen Exerzitien vertraute Schwester Teresa der Mutter Oberin, der Novizenmeisterin und einigen Loretoschwestern die Geheimnisse ihres Herzens an und versetzte damit alle in Aufruhr. Doch ihr Entschluß stand fest: sie schrieb auch einen Brief an die Generaloberin der Loretoschwestern in Irland, Mutter Gertrude Kennedy, die Schwester Teresas Gesuch wie folgt beantwortete:

> Wenn der Herr Sie ruft, dann gebe ich Ihnen von ganzem Herzen die Erlaubnis. Aber vergessen Sie niemals, daß Sie immer in unserem Herzen sein werden... Wenn das der Wille Gottes ist... Sie sollen aber wissen, daß sie sich auf die Freundschaft, Wertschätzung und Liebe unserer Kongregation verlassen dürfen. Und wenn Sie aus irgendeinem Grund den Wunsch haben sollten, zurückzukehren, dann werden wir Sie sehr gerne wieder als unsere Schwester aufnehmen.

Also wurde ihrer Bitte entsprochen, doch um wirklich frei zu sein, mußte sie sich an Rom wenden.

Vor der „Berufung in der Berufung“ war Mutter Teresa glücklich gewesen mit ihrer Situation; doch in ihrem Inneren verbarg sie eine grenzenlose Qual, die den Dokumenten zufolge bis ins Jahr 1937 zurückreicht. „Meine Begleiterin ist die Dunkelheit“, hatte sie am 8. Februar dieses Jahres an Pater Jambreković geschrieben. Sie erlebte die spirituellen Qualen der Mystiker: eine Art der Katharsis und Läuterung, wie sie nur wenigen Auserwählten zuteil wird. Der Karmelit Johannes vom Kreuz nannte sie „die dunkle Nacht“ und unterteilte sie in die „Nacht der Sinne“ und die „Nacht des Geistes“. In der ersten Phase wird man vom Vergnügen der Sinne weg zur Verzückung des kontemplativen Gebets entrückt; dann gießt Gottvater seine Liebe und sein Licht über die Seele aus, doch die noch unvollkommene Seele kann sie nicht fassen und verfällt in spirituelles Leid: sie empfindet Leere, Dunkelheit, Isolation, Trockenheit. Obwohl diese Leere nur scheinbar und nicht wirklich ist, leidet der Mystiker maßlos und kommt schließlich sogar zu der Überzeugung, auf ewig verdammt zu sein. Glaube, Hoffnung und Liebe werden auf eine harte Probe gestellt. Wenn die Seele dann in den Flammen des Schmerzes zu flüssigem Gold geworden ist, ist sie bereit, in einem ekstatischen und ewigen Austausch mit Gott Liebe zu empfangen und zu geben. Es handelt sich hierbei um mystische Leiden, die viele Bräute Christi und auch einige wenige Männer erfahren haben.

„Gott spricht in der Stille des Herzens“, pflegte Mutter Teresa zu sagen, und in diese Stille zog sie sich zurück, um Linderung ihrer Not zu erfahren. Sie hatte versprochen, dem Herrn nichts zu verweigern, und deshalb galt ihr der Gehorsam gegenüber den Oberen der Loretoschwestern als der Wille des Vaters, dem sie „unter Todsünde“ zu folgen hatte.

An der Schwelle zum Prozeß der geistlichen Vervollkommnung macht Mutter Teresa sich bereit, den Herrn auf Erden sichtbar zu machen, und viele werden mit ihr, mit diesem Engel aus Fleisch und Blut an ihrer Seite die Wunder Gottes sehen und das Evangelium annehmen. Mutter Teresa öffnete die Augen für das christliche Mysterium, das Geheimnis des Glaubens, und mit einem Mal war alles klar. Es fiel ihr immer leichter, in den Gesichtern der Armen, der Gekreuzigten, der vom Schmerz Durchbohrten das Antlitz Christi, des dornengekrönten Schmerzensmannes zu erkennen, das dem Schweißtuch der Veronika und dem Grabtuch von Turin aufgeprägt ist.

Mutter Teresa erinnert an einen anderen Zeitgenossen und Zeugen des Evangeliums, der noch kein Diener Gottes und noch kein Seliger ist, aber es zu werden verdient: Bruder Silvestro Pia, Mystiker und *Missionar der Heiligen Familie,* der zwar weniger berühmt, aber ebenfalls ein Riese an Heiligkeit und Mutter Teresa auch sonst ähnlich war mit seinen lebhaften und leuchtenden Augen, seiner mageren und kleinen Statur, seiner welken und sonnenverbrannten Haut und seinen unzähligen Falten. Er sprach mit dem gekreuzigten Christus,[69] legte in der Trockenheit von Burkina Faso Gemüsegärten, Weinberge, Obstplantagen und Äcker an, umsorgte und tröstete die *Burkinabè* wie ein Vater und gab ihnen Arbeit und Nahrung. In seinem Brevier hat man einen Zettel gefunden: „Gott ist so: Gott selbst steigt aus den Bildern und Ikonen heraus und verbirgt sich in denen, die uns brauchen, und sagt: ‚Hier bin ich!‘ er verbirgt sich in den Kleinen der Erde und sagt: ‚Sucht mich hier‘ und weiter: ‚Wacht und betet, es ist ernst.‘ Mein Vater, opfere mich, aber rette die Welt... die Welt, die die deine ist.“ Bruder Silvestro stand in einem beständigen und fruchtbaren Austausch zwischen Himmel und Erde und liebte das Kreuz – nicht anders als Mutter Teresa, die im gekreuzigten Christus ihr Spiegelbild gefunden hatte. Beide vermochten sie das Kreuz aus einem Symbol des Leidens und des Todes umzudeuten in das Kreuz der Herrlichkeit, das jeden Menschen von der Sünde erlöst: jener größten Armut, die in den Abgrund der Lüge und des Todes führt. Für die Mystiker ist gerade der

Schmerz das Gegenmittel, und sie nehmen ihn an, um ihn in Gnade und Heil für die anderen, ihre Brüder in Christus, zu verwandeln. Mutter Teresa hat dies in leuchtend klare Worte gefaßt: „Das Leiden ist für uns keine Züchtigung und keine Frucht der Sünde, sondern ein Gottesgeschenk. Gott läßt uns am Leiden seines Sohnes teilhaben und erlaubt uns, die Sünden der Welt zu heilen." Alles wird auf den Kopf gestellt: das Leiden, die Strafe für den Sündenfall, für die Ursünde, mit der der Mensch sich selbst zu Gott machen wollte, wird zur Arznei.

Das Gebet ist die Waffe dieser Geschöpfe, das siegreiche Mittel, um die Aufmerksamkeit Gottes auf die Seelen und auf die Werke zu lenken. Obwohl sie sich aufreiben, um die Probleme anderer zu lösen, obwohl sie in einem Zustand dauernder Bedrängnis leben und „belagert" werden von den Armen, die sie, je mehr sich ihr Ruf verbreitet, in desto größerer Zahl aufsuchen und um Hilfe anflehen, bleiben diese Menschen, diese Amphibien zwischen Himmel und Erde, ausgeglichen, weise, unerschütterlich, entschlossen, weil sie das Kreuz wie einen Leuchtturm vor Augen haben.

In der Enzyklika *Deus caritas est* (Nr. 36) heißt es:

> Das Gebet als die Weise, immer neu von Christus her Kraft zu holen, wird hier zu einer ganz praktischen Dringlichkeit. Wer betet, vertut nicht seine Zeit, selbst wenn die Situation alle Anzeichen der Dringlichkeit besitzt und einzig zum Handeln zu treiben scheint. Die Frömmigkeit schwächt nicht den Kampf gegen die Armut oder sogar das Elend des Nächsten. Die selige Theresa von Kalkutta ist ein sehr offenkundiges Beispiel dafür, daß die Gott im Gebet gewidmete Zeit dem tatsächlichen Wirken der Nächstenliebe nicht nur nicht schadet, sondern in Wirklichkeit dessen unerschöpfliche Quelle ist. In ihrem Brief zur Fastenzeit 1996 schrieb die Selige an ihre Mitarbeiter im Laienstand: „Wir brauchen diese innige Verbindung zu Gott in unserem Alltagsleben. Und wie können wir sie erhalten? Durch das Gebet."

Don Lush erzählt: „Sie liebte die Bibel, fast ständig las sie darin oder betete mit ihr, außerdem die Heiligenviten, Betrachtungs- und Gebetbücher. Sie war sehr dankbar, wenn ich ihr irgendeines meiner Meditationsbücher auslieh.“

Dazu berufen, den Durst Christi zu stillen, weigerte Mutter Teresa sich nicht, sondern stellte sich mutig der Aufgabe, den beängstigenden Sumpf der Krankheit und Einsamkeit als barmherzige Mutter in einen blühenden Garten zu verwandeln. Sie sagte: „Wir müssen Augen voll tiefer Hoffnung haben, um Christus in dem zerstörten Körper und in den stinkenden Lumpen zu entdecken, die den herrlichsten aller Menschensöhne bedecken“, oder: „Die Leute kennen kein Verständnis. Sie kennen die anderen nicht. Wenn sie verstünden, dann würden sie sofort die Größe des Armen erkennen, der in der Gosse liegt, und sie könnten nicht anders als ihn lieben. Und diese Liebe würde sie dazu bringen, ihm zu helfen.“

Oft schrieb Mutter Teresa ihre Gebete selbst, und sie kleidete ihre Bitten in kraftvolle und leidenschaftliche Worte:

> Herr, wenn ich Hunger habe, schick mir jemanden, der der Nahrung bedarf; wenn ich Durst habe, schick mir jemanden, der Wasser braucht; wenn mir kalt ist, schick mir jemanden, der Wärme nötig hat; wenn ich leide, schick mir jemanden, der Trost braucht; wenn mein Kreuz schwer auf mir lastet, laß mich das Kreuz eines anderen mittragen; wenn ich arm bin, gib mir einen Bedürftigen zur Seite; wenn ich in Eile bin, schick mir jemanden, der meine Zeit in Anspruch nimmt; wenn ich gedemütigt werde, gib mir die Gelegenheit, jemanden zu loben; wenn ich mutlos bin, schick mir jemanden, dem ich Mut machen kann; wenn ich das Verständnis der anderen einfordere, schick mir jemanden, der mein Verständnis braucht; wenn ich mich nach Fürsorge sehne, schick mir jemanden, für den ich sorgen kann; wenn ich nur an mich denke, lenke meine Aufmerksamkeit auf einen anderen Menschen.

Mutter Teresas Katechese war ihr ganzes Leben, und man findet sie überall: in ihren Schriften und in ihren beständigen Lehren, in ihren Ermahnungen und Ermunterungen, in ihren Richtlinien und in ihren Taten. Sie ist die vollkommene Synthese aus Maria und Martha: Keine von beiden nimmt der anderen etwas weg; vielmehr geben sie einander Halt und ergänzen sich in erhabenem Gleichgewicht.

„WILLST DU DICH WEIGERN, DIES FÜR MICH ZU TUN?“

Das Hauptziel, das Mutter Teresa ins Zentrum ihrer Ordensregel stellen wird, besteht darin,

> Christus in die Häuser und in die Straßen der Slums zu tragen, zu den Kranken, den Sterbenden, den Bettlern und den kleinen Straßenkindern. Die Kranken sollen, soweit es möglich ist, in ihren armen Wohnstätte gepflegt werden. Die kleinen Kinder sollen in den Slums eine Schule haben. Die Bettler sollen in ihren „Löchern“ außerhalb der Stadt oder auf den Straße gesucht und aufgesucht werden.[70]

Jesus selbst hatte die Hütten in den bengalischen Elendsvierteln Mutter Teresa gegenüber als „Löcher“ bezeichnet. Die Mystikerin, die die „Stimme“ hört, wird den Text in den nachfolgenden Abänderungen der Regel erweitern, wie man es in den Konstitutionen lesen kann: „Unsere besondere Mission besteht darin, an der Rettung und Heiligung der Ärmsten der Armen zu arbeiten, nicht nur in den Slums, sondern überall auf der Welt, wo immer sie auch sein mögen.“[71]

In der Regel wird das Ideal des Ordens ganz klar beim Namen genannt: Jesus. Es herrscht eine Spiritualität der totalen Hingabe an Gott, des wechselseitigen, liebevollen Vertrauens und der heiligen Fröhlichkeit gegenüber allen, so als lebte man in der Familie von Nazareth. Von Jesus in Besitz genommen zu sein, um ihn zu besitzen: „Wenn wir wollen, daß die Armen

Skopje, 25. März 1912.
Das von Kolë Bojaxhiu gegründete Orchester Zani i maleve.

Skopje, 1926,
Gonxhe Bojaxhiu.

Prizren, 1923. Gonxhe (links) und Age in der traditionellen albanischen Tracht.

Unten:
Skopje, Drane Bojaxhiu (in der Mitte) im Hof des Hauses, in dem Gonxhe Bojaxhiu am 27. August 1910 geboren wurde.

Skopje, 1924. Die Geschwister Gonxhe (rechts),
Lazër (Mitte) und Age (links).

Die schwarze Madonna, die Mutter Teresa so sehr liebte.

Letnica, 1928. Die alte Wallfahrtskirche der Muttergottes von Cërnagora.

Silatinë, 12. August 1927. Wallfahrt zum Gnadenort Letnica.

Skopje, 1920. Gonxhe mit ihren Mitschülern.

Rathfarnham, Irland. Abtei und Mutterhaus der Loretoschwestern.

Kalkutta. Kirche des Konvents der Loretoschwestern.

Darjeeling, 22. Februar 1929. Das erste Foto, das Gonxhe nach Hause schickte.

23. Mai 1929. Schwester Teresa am Tag ihrer ersten Gelübde.

Kalkutta 1946. Die Lehrerin und Schulleiterin Schwester Teresa Bojaxhiu.

Kalkutta. Die Tür des Mutterhauses der Missionarinnen der Nächstenliebe in der Lower Circular Road 54/A.

Das Kruzifix mit der Inschrift „I THIRST“ („Mich dürstet“), das in allen Kapellen der Missionarinnen der Nächstenliebe hängt.

Kalkutta. Das Sterbehaus Nirmal Hriday (Haus des Reinen Herzens), das der Gottesmutter geweiht ist und am 22. August 1952 gegründet wurde.

me dashuni t' nonë, sepse
Aj vetëm asht dashunija pamasë
Aj vetëm mundet me e plotsue
jetën e jote - Aj vetëm mundet
met desht - Aj vetëm asht gëzi
ini dhe rahatimi i zemres tane
per ngalo Vllau jem - ty t' duhet
qit shikojsh - n' kish - Krishti
deshtun asht n' tabernacle -
per ty dhe per mua - qi ti dhe
une mujmë me e mar Jezu
Krishtin n' zemer tonë per ditë
Vllau jem - shko te krishti - dhe

Zotit jau plot me dashni
me zemer t' pagë - Vllau
jem - sa shumë na duhet
neve me ju fal nderes Zotit
per gjithë këto t' mira
Une mbaj ndoj se Ti ke
me ma kush dishrin - qi
t' shikojsh me kungue - per
pa Jezu Krishtin kush kishte
jeta jote me plotesue. Tash
kejë kohë - mbunesh me

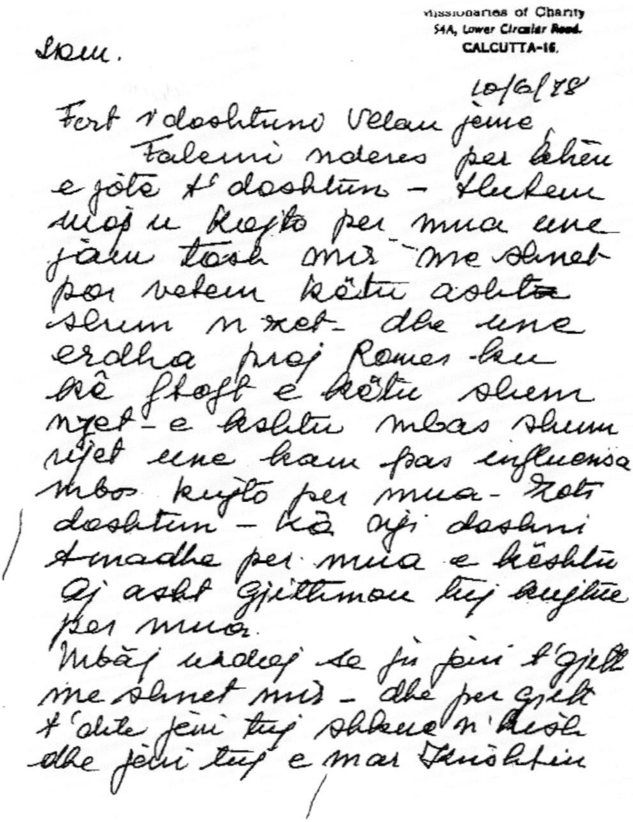

Missionaries of Charity
54A, Lower Circular Road.
CALCUTTA-16.

Skm.

10/6/78

Fort t'dashtuno Vëllau jem
Falemi nderes per lëhen
e gjatë t' dashtun – flutkem
ndoj u kujto per mua une
jam tash mis me shnet
per vetem këtu ashtu
shum n'xet- dhe une
erdha proj Romes- ku
kë ftoft e këtu shum
nxet- e ashtu mbas shum
nxet une kam pas influensa
mbas kujto per mua- Zoti
dashtun – ka nji dashni
t madhe per mua e kështu
nji asht gjithmonë tuj kujtue
per mua.
Mbaj urdhej se ju jeni t' gjith
me shnet mir – dhe per gjith
t' dite jeni tuj shkue n' kishë
dhe jeni tuj e mar Tenshtin

Unveröffentlichte Briefe von Mutter Teresa an ihre Angehörigen, die uns ihr geistiger Sohn, Don Lush Gjergji, freundlicher- und großzügigerweise überlassen hat.

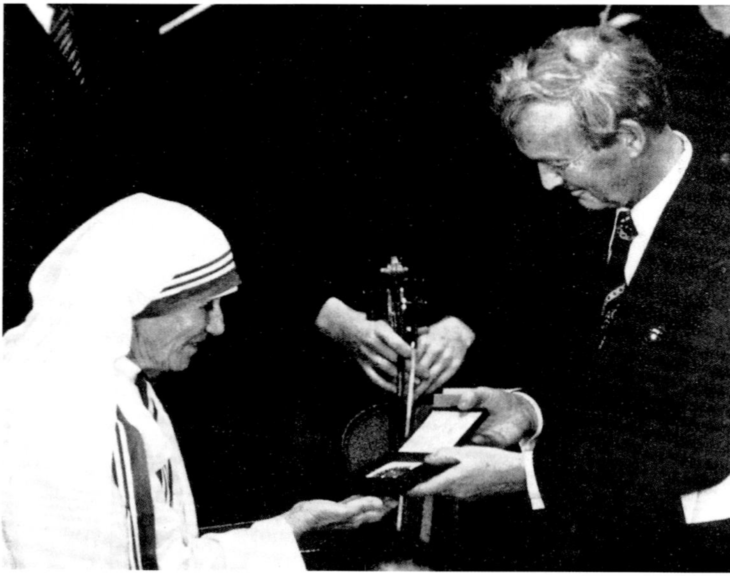

Oslo, 10. Dezember 1979. J. Sannes überreicht Mutter Teresa die Medaille des Friedensnobelpreises.

Rom, 1971. Mutter Teresa erhält von Paul VI. den Friedenspreis „Johannes XXIII.".

Peja, Kosovo, 1982. Mutter Teresa mit Don Lush Gjergji.
In der Mitte der albanische Bischof Nikë Prela.

1986, Kalkutta. Johannes Paul II. bei den Kranken von Mutter Teresa.

Rom, Petersplatz, 19. Oktober 2003. Mutter Teresa wird in Anwesenheit von 30.000 Pilgern von Johannes Paul II. seliggesprochen.

in uns Christus sehen, dann müssen wir zunächst Christus in ihnen sehen."

Der internationale Orden ist dazu berufen, an der besonderen Mission der katholischen, das heißt der allgemeinen Kirche teilzunehmen, das Licht der Evangeliumsbotschaft in der ganzen Welt auszubreiten, „die Völker aller Nationen, Rassen oder Kulturen in einem einzigen Geist zu einen und Zeichen jener Brüderlichkeit zu sein, die einen aufrichtigen Dialog ermöglicht und aus der wir neue Kraft schöpfen". Außerdem heißt es in der Regel: „Schenke den Kindern und den Armen, allen, die leiden und einsam sind, immer ein schönes Lächeln; gib ihnen nicht nur deine Fürsorge, sondern auch dein Herz."

Die *Missionarinnen der Nächstenliebe* wollen den Armen im Leben und im Tod Würde geben, um ihnen durch Hilfe und Trost die Gegenwart und Liebe Christi des Herrn zu vermitteln, der an ihrer Seite ist; sie wollen allen Leidenden die Gelegenheit geben, Gott kennenzulernen, und sie wollen ihnen erklären, daß ihr Leid nicht vergeblich ist, daß es nicht in Verzweiflung und Verderben führt, sondern ihnen sogar im Hinblick auf ihr Heil als Verdienst angerechnet wird. So brachte Mutter Teresa, die in den Armen Christus begegnete, gleichzeitig das Licht Christi zu den Armen. Beständig und treu war sie bemüht, „die Seelen zu Gott zu bringen – und Gott zu den Seelen", wie sie selbst es am Fronleichnamsfest, dem 5. Juni 1947, in einem Schreiben an Erzbischof Ferdinand Périer formulierte.[72]

Das Denken Gottes wurde der Mystikerin Mutter Teresa direkt geoffenbart. Dies kann auf dreierlei Weise geschehen: von außen über das Gehör; über die innere Wahrnehmung; oder in Form einer jähen, nicht intellektuellen Erkenntnis. Die „Stimme", die Mutter Teresa hörte, gehörte zum zweiten Typus. Sie hörte Jesus nicht nur zu, sondern unterhielt sich mit ihm in einem außergewöhnlichen, heiligen Dialog der Liebe und Schönheit. Er nannte sie „meine Braut", oder „meine Kleine", und sie nannte ihn „mein Jesus".

Der Ruf, zu den Armen in Indien zu gehen, war schon in Skopje so stark gewesen, daß er sie zum Aufbruch trieb, um „Freude in das Leben zu bringen“[73] und alle zu Christus zu führen; doch das genügte nicht. Jesus verlangte mehr: „Komm, komm [doch], trag mich in die Löcher der Armen. Komm, sei Mein Licht.“[74] Das war die direkte Einladung, die Jesus Christus an sie richtete. Sie selbst wird zeit ihres Lebens niemals sagen: „Jesus hat mir gesagt“, sondern immer nur: „Die ‚Stimme‘ hat mir gesagt“. Seit ebenjenen Einkehrtagen in Darjeeling hatte sie damit begonnen, die heiligen Dialoge aufzuschreiben, und als sie einige Monate später an den Erzbischof von Kalkutta schreibt, wird sie sie benutzen, um ihrem Ersuchen Gewicht zu verleihen.

Die Niederschriften, also „die Abschrift der Stimme“, wie sie selbst zu sagen pflegte, wurden, als sie von den Einkehrtagen in Darjeeling nach Kalkutta zurückgekehrt war, ihrem geistlichen Leiter, dem Jesuitenpater Celeste Van Exem, ausgehändigt. Mutter Teresa wollte die Aufforderung Jesu eigentlich direkt in die Tat umsetzen, aber sie mußte den Umweg über ihre Oberen (die Loretoschwestern und den Erzbischof von Kalkutta) nehmen, deren Erlaubnis, Segen und Protektion sie sich erhoffte: das gäbe ihr die beruhigende Gewißheit, ihrem Gehorsamsgelübde gegenüber Gott und den Menschen treu geblieben und keinem Hirngespinst, sondern wirklich dem Plan Gottes gefolgt zu sein.

Pater Van Exem vertraute seiner geistlichen Tochter voll und ganz, weil er sie sehr gut kannte, war aber doch so klug, die Aufrichtigkeit und Wahrhaftigkeit ihrer Absichten zu prüfen: deshalb verbot er ihr, weiter an die ‚Stimme‘ und an ihre Eingebung zu denken oder sie gegenüber dem Erzbischof von Kalkutta zu erwähnen. Das Schweigen und Beten dauerte vier Monate: vom September 1946 bis zum Januar 1947. Dann erteilte der Spiritual, da die Echtheit der Berufung damit erwiesen war, Mutter Teresa die Erlaubnis, an Erzbischof Périer zu schreiben.[75] In dem Brief bezog sich die Schwester auf das Leben der heiligen Maria Francesca Cabrini und erklärte, daß es ihr Wunsch sei, Inderin zu werden und damit für die Inder das zu sein, was Mutter Cabrini für die Amerikaner gewesen war: eine von ihnen:

St. Mary's Convent
13. Januar 1947
Eure Exzellenz,
seit letztem September erfüllen seltsame Gedanken und Wünsche mein Herz. Während der achttägigen Exerzitien in Darjeeling traten sie noch stärker und deutlicher hervor [...]. Bevor ich anfange, möchte ich Ihnen jedoch sagen, daß ein [einziges] Wort von Eurer Exzellenz genügen würde, daß ich nie mehr auch nur einen einzigen dieser seltsamen Gedanken betrachte würde, die ständig kommen.

Im Lauf des Jahres sehnte ich mich sehr oft danach, alles für Jesus zu sein und andere Seelen – vor allem indische – dahin zu bringen, ihn glühend zu lieben, mich absolut mit indischen Mädchen zu identifizieren und ihn so zu lieben, wie er noch niemals zuvor geliebt wurde. Ich dachte, [dies] sei einer meiner vielen verrückten Wünsche. Ich las die Lebensgeschichte der hl. M. Cabrini [...]. Warum kann ich nicht das für Indien tun, was sie für Amer. [Amerika] getan hat? Sie wartete nicht darauf, daß die Seelen zu ihr kamen – sondern ging zu ihnen mit ihren eifrigen Mitarbeiterinnen. Warum kann ich nicht das gleiche für ihn hier tun? Es gibt so viele – reine, heilige – Seelen, die nur darauf warten, sich selbst Gott zu übergeben. Europäische Orden sind zu reich für sie – sie bekommen mehr, als sie geben [...]. Als Loretoschwester war ich sehr glücklich und bin es immer noch – das zu verlasse, was ich liebe, und mich neuen Anstrengungen und Leiden auszusetzen, die enorm sein werden, für so viele – vor allem für Ordensleute – zum Gelächter zu werden – bewußt harte Mühsalen eines indischen Lebens zu wählen – und an ihnen festzuhalten – an der Einsamkeit und Schmach – an der Ungewißheit – und all das, weil Jesus es will, weil etwas mich ruft, „alles zu verlassen und die wenigen zusammenzusammeln“, um sein Leben zu leben – um in Indien sein Werk zu tun. Diese Gedanken waren für mich die Ursache vieler Leiden – doch die Stimme hörte nicht auf zu rufen: „Willst du mich zurückweisen?“

Dieses Bekenntnis gegenüber dem Erzbischof ist eindringlich in seinem spirituellen Crescendo, in dessen Verlauf die „Stimme“ immer raumgreifender wird und sich in Mutter Teresas Geist immer weiter ausbreitet: Eines Tages sagte die einnehmende „Stimme“ nach der Kommunion:

> Ich möchte indische Schwestern, Sühneseelen meiner Liebe, die wie Maria und Martha sein würden. Die mit mir so vereint sein würden, daß sie meine Liebe auf andere Seelen ausstrahlen! Ich möchte freie Schwestern, die bekleidet sind mit meiner Armut des Kreuzes – ich möchte gehorsame Schwestern, die bekleidet sind mit meinem Gehorsam des Kreuzes. Ich möchte Schwestern, die voll der Liebe sind, bekleidet mit der Liebe des Kreuzes. Willst du dich weigern, dies für mich zu tun?

Und ein andermal:

> Du bist meine Braut [Gemahlin] für meine Liebe geworden – du bist für mich nach Indien gekommen. Das Dürsten, das du nach Seelen hattest, brachte dich so weit – hast du Angst, für deinen Bräutigam [Gemahl] noch einen Schritt weiterzugehen – für mich – für die Seelen – ist deine Großzügigkeit erloschen? – Stehe ich für dich an zweiter Stelle? Du bist nicht für Seelen gestorben – deshalb kümmerst du dich nicht darum, was mit ihnen geschieht – dein Herz war nie so in Kummer getränkt wie das meiner Mutter. Wir beide gaben alles für die Seelen – und du? Du hast Angst davor, deine Berufung zu verlieren – weltlich zu werden – daß dir die Be-

harrlichkeit abhanden kommt. – Nein – deine Berufung ist es, zu lieben und zu leiden und Seelen zu retten, und indem du diesen Schritt tust, wirst du meinen Herzenswunsch an dich erfüllen. – Das ist deine Berufung. – Du wirst einfache indische Kleidung tragen oder, noch besser, wie meine Mutter gekleidet sein, einfach und arm. – Deine jetzige Ordenstracht ist heilig, weil sie ein Symbol für mich ist – dein Sari wird heilig werden, weil er ein Symbol für mich sein wird.

Diese Worte verstörten Mutter Teresa zutiefst, und sie rang um einen Kompromiß: sie versprach, daß sie alles tun würde, um auf der Straße der Heiligkeit weiterzugehen und eine vollkommene Loretoschwester zu werden: ein Opfer der Liebe, aber innerhalb der Klostermauern. Jesus aber war unerbittlich:

Ich möchte indische *Missionaries of Charity* – die mein Feuer der Liebe sein werden unter den ganz Armen – den Kranken – den Sterbenden – den kleinen Straßenkindern. Ich möchte, daß du die Armen zu mir bringst – und die Schwestern, die ihr Leben als Sühneseelen aus Liebe darbringen, bringen diese Seelen zu mir. Ich weiß, du bist der unfähigste Mensch, schwach und sündig, doch gerade deshalb möchte ich dich zu meiner Ehre gebrauchen! Willst du mich zurückweisen?

Wieder war Mutter Teresa von dieser drängenden und erschütternden Frage zutiefst bestürzt und bat die Jungfrau Maria um ihre Fürsprache, damit sie sie von diesem Ruf befreite, der sie in die äußerste Armut treiben wollte. Doch je mehr sie bat, desto klarer und präziser wurde die „Stimme“:

Du sagst immer zu mir ‚tu mit mir, was du willst‘ – nun möchte ich handeln. – Laß es mich machen. – Meine kleine Braut – meine eigene Kleine – fürchte dich nicht – ich werde immer bei dir sein. – Du wirst leiden, und du leidest jetzt – doch wenn du meine eigene [liebe] kleine Braut bist – die

Braut des Gekreuzigten Jesus – wirst du die Qualen in deinem Herzen ertragen müssen. – Laß mich handeln. – Weise mich nicht zurück. – Vertraue mir in Liebe – vertraue mir blind. – Meine Kleine, gib mir Seelen – gib mir die Seelen der armen kleinen Straßenkinder. – Wie es mich verletzt – wenn du nur wüßtest – diese armen Kinder mit Sünde beschmutzt zu sehen. Ich sehne mich nach der Reinheit ihrer Liebe. – Wenn du meinem Ruf nur folgen würdest – um mir diese Seelen zu bringen – entziehe sie dem Zugriff des Bösen. – Wenn du nur wüßtest, wie viele dieser Kleinen täglich in Sünde fallen. Es gibt Klöster mit vielen Schwestern, die sich um die Reichen und Wohlhabenden kümmern, doch für meine ganz Armen gibt es absolut niemand. Nach ihnen sehne ich mich – sie liebe ich. – Willst du mich zurückweisen?

Diese Verantwortung lastete auf dem Brief, den Mutter Teresa an den Erzbischof von Kalkutta schrieb, nachdem Jesus selbst sie darauf gebracht hatte: „Frage Seine Exzellenz, mir dies zum Dank für die Gnade, die ich ihm über 25 Jahre hinweg schenkte, zu geben."

Christus Jesus hatte vollkommene Armut verlangt: die Armut des Kreuzes. Alles sollte in Gott und für Gott sein. Kein Reichtum sollte in das Herz der Schwestern, die er verlangte, eindringen, die äußere Welt sollte keinerlei Einfluß auf sie haben, und sie sollten sich mit ihrer Hände Arbeit und im Schweiß ihres Angesichts selbst versorgen – eine Armut franziskanischer Prägung kombiniert mit Gebet und Arbeit nach benediktinischem Vorbild.

Dem Erzbischof gab Mutter Teresa zu bedenken, daß die von Jesus gewünschten jungen Frauen allen Nationen angehören dürften, sich jedoch der indischen Mentalität anpassen und ein weißes, einfaches und bescheidenes Gewand anlegen sollten, das den ganzen Körper von Kopf bis Fuß bedeckte: einen weißen Sari mit blauem Saum, ein Kruzifix, das von der linken Schulter herabhing, und Sandalen. „Wenn wir uns ankleiden", sollte Mutter Teresa ihren Töchtern später erklären, „müssen wir uns die Bedeutung jedes Kleidungsstücks bewußtmachen. Der Sari mit dem blauen Streifen steht für die Bescheidenheit der heiligen Jungfrau, der Gürtelstrick steht für die Reinheit, die Sandalen stehen für unsere freie Wahl. Das Kruzifix ist ein Symbol der Liebe."

Der Sari ist das typische Gewand der indischen Frauen, und Weiß gilt, anders als im Westen, im Orient als die Farbe der Trauer. Weißgekleidete Frauen sind die, die nichts mehr besitzen, weil sie ihren Mann und damit ihren Lebensunterhalt verloren haben. An den Säumen des Gewands fügte Mutter Teresa vier blaue Streifen[76] hinzu, die die vier Gelübde der Schwestern (das vierte ist das besondere Gelübde, als Arme unter den Armen zu leben) darstellen: Armut und Gehorsam sind die beiden schmäleren, Keuschheit und Dienst an den Armen die beiden breiteren Streifen, weil, wie Mutter Teresa weiter erklärt, „die Frucht der Keuschheit der Dienst ist, der von ganzem Herzen an den Ärmsten der Armen geleistet wird". Die blaue Farbe wurde zu Ehren der Jungfrau Maria gewählt, weil Mutter Teresa wollte, daß ihre Töchter sich die Gottesmutter zum Vorbild nehmen sollten. Zudem ist an der linken Schulter des Gewandes ein Kreuz aufgenäht, das an den gekreuzigten Jesus, den unumschränkten Herrn ihrer Herzen, erinnern soll.

Die Klarheit, mit der Mutter Teresa Erzbischof Périer ihre Pläne darlegt, ist erstaunlich: Sie hat alles genau vor Augen, alles ist greifbar wie der Plan eines Architekten, kein Detail fehlt, sogar das Gewand ist schon entworfen. Es gibt keinen Grund mehr zu zögern. In ihrem Schreiben an den Erzbischof erläutert die missionarische Mystikerin weiter:

> Die Schwestern sollen eine vollständige Kenntnis des innerlichen Lebens erlangen – durch heilige Priester, die ihnen dabei behilflich sind, sich so mit Gott zu vereinigen, damit sie, wenn sie sich auf das Missionsfeld begeben, ihn ausstrahlen. Sie sollen wirkliche Sühneseelen werden – keine [bloßen]

> Worte – doch im wahren Sinne des Wortes, indische Sühneseelen für Indien. Liebe wird das Wort sein, das Feuer, das sie dazu bringt, das Leben in seiner ganzen Fülle zu leben [...]. In zwei Jahren in vollkommener Abgeschiedenheit sollen sie das Innerlichste denken lernen, während sie sich mitten im Äußerlichsten befinden.

Um sich von der Welt zu reinigen und den Geist zu stärken, würden die Schwestern einen Tag in der Woche „im Mutterhaus der Stadt“ verbringen. Sie sind berufen, unter die Leute zu gehen, nicht in die Internate, sondern in die Schulen, an denen die Schüler bis zur zweiten Volksschulklasse kostenlosen Unterricht erhalten würden. In jeder Pfarrei sollen zwei Schwestern arbeiten: eine für die Kranken, die andere für den Unterricht, und „wenn es zahlenmäßig erforderlich ist, könnten es auch mehr Zweierpaare sein.“ Neben der Alphabetisierung sollen die Schwestern die Kinder mit guten Spielen beschäftigen, um „sie so von der Straße und Sünde fernzuhalten“. Zu einer festgesetzten Stunde werden die Schwestern dann aus den verschiedenen Pfarreien an einem Ort zusammenkommen und gemeinsam nach Hause gehen, wo sie gänzlich von der Welt abgeschnitten sein werden.

Es ist geradezu unglaublich, wie präzise Mutter Teresa in einem Brief, der eigentlich nur eine erste Annäherung an ihre „Idee“ sein sollte, bereits die Einzelheiten beschreibt. Und unglaublich ist auch ihre prophetische Weitsicht: Sie spricht nicht nur von Kalkutta, sondern von Dörfern, die man mit dem Fahrrad schneller erreichen könne, und davon, daß einzelne Schwestern lernen könnten, einen Kleinbus zu fahren, um die Bräute Christi überall dort einzusetzen, wo es nötig sei. „Das ist [zwar] ein bißchen zu modern, doch Seelen sterben mangels Pflege – mangels Liebe. – Diese Schwestern – diese wahren Sühneseelen sollten die Arbeit leisten, die für das Apostolat Christi in Indien fehlt.“ Doch damit nicht genug. Sie spricht auch von einem Krankenhaus für Kleinkinder mit schweren Krankheiten. Und sie nennt ihren eigenen künftigen Wohnort: Asansol im Distrikt Bardhaman im Bundesstaat Westbengalen, denn dies gehöre zum Plan Gottes und „dort werde ich mehr Zeit zum Beten haben, um mich auf sein Kommen vorzubereiten." Schließlich gibt sie den jungen Frauen, die noch nicht da sind, die sie aber mit den Augen Christi bereits vor sich sieht, auch schon einen Namen: „Die Schwestern dieser Kongregation werden *Missionaries of Charity* oder *Missionary Sisters of Charity* sein."

Eine europäische Ordensfrau mit einem abgeschlossenen Studium will außerhalb ihres Klosters leben, um sich unter die Ärmsten und Elendsten aller Inder zu mischen. Ist sie vielleicht verrückt geworden?

> Gott ruft mich – unwürdig und sündhaft, wie ich bin. Ich sehne mich danach, alles für Seelen zu geben. Alle werden mich für verrückt halten – nach so vielen Jahren – eine Sache anzufangen, die mir größtenteils nur Leiden einbringen wird – doch er ruft mich, die wenigen zu sammeln und sein Werk zu beginnen, den Teufel zu bekämpfen und ihm die tausend kleinen Seelen zu rauben, die er Tag für Tag zugrunderichtet.

In ihrem langen Brief an Seine Exzellenz enthüllt Mutter Teresa das „große Geheimnis" mit beeindruckender Klarheit und erklärt ihm alles so, „wie ich es meiner Mutter erzählt hätte". In der Korrespondenz mit dem Erzbischof erinnert sie sich an Nëna Loke, ihre erste Lehrerin in christlicher Heiligkeit. In Wirklichkeit kann ihre Mutter nichts von alledem wissen, denn das Regime von Enver Hoxha, der 1946 an die Macht gekommen ist, verbietet unerbittlich jeden Kontakt zwischen Albanien und dem Rest der Welt. Ohne den kostbaren und starken, klugen und beruhigenden Rat ihrer Mutter muß Mutter Teresa dieses gewaltige Unternehmen wagen, das alle menschlichen Kräfte übersteigt: Christi Durst in seinen geringsten Brüdern zu stillen.

„SEELEN KANN MAN NICHT KAUFEN“

Mitte Januar des Jahres 1947 wurde Mutter Teresa auf Wunsch ihrer Oberen in ein Haus der Loretoschwestern nach Asansol versetzt, weil die langen und häufigen Unterredungen zwischen Mutter Teresa und ihrem Beichtvater Pater Van Exem Mißtrauen hervorriefen. Pater Van Exem hatte sich ohne das Wissen der Loretoschwestern beim Erzbischof für Mutter Teresas Anliegen eingesetzt, doch dieser war klug genug, sich Zeit zu lassen.

Mutter Teresa begehrte nicht gegen diese ungerechte Entscheidung auf: Christi Durst zu stillen war nun ihr brennendster Wunsch. Das *St. Mary's* litt sehr unter ihrer Abwesenheit; sie dagegen profitierte von ihrem „Exil“, denn ohne die tausendfältigen Pflichten, die ihre Arbeit in Kalkutta mit sich brachte, hatte sie mehr Zeit für das Gebet und für den Briefwechsel, der sich nun zwischen ihr und Erzbischof Périer entspann: wie ein Wasserzeichen nimmt hinter den Worten dieser wunderbaren Korrespondenz Mutter Teresas leidenschaftliche Seele Gestalt an, die für den Herrn zu jedwedem Opfer bereit ist. Am 15. Januar 1947 schreibt sie an den Erzbischof:

> Seit ich fünfeinhalb Jahre alt war – als ich ihn zum ersten Mal [in der heiligen Kommunion] empfing – brannte die Liebe zu den Seelen in mir. – Sie wuchs noch mit den Jahren – bis ich nach Indien kam – in der Hoffnung, viele Seelen zu ret-

ten. In diesen 18 Jahren habe ich versucht, seinen Wünschen gerecht zu werden. – Ich brannte vor Verlangen; ihn so zu lieben, wie er noch nie zuvor geliebt worden war [...]. Ich nahm den Wechsel nach Asansol als von Gott gesandt an – um stärker zu werden, um meinen Leib und meine Seele auf sein Kommen vorzubereiten. Hier habe ich nichts, was ich denken muß, und nichts, für das ich mich sorgen muß – außer über die Frage, wie ich für andere leben kann. [...]. Bitte entschuldigen Sie das Papier – aber ich hatte kein anderes. Ich übe mich ein bißchen in der franziskanischen Armut. Es ist schön, von so vielen Dingen arm und frei zu sein.[77]

So sehr sie den Erzbischof bedrängte, so sehr hielt sie sich gegenüber Pater Van Exem zurück: keine Zeile schrieb sie an ihren Spiritual, weil sie sicher war, daß Briefe an den Jesuitenpater angesichts der Verleumdungen, die über die vermeintlich ungesunde Beziehung der beiden Ordensleute im Umlauf waren, kotrolliert werden würden. Der Erzbischof hingegen hielt sie hin, bremste sie, zügelte sie, wie es zum Beispiel sein Brief vom 7. März 1947 beweist:

Meine liebe Mutter M. Teresa,
P.X. [Pax Christi – Friede Christi]
Bei meiner Rückkehr von meiner Pastoralreise in die Santal Parganas fand ich Ihren Brief vor, für den ich Ihnen aufrichtig danke. Aus Ihren Zeilen habe ich den Eindruck, daß Sie glauben, ich sei gegen Ihre Vorschläge, und daß sie viel für die Bekehrung meines Herzens beten. Ich möchte gerne Ihre Meinung diesbezüglich ändern, denn anscheinend halten Sie dies bereits für erwiesen. Ich bin weder für noch gegen Ihr Projekt, und als Erzbischof kann ich ihm in diesem Stadium auch nur neutral eingestellt sein.[...] Die Frage ist zu wichtig für die Kirche, um alles sofort entscheiden zu können. Vielleicht braucht es Monate, vielleicht Jahre [...]. Der Allmächtige Gott wird zeigen, wie ich handeln soll, und wenn ich

mir moralisch über meine Pflicht gewiß bin, dann seien Sie versichert, daß ich davor nicht zurückschrecken werde, koste es, was es wolle. [...] Ich werde den Willen Gottes tun, doch muß dieser dann auch für mich deutlich sein.[78]

Die kämpferische Mutter Teresa läßt sich davon nicht entmutigen: „Zögern Sie nicht, Eure Exzellenz, schieben Sie es nicht auf. Seelen gehen verloren, weil man sich nicht darum kümmert, wegen des Mangels an Liebe." Und Tag für Tag bedrängt sie die „Stimme" immer aufs Neue mit der furchtbaren, Antwort erheischenden Frage: „Willst du dich weigern?" Also wendet sich Mutter Teresa wie die hartnäckige Witwe aus dem Evangelium, die dem Richter keine Ruhe läßt, bis er ihr Recht verschafft (Lk 18,1–8), flehentlich an den Erzbischof:

Ich, ich selbst bin nur ein kleines Werkzeug in seinen Händen, und gerade weil ich nichts bin, will er mich benutzen.

Eure Exzellenz, lassen Sie mich ihm jetzt nicht untreu werden. Um keinen Preis der Welt möchte ich, noch nicht einmal eine Sekunde lang, das tun, was ihm weniger gefiele. Ich möchte, daß er an allem Gefallen findet. Sein Verlangen, sein Leiden wegen dieser kleinen Kinder, wegen der Armen, die in Sünde sterben, wegen des Elends so vieler zerbrochener Familien, ist groß. [...] Ich weiß, daß das Leben einer *Missionary of Charity* ohne all das auskommen muß. Absolute Armut, das indische Leben und das Leben der Ärmsten wird harte Arbeit gegen meine große Selbstliebe sein. Trotzdem sehne ich mich, Eure Exzellenz, mit treuem, aufrichtigem Herzen danach, diese Art von Leben zu führen – damit ich dadurch Freude in das leidende Herz Jesu bringen kann. – Lassen Sie mich gehen, Eure Exzellenz. – Vertrauen wir ihm einfach blind. – er wird sehen, daß unser Glaube in ihn nicht verloren sein wird.

Und dann, geradezu tollkühn:

> Könnten Sie nicht, während Sie sich noch in Kalkutta aufhalten, das Nötige durch den Apostolischen Del. [Delegaten] erledigen lassen, und dann erst, wenn das kleine Institut in seinen Kinderschuhen steckt, sich nach Rom für eine Anerkennung wenden? Ich weiß nicht, was das Kirchenrecht in diesen Dingen sagt – doch nach dem, was ich gehört und in dem kleinen Büchlein über M. [Mutter] Marie de la Passion, der franziskanischen Gründerin, kürzlich gelesen habe, dürfte dies keine allzugroßen Schwierigkeiten bereiten. – Über Nacht waren 20 Schwestern frei, um ein franziskanisches Leben zu führen. – Doch in ihrem Fall war der Bischof die treibende Kraft. Oder meinen Sie, daß ich meinen Antrag durch Sie schicken soll? [...] Zögern Sie nicht, Eure Exzellenz, schieben Sie es nicht auf. Seelen gehen verloren, weil man sich nicht darum kümmert, wegen des Mangels an Liebe.[79]

Der Erzbischof, der sich für eine so wichtige Entscheidung mehr Zeit nehmen wollte, beschloß, der Loretoschwester am 7. April 1947 einen Brief zu schreiben, um ihr noch einmal die Gründe seines Zögerns darzulegen:

> Ich dachte, ich hätte Ihnen die Motive, die mich dazu verpflichten, in einer solch wichtigen Angelegenheit sehr langsam vorzugehen, bereits deutlich erklärt.
>
> Wenn ich nach innigem Gebet und reiflicher Überlegung tatsächlich feststellen sollte, daß es der Wille Gottes ist, mich in der von Ihnen gewünschten Richtung zu entscheiden, würde ich nicht zögern [...]. Für mich ist allein der Wille Gottes entscheidend, alles andere spielt keine Rolle. Doch den Willen Gottes zu erkennen, erfordert von jenen, die Autorität haben, die in seinem Namen handeln sollen, Beratung, Gebet und Nachdenken. Ich bin mir ziemlich sicher, daß Sie zu allem bereit sind. Doch, meine liebe Mutter, Sie müssen ab und zu auch meine Sichtweise verstehen.

Dann formuliert er sieben Fragen mit der Bitte um eine schriftliche Beantwortung, die ihm helfen soll, sich ein klareres Bild von ihrem Projekt zu machen:

> 1) was Sie genau und detailliert tun möchten,
> 2) welche Mittel Sie einsetzen wollen,
> 3) wie Sie Ihre Nachfolger ausbilden wollen usw.,
> 4) welche Leute Sie für dieses Werk rekrutieren wollen,
> 5) wo das Zentrum Ihres Werkes liegen sollte,
> 6) ob es nicht möglich wäre, dieses Ziel auch mit einer bereits bestehenden Kongregation zu erreichen,
> 7) ob es nicht schließlich sinnvoller wäre, eine Art Verband oder Sodalität einzurichten, um Ihr Vorgaben in die Tat umzusetzen, und eben keine Ordensgemeinschaft.[80]

Der Erzbischof trägt sich mit dem Gedanken, Mutter Teresa vorzuschlagen, sie solle sich den dem Loreto-Orden angegliederten *Töchtern der heiligen Anna* anschließen; doch die Ordensfrau weiß, daß das nicht dem Willen des Herrn entspricht.

Die Fragen des Erzbischofs beantwortet Mutter Teresa am Fronleichnamsfest 1947 vom Kloster der Loretoschwestern in Darjeeling aus mit allergrößter Präzision und ohne Zögern; hierbei bezieht sie sich nicht mehr auf die „Stimme", sondern direkt auf „Unseren Herrn": er „möchte indische Schwestern, Sühneseelen seiner Liebe, die mit ihm so verbunden sind, daß sie seine Liebe auf die Seelen ausstrahlen – indische Schwestern, die das Leben der Inder führen, sich wie diese kleiden und sein Licht sein werden, sein Feuer der Liebe inmitten der Armen, der Kranken, der Sterbenden der Bettler und der kleinen Straßenkinder", kurz: die Schwestern sollen „Christus in die unglücklichen Löcher der Slums der Kalkutta-Armen bringen und später auch noch an andere Orte."

Der Plan ist denkbar klar und gewissermaßen dreidimensional: sie und ihre Schwestern werden zu den Leuten gehen, die Kranken in ihren Häusern pflegen, den Sterbenden helfen, ihren Frieden mit Gott zu machen, und in den Slums kostenlose Schulen für kleine Kinder einrichten; sie werden die Armen in den Krankenhäusern besuchen und den Bettlern helfen, ein achtbares Leben zu führen. Man könnte ein Haus für Lahme, Blinde und Ausgestoßene eröffnen... Die *Schwestern der Nächstenliebe* werden in die Dörfer gehen und nicht an einen bestimmten Ort gebunden, sondern immer bereit sein „die Arbeit zu tun, die in der Kirche Indiens fehlt."

Was die Ausbildung betrifft, gilt für jede Schwester der Nächstenliebe das Konzept, daß die innere Macht über der äußeren steht, denn ohne ein inneres Leben, das sich gänzlich mit dem Kreuz Christi identifiziert, wäre es für sie unmöglich, „dieses Leben einer fortwährenden Aufopferung für die Seelen zu führen."

Die künftigen Schwestern sollen gesunde Mädchen mit Sinn und Verstand und nicht jünger als 16 Jahre sein. Mutter Teresa setzt keine besonderen Kenntnisse voraus, hält jedoch eine Eigenschaft für unverzichtbar: daß sie die örtliche Sprache perfekt beherrschen; außerdem müssen sie eigenhändig „jede Art von Arbeit verrichten können, so abstoßend sie für die Menschennatur auch sein möge." Sie wünscht sich für ihre Familie heitere und strahlende Naturen. Junge Leute aus allen Nationen, aber „wenn beispielsweise eine Tamilin in den Orden eintritt – wird sie bei den Tamilen arbeiten – eine Chinesin bei den Chinesen und so weiter." Wenn Jugendliche besondere Qualifikationen mitbringen, werden sie gerne willkommen, aber deshalb nicht besser als ihre Mitschwestern sein, und wenn sie reich sind, dann wird Mutter Teresa sie wollen, „sie, aber nicht ihr Geld. Ich brauche Missionarinnen – Seelen kann man nicht kaufen." Betrachtung und Gebet sind sowohl für die Zeit der religiösen Ausbildung vorgesehen, in der jedoch auch die körperliche Arbeit nicht vernachlässigt werden soll, als auch für die Zeit nach der Einkleidung, weil der Geist immer auf Gott ausgerichtet sein muß. Zentrum des Werks sollen die Slums von Kalkutta sein – die „Löcher", die Jesus angesprochen hat –, und wenn die *Missionarinnen der Nächstenliebe* zahlreicher geworden sind, dann werden sie, so Mutter Teresa, in alle großen Städte Indiens gehen; sie werden nicht warten, bis irgendein Bischof oder Priester sie ruft und ihnen sagt, wohin sie gehen sollen, sondern die Schwestern selbst werden sich auf die Suche nach Seelen begeben und dem Ortsbischof ihre Arbeit anbieten.

Das Noviziat soll in Cossipore eingerichtet werden, einem ruhigen, abgelegenen Ort inmitten von Feldern, „von Unserem Herrn [...] ausgesucht"; das zweite Jahr sollen die Novizinnen hingegen in der Stadt Sealdah absolvieren, wo sie Kurse in Geburtshilfe und Krankenpflege besuchen können. „Auch dies wurde so ausgesucht. – Ich persönlich kenne keinen dieser Orte – und habe sie auch noch nicht gesehen." Die Frage, ob es nicht möglich wäre, „dieses Ziel auch mit einer bereits bestehenden Kongregation zu erreichen", beantwortet Mutter Teresa mit einem kategorischen „Nein". Erstens, weil sie aus Europa sind und es daher unmöglich wäre, alle Eß-, Schlaf- und Kleidungsgewohnheiten der armen Inder zu übernehmen... Zweitens, weil die Europäerinnen, auch wenn sie sich noch so sehr bemühen würden, Inderinnen zu werden, doch in den Augen der Leute immer Fremde blieben. Mutter Teresa macht dem Erzbischof von Kalkutta gegenüber ganz detaillierte Angaben, weil Unser Herr „indische Schwestern" fordert, „die indische Kleidung tragen - und ein indisches Leben führen." Es wäre auch nicht möglich, eine Laienvereinigung zu gründen, denn „Laien wären für das Leben, das sie zu führen hätten, nicht geeignet. Für ein Werk der fortwährenden Selbstverleugnung und Aufopferung für andere braucht man innerliche Seelen – die mit der Liebe für Gott und die Seelen brennen. Reine Seelen, die Gott in den Armen suchen und finden. – Freie Seelen – die imstande sind, einfach alles nur für diese Eine [Seele] zu opfern: eine Seele zu Gott zu bringen." Das Werk wird auf viele, tiefe und inbrünstige Gebete und auf überreiche Buße angewiesen sein. Die Mitglieder einer Vereinigung wären nicht in der Lage, all das in dieses Werk zu investieren, das heißt, sie könnten das Ziel, „Seelen zu Gott und Gott zu den Seelen zu bringen", nicht erreichen. Mutter Teresa erklärt auch, wie die Schwestern ihren Unterhalt bestreiten können: sie würden auf dem Land Gemüsegärten anlegen; einen Teil der Erzeugnisse würden sie selber verbrauchen und den anderen Teil verkaufen. Außerdem könnten die Schwestern Spielzeug und Kunsthandwerk herstellen; die Absicht jedenfalls sei, mit Gottes Gnade in vollkommener Armut, aber in Häusern zu leben, die Eigentum des Ordens wären. Ferner wären die Schwestern gehalten, sich um alle häuslichen Angelegenheiten zu kümmern, so daß man im Haus keine Bediensteten anstellen müßte: „Für das Übrige – oder eher für alles – ich vertraue ihm! Er wird mit uns sein – und wenn er da ist, dann werden wir nichts weiter brauchen." Den Erzbischof bat sie lediglich um geistlichen Beistand, das heißt um die Anwesenheit von Priestern für die tägliche Messe, denn nur mit der Kommunion „habe ich weder Angst um meine Schwestern noch um mich selbst", denn: „Ohne ihn kann ich nicht sein – bin ich hilflos."[81]

Die erste Regel entwarf sie während der Novene vor dem Pfingstfest und sandte sie mit einem Begleitschreiben an Pater Van Exem, damit er ihr seine Zustimmung gebe und anmerke, was eventuell noch zu korrigieren sei. Die Antwort ihres geistlichen Leiters war unerwartet drastisch und negativ: die Mutter solle „das ganze Werk mir und Eurer Exzellenz" überlassen, schreibt Pater Van Exem am 14. Juni 1947 an Erzbischof Périer,

> und nicht mehr selbst darüber nachdenken. Sie soll „es für alle Ewigkeit sein lassen", wenn sie weder von mir noch von Eurer Exzellenz danach gefragt wird. Was die Schriften anbelangt, so erzählte ich ihr ganz und gar nicht, was ich mit ihnen tun würde, sie verbrennen, zerreißen, behalten oder an Eure Exzellenz schicken. Ich sagte ihr, sie solle nur in der Gegenwart leben und ganz und gar nicht in der Zukunft, und sie solle eine vollkommene Schwester sein. Sie könnte

ja in ihrem momentanen Apostolat Initiativen entwickeln, sollte jedoch insbesondere in der Tugend der Klugheit wachsen, die sie am meisten braucht. Ich bestand auf ihrem Gehorsam, auf freudigem, unverzüglichem, schlichtem und blindem Gehorsam. Ich versicherte ihr, daß sie niemals einen Fehler machen könne, wenn sie gehorche. Ich erlaubte ihr ein wenig mehr Buße und sehr viel mehr Selbstverleugnung, doch ich bezweifle, daß sie dies noch mehr praktizieren kann, als sie es momentan tut. Sie hat Unserem Herrn nichts verweigert.[82]

Das ist ein harter Schlag für Mutter Teresa, die sich nun ganz alleine am Anfang eines Weges sieht, der steil nach oben führt. Nachdem Pater Van Exem es ihr nicht verboten hat, über die von Gott eingegebenen Gedanken nachzudenken, bittet sie um eine Unterredung mit dem Erzbischof, der gerade von einer langen Europareise zurückgekehrt ist, denn es war ihr sehnlichster Wunsch, die Genehmigung für die Gründung einer neuen Kongregation vor Ende des Jahres 1947 zu erhalten, in dem man den fünfzigsten Geburtstag der kleinen heiligen Therese vom Kinde Jesu beging. Doch Périer wollte sie nicht sehen. Durch Pater Van Exem ließ er ihr sogar ausrichten, er sei „an Stimmen und Visionen" nicht interessiert. Auf diese unmißverständliche Entgegnung erwiderte Mutter Teresa unumwunden, ohne zu zögern und selbstsicher:

Ich bin froh darüber, daß H.G. [Seine Exzellenz] „an Stimmen und Visionen" nicht interessiert ist. Sie kamen ungefragt – und sind wieder verschwunden. Sie haben mein Leben nicht verändert. Sie haben mir dabei geholfen, mich vertrauensvoller zu verhalten, und sie haben mich näher zu Gott gebracht. – Sie haben mein Verlangen gesteigert, mehr und mehr sein kleines Kind zu sein [...]. Ich messe ihnen keine Bedeutung hinsichtlich des Rufes zu, denn mein Wunsch, mich selbst hinzugeben, war, noch bevor sie kamen, schon genauso stark. Warum die Stimmen also kamen, weiß ich nicht – ich will es auch gar nicht wissen. Ich freue mich darüber, daß er einfach das mit mir tun kann, was ihm gefällt.[83]

DIE VISIONEN

Drei Visionen hatte Mutter Teresa.

In der ersten sah sie eine gewaltige Menge ganz unterschiedlicher Menschen, alle sehr arm und unter ihnen viele Kinder. Sie streckten die Hände nach ihr aus, die mitten unter ihnen stand, und riefen ihr zu: „Komm, komm, rette uns! Bring uns zu Jesus!“

In der zweiten Vision sah sie erneut eine große Menschenmenge, und auf den Gesichtern der Einzelnen lag unermeßliches Leid. Sie selbst kniete vor der Jungfrau Maria. Sie konnte das Antlitz der Gottesmutter nicht erkennen, doch sie hörte sie sprechen: „Nimm dich ihrer an: sie sind mein; führe sie zu Jesus, bringe Jesus zu ihnen. Hab keine Angst. Lehre sie den Rosenkranz beten, den Rosenkranz in der Familie, und alles wird gut werden. Hab keine Angst. Jesus und ich werden bei dir und deinen Kindern sein.“

In der dritten Vision war dieselbe große Menschenmenge in Dunkelheit gehüllt, aber Mutter Teresa konnte sie dennoch sehen. Jesus hing am Kreuz, die Jungfrau stand wenige Meter davon entfernt, und sie, wie ein kleines Mädchen, vor Maria, die ihr die linke Hand auf die linke Schulter gelegt hatte und sie mit der Rechten am rechten Arm festhielt. Jesus sagte zu ihr: „Ich habe dich darum gebeten. Sie haben dich darum gebeten, und sie, meine Mutter, hat dich darum gebeten. Willst du dich weigern, dies für mich zu tun, dich um sie zu kümmern, sie zu mir zu führen?“

Auf diese Vision und diese Fragen antwortete Mutter Teresa: „Du weißt, Jesus, daß ich bereit bin, sofort anzufangen." Im selben Augenblick sah und hörte sie nichts mehr.

Pater Van Exem begann sich nun mit größter Überzeugung für Mutter Teresas Anliegen einzusetzen. Dem Erzbischof schrieb er: „Bei meiner Untersuchung der Stimmen stieß ich auf nichts, was meinen Glauben hätte beunruhigen können. Ich bin davon überzeugt, daß sie von Gott kommen; es gibt absolut nichts, was mich [...] zweifeln lassen könnte"[84] – vor allem nicht an der außergewöhnlichen Tugendhaftigkeit seiner geistigen Tochter, ihrer spontanen Bereitschaft, auf den Ruf zu antworten, an den „furchtbaren Prüfungen, die den Ruf vorbereiteten und ihn lange Zeit begleiteten", und an „dem sichtbaren Wirken der göttlichen Gnade in dieser Seele".[85]

Mutter Teresa läßt sich nicht entmutigen und wendet sich erneut an den Erzbischof. Am 24. Oktober 1947 schreibt sie ihm aus dem Kloster in Entally, denn es ist ihr sehnlichster und unbezwinglicher Wunsch, das Werk Gottes nun endlich in Angriff zu nehmen. Der leidenschaftliche und flehende Ton, in dem sie den Erzbischof bittet, sie gehenzulassen, ist ein unbestreitbares Zeichen für einen überaus festen, tatkräftigen und zielstrebigen Willen:

> Ich bitte Sie, Eure Exzellenz, im Namen Jesu und seiner Liebe, mich gehen zu lassen. Schieben Sie es nicht länger hinaus. Halten Sie mich nicht zurück. Ich möchte dieses Leben am Weihnachtsabend beginnen. Bis dahin haben wir nur noch sehr wenig Zeit, um all die anderen Vorbereitungen zu treffen. Bitte, lassen Sie mich gehen. Sie haben immer noch Angst. Wenn es ein Menschenwerk ist, wird es mit mir sterben, wenn es jedoch ganz sein Werk ist, dann wird es kommende Zeitalter überdauern. In der Zwischenzeit gehen Seelen verloren. Lassen Sie mich mit Ihrem Segen gehen – mit dem Segen des Gehorsams, mit dem ich wünsche,

> alle Dinge zu beginnen. Haben Sie keine Angst um mich. Was mit mir geschieht, spielt keine Rolle. Eure Exzellenz, alles, was wir in Jesu Namen vom Vater erbitten, wird uns gegeben – und in diesem Namen habe ich Sie gebeten – Bitte, lassen Sie mich gehen.[86]

Den Ruf zu ignorieren, zu vergessen oder aufzugeben wäre für Mutter Teresa eine Todsünde gewesen, doch ehe sie ihr so konkret und fest bis in die kleinsten Details geplantes Werk umsetzen konnte, mußte sie all ihre Furchtlosigkeit, ihre Kühnheit und ihren Mut zusammennehmen und alles daransetzen, abseits der üblichen Wege der zuweilen schwerfälligen kirchlichen Bürokratie die Genehmigung des Erzbischofs zu erhalten. Andernfalls hätte sie ihr Gehorsamsgelübde gegenüber Gott gebrochen.

Endlich erhält sie nach langem Kampf die Erlaubnis: „Fangen Sie an“, sagt ihr der Erzbischof am 6. Januar 1948, dem Fest der Erscheinung des Herrn, nach der heiligen Messe im Kloster der Loretoschwestern. Am 13. desselben Monats wird der Bischof an die Generaloberin des Ordens, Mutter Gertrude Kennedy, schreiben: „Ich bin tief davon überzeugt, daß ich durch eine Verweigerung meiner Zustimmung die Verwirklichung des Willens Gottes durch sie verhindern würde. Ich glaube nicht, daß ich noch mehr tun kann, um mich selbst darüber ins Licht zu setzen.“[87] Von da an wird der Erzbischof von Kalkutta, wie Mutter Teresa es in ihrer Hartnäckigkeit und Beharrlichkeit vorausgesehen hatte, zum wichtigsten Förderer und Beschützer der *Missionarinnen der Nächstenliebe* werden.

Nach einer dichten Abfolge von Briefen zwischen dem Erzbischof, Mutter Gertrude und Mutter Teresa selbst steht der vollständigen Freistellung der Ordensfrau nichts mehr im Wege. Am 12. April 1948 gewährt Papst Pius XII. durch die Heilige Religiosenkongregation Schwester Teresa die Erlaubnis, die Loretoschwestern zu verlassen und ihre neue Mission zu gründen.[88] Aus unbekannter Ursache treffen sowohl die Nachricht als auch das Dokument des päpstlichen Indults erst am 8. August desselben Jahres ein.

Mutter Teresa konnte es kaum erwarten, ihr Ziel zu erreichen, und doch litt sie sehr, als sie nach zwanzig Jahren das geliebte Loretokloster verlassen mußte, das ihr immer eine sichere Zuflucht gewesen war.

Als sie am 16. August 1948 das Kloster der Loretoschwestern verläßt, schreibt sie:

> Jesus Christus wünscht, daß ich eine freie Schwester und reich an der Armut des Kreuzes bin. Heute habe ich etwas Wichtiges gelernt: die Armut ist für den Armen ziemlich hart! Ich habe den ganzen Tag damit verbracht, ein Haus zu suchen, ein Obdach, eine Zuflucht; ich bin von früh bis spät unterwegs gewesen, bis mir die Beine wehtaten… das ist der zweite Ruf, der Ruf, das Kloster, in dem ich glücklich gewesen bin, zu verlassen, um den Ärmsten der Armen auf der Straße zu dienen…

Die Sicherheit aufzugeben und sich ganz auf das Unbekannte und die Gefahr einzulassen, ist furchtbar:

> Als ich das Kloster verlassen habe, war das der schwerste Tag und die schwierigste Entscheidung meines Lebens. Sehr viel schwieriger als der Entschluß, meine Familie und mein Land zu verlassen, um ins Kloster zu gehen. Die Gemeinschaft von Loreto war alles für mich. Dort habe ich meine geistliche Ausbildung erhalten, bin Nonne geworden und habe mich einzig Christus geschenkt. Ich mochte das Leben und die Arbeit, die ich dort hatte, besonders das Unterrichten.[89]

Doch es war nun an der Zeit, neuerlich die Segel zu hissen, wie sie es schon in Skopje getan hatte, den ruhigen Hafen und das stille Meer zu verlassen und in See zu stechen, sich in die

Stürme und den Seegang der Slums zu wagen, jener Barackenstädte, die Dominique Lapierre in seinem Erfolgsbuch *Stadt der Freude* so beschreibt:

> Jetzt krallten sich hier mehr als siebzigtausend Einwohner fest, was etwa zehntausend Familien entsprach; nach Religionen getrennt, teilten sie sich eine Fläche, die kaum so groß wie drei Fußballfelder war. [...] Auf einen Quadratkilometer kamen umgerechnet einhundertdreißigtausend Menschen. Das war die dichteste Menschenkonzentration auf dem Planeten. [...] Ein Ort, wo die Luft so geschwängert war mit Kohlen- und Schwefeldioxid, daß mindestens ein Mitglied der Familie aufgrund dieser Umweltverschmutzung vorzeitig starb. Ein Ort, wo die Gluthitze acht Monate im Jahr die Menschen lähmte und die Fluten des Monsuns Gassen und Wohnlöcher in stinkende Jaucheseen verwandelte. Ein Ort, wo bis vor kurzem noch Lepra, Tuberkulose, Amöbenruhr und sämtliche Mangelkrankheiten die Lebenserwartung herunterdrückten wie kaum irgendwo sonst auf der Welt. [...] Vor allem aber war die Stadt der Freude ein Ort, wo das katastrophalste ökonomische Elend grassierte. Neun von zehn Bewohnern hatten die eine Rupie nicht – und das waren fünfundzwanzig Pfennige –, um sich die täglichen dreihundert Gramm Reis zu kaufen.[90]

Gerade sie, die den Europäerinnen in Indien so wenig zutraute und die wußte, wie argwöhnisch die Inder die Fremden beäugten, machte sich als Ausländerin und Europäerin vollkommen allein, nur in Begleitung ihres Bräutigams auf den Weg. Die Idee, die sie aussäen wollte, war so neu, wie ihr Sari traditionell. Am 15. August 1948 schreibt sie von Entally aus an Erzbischof Périer:

> Eure Exzellenz,
> zunächst möchte ich Ihnen für alles, was Sie für mich getan haben, danken – dafür, daß Sie mir geholfen haben, diesem

neuen Ruf zu folgen. Ich bin ein Anlaß für viele zusätzliche Arbeit und Sorgen gewesen. – Ich hoffe, der gute Gott wird es Ihnen auf seine Weise vergelten.

Am Dienstagabend fahre ich mit dem Punjab Mail los [dem Zug, den Mutter Teresa bestieg, um nach Patna zu kommen]. – Alles ist sehr dunkel – viele Tränen – doch ich gehe aus freiem Willen mit dem Segen des Gehorsams. – Bitte beten Sie für mich, daß ich den Mut haben werde, mein Opfer zu vollenden, da er mir die Eingebung und die Gnade gegeben hat, anzufangen.[91]

Genau ein Jahr zuvor, am 15. August 1947, hatte Indien, damals noch eine Kolonie des britischen Imperiums, dank der von Mahatma Gandhi angeführten Bewegung, dank des politischen Engagements von Jawaharlal Nehru und dank einer Kampagne des zivilen Massenungehorsams, an der sich Millionen von Menschen beteiligt hatten, die Unabhängigkeit von Großbritannien erlangt und war nach dem Willen der Muslimliga in die beiden autonomen Herrschaftsbereiche Indien und Pakistan unterteilt worden. Drei Jahre später, am 26. Januar 1950, war Indien eine Republik mit einer neuen Verfassung. In diesem äußerst schwierigen Kontext und in einem Staat, wo jeder europäische Ausländer als Vertreter der ehemaligen Besatzungsmacht betrachtet wurde, machte sich Mutter Teresa mit unerschütterlichem Glauben auf den Weg. Sie hatte fünf Rupien in der Tasche: ihr ganzes Vermögen.

Die Loretoschwestern hatten sich tiefbewegt und in der Überzeugung von ihr verabschiedet, daß sie imstande sein würde, dieses neue Kreuz, das der Herr ihr auferlegt hatte, zu tragen, wie ihre liebste Freundin, die aus Skopje stammende Schwester Gabrielle, schrieb:

Meine meist geliebte Schwester,
heute ist Dein Namenstag, und ich habe viel für Dich gebetet; vielen Dank für Deinen Brief, er hat mich sehr glücklich ge-

macht. Meine Schwester, ich habe schon letzte Nacht an Dich geschrieben, als ich hörte, daß Du uns verlassen hast. Ach, wenn Du wüßtest, wie ich den ganzen Tag geweint habe, als ich Deinen Brief las. Doch ich erkenne, daß es Gottes Wille ist. Ich bete jeden Tag für Dich und in keinem meiner Gebete darfst Du fehlen. Falls es Dich interessiert: alle Schwestern haben gut über dich geredet, nicht eine einzige sprach schlecht von Dir. Alle lassen Dich grüßen. Er, der Glorreiche, will seinen Willen durch Dich zeigen. – Wie gesegnet Du bist, daß Gott Dich erwählt hat, um dieses große Opfer zu bringen, denn von ihm hast du stets Mut bekommen, deshalb hat Gott Dich für diesen schwierigen Weg ausgesucht, er weiß, daß Du sein Kreuz auf Dich nehmen kannst –.... Ich hoffe, daß Du Deinen Namen nicht ändern wirst. – Die besten Wünsche von mir. Sei gewiß, daß ich Dich niemals vergessen werde.
Deine kleine Schwester Mary Gabrielle.[92]

In Patna besucht Mutter Teresa die Schwesternschule am Krankenhaus der Heiligen Familie, das von den *Missionsärztlichen Schwestern* aus Amerika geleitet wird. Sie wurde dort sehr herzlich aufgenommen und lernte Mutter Dengel kennen, die ihr die ersten medizinischen, diagnostischen und therapeutischen Kenntnisse vermittelte.

DER ERDBODEN ALS SCHULTAFEL

Vor dem Weihnachtsfest des Jahres 1948 kehrte Mutter Teresa nach Kalkutta zurück. In den zwanzig Jahren, die sie in der indischen Großstadt verbracht hatte, waren ihr viele Menschen begegnet und hatten sie kennen-, schätzen- und liebengelernt. Nun erkannten sie sie wieder, obwohl sie ein anderes Gewand trug.

Am 21. Dezember machte sie sich zum ersten Mal auf den Weg in die „Löcher". Die Inder staunten: weiße Haut, ein weißer Sari...

Mit dem Kreuz auf der Schulter durchquerte sie die Stadtviertel Tijle und Motijhil, ein Szenario von Schmerz und Verlassenheit. Männer und Frauen mit eitrigen, ekelerregenden Wunden, Schmutz und Verfall, Sterbende und Kranke, die wie herrenlose Hunde auf den Gehsteigen und auf der Straße lagen, Alte und Kinder – ein Kreis der Hölle wie in Dantes *Inferno*. „Meine Tochter, niemals zurück. Immer vorwärts... Gib niemals auf...", so hatte sie es von ihrer Mutter gelernt.

Sie war keine Geschichts- und Erdkundelehrerin mehr: sie war zu einer Lehrerin des Lebens geworden, die, angefangen bei der persönlichen Hygiene, das ABC des menschlichen Daseins unterrichtete. Zunächst wusch sie Arme und Kinder, deren Haut noch nie einen Tropfen Waschwasser gesehen hatte. Sie gab Unterricht in Erziehung, Religion, Lesen und Schreiben. Der Erdboden diente als Tafel. Anfangs hatte sie fünf kleine Schüler, doch ihre Zahl wuchs rasch, und wer regelmäßig kam, erhielt zur Belohnung ein Stück Seife. Mittags verteilte sie Milch. Heute steht an der Stelle, wo Mutter Teresa auf den Boden schrieb, eine moderne Schule mit über 5000 Schülern...

Sie sagte: „Sie nennen mich die ‚Slum-Schwester', und ich bin froh, genau dies für seine Liebe und zu seiner Ehre zu sein."[93]

Viele Menschen bewunderten das Unterfangen dieser winzigen Schwester, die sich mit soviel Hingabe und Liebe um die Armen von Kalkutta kümmerte; sie sprachen sie an, und einige gingen ihr zur Hand: unter den ersten, die ihr halfen, waren viele Mädchen, die am *St. Mary's* in Entally ihre Schülerinnen gewesen waren.

Sie war in jenen Tagen wie eine Pionierin, die einen Sumpf – den Sumpf des menschlichen Elends – trockenlegt und urbar macht. Damals schrieb sie in ihr *Journal:*

> Heute habe ich N. N. getroffen, der mir gesagt hat: Ich habe nichts zu essen. Ich habe ihm das ganze Kleingeld gegeben, das ich mir für den Bus aufgespart hatte, das war alles, was ich hatte. Und so bin ich dann zu Fuß nach Hause gegangen. Das habe ich für Jesus getan... ich muß sagen, daß ich wirklich glücklich bin.

Wenige Tage später verfaßte sie folgendes Gebet: „Du, o Gott, Du bist alles für mich. Benutze mich, wie es Dir am besten gefällt. Du hast mich aus dem Kloster gerufen, wo ich nicht sehr nützlich war, jetzt lenke mich, wie Du willst!"[94] Und nach einer besonders bedrückenden Begegnung mit dem menschlichen Elend trug sie ein: „O Herr, wenn ich Dir in diesen Deinen Geschöpfen nicht helfen kann, in dieser Armut, in diesem Elend, in dieser Dunkelheit, dann laß mich mit ihnen gemeinsam, bei ihnen sterben, um Zeugnis von deiner Liebe abzulegen."[95]

Mutter Teresas erste Mitarbeiterin war eine ihrer früheren Schülerinnen, Quhej Shabashini Dash, die spätere Schwester Agnes, ein reiches, schönes und großzügiges Mädchen, das nach einem langen und mühsamen spirituellen Weg nun in dieser neuen, von Mutter Teresa geschaffenen Realität angekommen war und sie bat, ihr in diesem Abenteuer der Mildtätigkeit und Liebe zur Seite stehen zu dürfen. Mutter Teresa antwortete:

„Gut, meine Tochter, sieh dir meine Hände und meine Kleider an und vergleiche sie mit den deinen. Dieses Ordensleben verlangt Selbstverleugnung. Du mußt dich selbst vergessen, um dem Herrn und dem Nächsten zu dienen."[96] Sie solle nachdenken und meditieren, ehe sie eine so folgenschwere Entscheidung träfe. Das tat sie, und am Josefstag des Jahres 1949 schloß sich die junge Frau der Gründerin der *Missionarinnen der Nächstenliebe* an. Aus demselben Jahr stammt der folgende, bewegende Tagebucheintrag der Gründerin:

> Ich fühle mich wie auf einem stürmischen Meer, auf dem mein Leben Schiffbruch erleidet... Der Herr hat gewollt, daß ich eine freie Ordensfrau sein soll, um mich in die Armut und in das Kreuz zu hüllen. Heute habe ich eine wichtige Lektion gelernt: die Armut dieser Elenden ist ein permanentes Problem. Man müßte für sie zumindest ein Obdach finden, um die Elendsten unterzubringen. Dazu bin ich lange unterwegs gewesen, solange ich Kraft hatte. Jetzt zittern mir die Beine und die Hände, und ich begreife besser jenen körperlichen und seelischen Schmerz der Ärmsten unter den Armen, ohne Obdach, ohne Nahrung und ohne Pflege... Da kam mir die Bequemlichkeit des Loretoklosters in den Sinn, und es war eine große Versuchung für mich.

Satan, der Versucher, zeigt sich und gaukelt ihr das Loretokloster vor: gastfreundlich, schön, hell, gesund, sauber... Mutter Teresa schiebt den Gedanken mit dem Gebet des heiligen Franz von Assisi zur Seite, der ebenfalls alleine aufgebrochen war, um in vollkommener Armut zu leben:

> Da betete ich: „Laß mich trachten, nicht, daß ich getröstet werde, sondern daß ich tröste; nicht, daß ich verstanden

werde, sondern daß ich verstehe; nicht, daß ich geliebt werde, sondern daß ich liebe. Denn nur wer sich hingibt, der empfängt; nur wer sich selbst vergißt, der findet; nur wer verzeiht, dem wird verziehen; und nur wer stirbt, der erwacht zum ewigen Leben."

Die Versuchung wird stärker und stärker, während sie auf der Suche nach einem Haus, wo sie bleiben und das sie zu ihrem Stützpunkt machen kann, durch Kalkuttas Straßen irrt. Arme und Beine tun ihr weh; müde und demoralisiert denkt sie an das körperliche und seelische Leid der Armen:

> Die herrschaftlichen Gebäude von Loreto kamen mir stürmisch in den Sinn – all die schönen Dinge und der Komfort – die Menschen, mit denen man Umgang hat – kurz gesagt: alles. – „Du mußt nur ein Wort sagen, und alles dies wird dir gehören" – flüstert der Versucher immer wieder. Aus freiem Willen, mein Gott, und aus Liebe zu Dir – möchte ich bleiben und das tun, was auch immer Dein Heiliger Wille für mich diesbezüglich ist. – Ich ließ auch nicht eine Träne zu. – Selbst wenn ich mehr als jetzt leiden sollte – will ich stets Deinen Heiligen Willen tun. – Dies ist die dunkle Nacht der Geburt der Gemeinschaft. – Mein Gott, gib mir jetzt Mut – in diesem Augenblick – um beharrlich Deinem Ruf zu folgen.[97]

Wie vorauszusehen war, beschert das neue Leben ihr unermeßliches Leid: es ist wie eine Initiation in die Armut Christi, und die Armut der Armen wird ihre Armut. Schwer waren die Anfechtungen dieser Pionierin der unbegrenzten Möglichkeiten, deren Kraft stetig nachzulassen schien. Am 28. Februar 1949 ist die Angst, dieses Leben der unzähligen Opfer und Mühen leid zu werden, so groß, daß sie ihren Gefühlen in ihrem *Journal* freien Lauf läßt:

> Heute – mein Gott – welche Qualen der Einsamkeit. – Ich frage mich, wie lange mein Herz dies noch leiden kann. [...] Tränen liefen und liefen. – Jeder sieht meine Schwachheit. Mein Gott, gib mir jetzt Mut, um gegen mich selbst und gegen den Versucher anzukämpfen.[98]

Und sie betet zu Maria: „Unbeflecktes Herz meiner Mutter, hab Erbarmen mit Deiner armen Tochter. Aus Liebe zu Dir will ich als Missionarin der Nächstenliebe leben und sterben."

Doch inmitten aller Prüfungen und Versuchungen wächst die Zahl der Berufungen. Jetzt hat sie drei Mitschwestern, tüchtige Arbeiterinnen, die ein starker Eifer beseelt:

> Doch wie viele Schmerzen und große Nöte haben die Menschen von hier, und wir sind so wenige, um sie alle zu Gott zu begleiten. Aber du siehst ihr Gesicht und ihr Glück. Bitten wir die gesegnete Jungfrau, daß sie uns immer mehr Schwestern schickt. Auch wenn wir zwanzig Schwestern wären, hätten wir hier in Kalkutta Arbeit genug für alle.[99]

Mutter Teresa fand bei der Familie Gomes in einem kleinen, sehr ärmlichen Zimmer im dritten Stock der Creek Lane 14 Unterschlupf; dieser Raum wurde die erste Bleibe der *Missionarinnen der Nächstenliebe.* Mutter Teresa war froh darüber: endlich mußte sie nicht mehr bei anderen Schwestern Zuflucht suchen. Sie ist davon überzeugt, auf dem Weg zu gehen, den der Herr ihr gewiesen hat:

> Wir sind keine Kongregation, sondern eine Gemeinschaft, eine Familie, denn wir könnten das nicht aushalten und meine Schwestern könnten nicht hier bleiben bei einem solchen Leben und einer solchen Arbeit, in alle vier Winde versprengt, immer bei der Arbeit, auf der Straße, in der Schule oder im Krankenhaus, wenn wir keine Gemeinschaft, keine Familie wären.[100]

Christus hat sie gerufen, sein Durst hat sie aufgerüttelt, und jetzt kann nichts sie davon abhalten, den Vergessenen dieser Erde zu Hilfe zu eilen.

> Wer sind die, denen wir dienen? Wir nehmen die bei uns auf, die am Straßenrand und an der Schwelle des Grabes liegen.

Die Familie wächst: Ende 1950 waren es schon zehn junge Schwestern, sämtlich ehemalige Schülerinnen, und am 11. April 1951 wird das Noviziat eröffnet. Die Schule, die Krankenhäuser, die Baracken, die Hungernden, die Sterbenden, die Aussätzigen, die Tuberkulosekranken... tausend Aktivitäten, tausend Aufgaben, tausend Gesichter, tausend ausgestreckte Hände, die um ein Wort bitten, um eine Liebkosung, um eine Arznei, um ein bißchen Milch, um ein bißchen Brot, um ein bißchen Seife, um ein bißchen Zärtlichkeit und Erbarmen von jenen weißen, blaugesäumten Engeln, die von Jesus sprechen, der aus Liebe am Kreuz gestorben und gekommen ist, um alle zu retten, auch sie... und das Wasser der Taufe benetzt nicht selten Gesichter, die sich an der Schwelle des Todes in Gesichter der Freude verwandeln, weil sie begriffen haben, daß die Leiden der Armut und Krankheit zeitlich, die Zeiten des Paradieses aber ewig sind.

Schon am 7. Oktober 1959, dem Rosenkranzfest, traf dank der Vermittlung von Erzbischof Ferdinand Périer aus Rom die Approbation der Statuten der neuen Kongregation der *Missionarinnen der Nächstenliebe* ein, deren Hauptaufgabe, wie es zu Beginn ebendieser Statuten festgehalten ist, darin besteht, für das Heil und die Heiligung der Ärmsten der Armen zu arbeiten die Kranken und Sterbenden in ihrem Elend zu pflegen, die Kinder auf den Straßen aufzunehmen und zu versammeln, die Bettler zu besuchen, für sie und ihre Familien zu sorgen, den Obdachlosen ein Zuhause, eine Zuflucht und Gastfreundschaft zu gewähren, die Verlassenen zu lieben und Jesus in der Eucharistie zu lieben. „Damit beweisen wir unsere Liebe zu

Jesus, der unter der Gestalt des Brots und unter den Gestalten der Ärmsten der Armen verborgen ist."

Im März 1950 schreibt Mutter Teresa an Pius XII. und zeichnet schon zum damaligen Zeitpunkt ein beeindruckendes Bild von dem, was man bisher hat verwirklichen können:

> Nach meiner Rückkehr aus Patna habe ich acht Tage der Einkehr gehalten und dann, am 21. Dezember 1948, mit dem Werk begonnen. Ich habe mich auf den Weg gemacht, um die Menschen in ihren Häusern und ihren dunklen „Löchern" zu besuchen und zu pflegen. Unzählige arme und verwahrloste Kinder folgten mir, wohin ich auch ging. Nach und nach habe ich gemeinsam mit einigen Laienhelfern die Kinder in zwei Elendsvierteln versammelt. Dann kam im März das erste bengalische Mädchen. Jetzt sind wir zu siebt. Wir arbeiten in fünf verschiedenen Zentren. Wir haben Stellen eingerichtet, wo die Armen untersucht werden und kostenlose Medikamente bekommen. Das verdanken wir der Großzügigkeit katholischer und hinduistischer Ärzte, die uns selbstlos ihre Dienste angeboten haben, ohne irgendeine Gegenleistung zu erwarten. Wir besuchen die Familien Straße für Straße. Sonntags bringen wir die Kinder aus den Elendsvierteln zur Messe. Im vergangenen Mai haben wir mit 26 Kindern sonntägliche Katechismusstunden angefangen. Jetzt sind es über 350.[101]

Mut und Kraft schöpft sie aus der Eucharistie und dem Gebet. Das Motto lautet: „Lieben, wie Jesus liebt, helfen, wie Jesus hilft, geben, wie Jesus gibt, dienen, wie Jesus dient, retten, wie Jesus rettet, 24 Stunden am Tag mit Jesus zusammensein, Jesus in seinen demütigen Verkleidungen berühren!"

Das kleine Mädchen, das in ihrer Vision auf Golgatha neben der Gottesmutter gestanden hatte, erzielt außergewöhnliche Resultate. Die weißen Engel aus Fleisch und Blut kamen daher wie eine himmlische Streitmacht. Die Radikalität der Entscheidung zieht sie an, und die mitreißende Kraft der Gründerin ist faszinierend und unwiderstehlich.

Die Missionarinnen verkehren an den verrufensten Orten, immer bereit, die Sterbenden von der Straße aufzulesen, immer damit beschäftigt, Hungernden zu essen zu geben, Leiden zu lindern, den Durst Christi zu stillen und vor allem betend auf dem Weg der Heiligkeit voranzuschreiten, den Mutter Teresa sie gelehrt hat: „Unser Wachstum ist etwas Schönes und für den Erfolg bestimmt, aber zwei Dinge müssen klar sein: Sie müssen im mystischen Leben der Heiligkeit qualitative und quantitative Fortschritte machen."

Einmal sagte Mutter Teresa zu Don Lush:

> Weißt du, was es heißt, heilig zu sein? Nichts anderes, als sich von sich selbst zu „befreien", von der eigenen Knechtschaft, von allem, was nicht zu Gott gehört. Ich muß mein Herz von jeder Kreatur freimachen, um in seiner Gegenwart und in seiner Liebe zu leben. Ich will meinen Willen, meine Freiheit, mein ganzes Leben für unsere leidenden Brüder in die Hände Gottes legen. Das ist die Heiligkeit in unserer Alltäglichkeit.

Mit ihren gemarterten Leibern sind die Geschöpfe, denen Mutter Teresa und ihre Töchter zu Hilfe kommen, froh darüber, daß man sie umsorgt, daß man sie beachtet, daß man sie liebt.

Wir werden nie genau wissen, wie viele Menschen in den Armen der Mutter von Kalkutta gestorben sind. Hunderte, Tausende. Doch das eine wissen wir: daß diese Mutter mit ihrer äußersten Gottergebenheit uns an die Pietà, die Jungfrau Maria im Moment der Kreuzabnahme erinnert.

DIE BRIEFE AN DEN BRUDER

Die jugendliche Begeisterung für die Poesie ist in Mutter Teresa nicht erloschen, sondern durch Reife und Erfahrung sogar noch intensiver und tragfähiger geworden. Das beweisen ihre Gedanken über den Tod, an denen deutlich wird, wie tief diese Gottesfrau das Geheimnis von Leben und Tod durchdrungen hatte:

Man muß den Tod nicht fürchten,
weil der Tod
die Rückkehr in das Haus des Vaters ist.
Für mich ist der Tod
die erhabenste Krönung des menschlichen Lebens:
im Frieden mit Gott zu sterben...
Angst vor dem Tod haben sie nur, wenn
das Gewissen nicht rein ist,
wenn sie Angst haben, sich selbst zu begegnen;
deshalb haben viele Menschen
Angst vor dem Tod:
weil sie Angst haben, der Wahrheit zu begegnen,
sich selbst zu begegnen
und dabei Gott anzusehen.
Das reine Herz sieht Gott,
und ich glaube, daß der Arme
ganz nahe bei Gott lebt,
deshalb hat er keine Angst vor dem Tod,
er geht dem Tod mit Freude entgegen.

Ich glaube...
Jene, die in unseren Sterbehäusern sind,
unsere Aussätzigen und andere
freuen sich im Angesicht des Todes,
nicht weil sie dann von ihren Schmerzen frei sein werden,
sondern weil sie den Frieden spüren,
den Frieden, der aus ihren Herzen strahlt.
Auch wenn in unseren Häusern viele sterben,
habe ich nie jemanden sterben sehen, der
mißachtet
oder unruhig war...
sie gehen einfach in das Haus des Vaters.
Der Tod ist die Fortsetzung des Lebens,
die Vollendung des Lebens,
das leichteste und schnellste Mittel,
zu Gott zurückzukehren...
Zu Gott zurückzukehren und heimzukehren.

So wird sie mit allen Trennungen und auch mit den Trauerfällen in ihrer Familie umgehen. Wie wir bereits wissen, hat sie ihre Mutter und ihre Schwester nie wiedergesehen. Nach ihrer Abreise im Jahr 1928 waren Drane und Age allein in Skopje geblieben. Age blieb in Albanien; sie zog zu ihrem Bruder Lazër, der seit 1925 aus beruflichen Gründen in Tirana lebte. 1934 folgte ihr Drane ebenfalls dorthin. Age heiratete nicht; sie blieb bei ihrer Mutter, war aber sehr aktiv: nach einem Studium der Wirtschaftswissenschaften arbeitete sie zunächst als Übersetzerin vom Serbokroatischen ins Albanische und dann als Radiosprecherin und Mitglied des Rundfunkchors in Tirana.

Aus Studiengründen ging Lazër 1939 nach Italien und blieb dort bis zu seinem Tod im Jahr 1981. Mutter Teresa hatte daher viele Male die Gelegenheit, ihn zu treffen. Der umfangreiche und intensive Briefwechsel zwischen Bruder und Schwester veranschaulicht gut, wie nahe die Geschwister einander standen und wie sehr sie einander halfen. Jede Gelegenheit war geeignet, die beständige Gegenwart Gottes in Mutter Teresas Leben zum Ausdruck zu bringen. In einem der Briefe verweist sie auf das Heilmittel gegen alle Übel:

> Er allein ist die unendliche Liebe. Er allein kann dein Leben erfüllen. Er allein kann die Liebe entzünden. Gott allein ist die Freude und Heiterkeit deines Herzens. Deshalb, mein Bruder, mußt Du in die Kirche gehen. Der liebenswerte Christus ist im Tabernakel für Dich und für mich da, und zwar so, daß Du und ich ihn jeden Tag in unserem Herzen haben können, mein Bruder. Geh zu Christus, und er wird Dein Herz mit Freude, Heiterkeit, Liebe und einem großen Frieden erfüllen, den Dir sonst nichts in der Welt geben und den nichts in der Welt unserem Herzen rauben kann.

Weiter heißt es in diesem Brief vom 15. April 1979:

> Wie dankbar müssen wir dem Herrn für all diese guten Dinge sein. Das Wissen, daß Du die Kommunion empfangen willst, kann mich nur glücklich machen, denn ohne Jesus bleibt unser Leben unerfüllt. Jetzt hast Du etwas Zeit: fülle sie mit dem Wort Gottes. Bete, mein Bruder, und sorge dafür, daß Dein Leben voll ist von der Liebe Gottes.

Am 10. Juni 1978 schreibt sie aus Kalkutta:

> Danke für Deinen Brief. Mach dir um mich keine Sorgen, mir geht es wieder gut, es ist hier nur sehr warm, und ich kam aus Rom, wo es eher kalt gewesen war, während es hier warm war, und so habe ich mir eine Grippe eingefangen. Aber mach Dir um mich keine Sorgen. Der Herr liebt mich sehr, und er ist immer da und bereit und denkt an mich.
>
> Ich hoffe, es geht Euch allen gut und Ihr könnt jeden Tag in die Kirche gehen und Christus in Euer Herz nehmen [kom-

munizieren]. Ich weiß nicht, ob ich ohne die heilige Kommunion leben könnte.

Die Eucharistie ist das vorherrschende Thema und für sie das Fundament des menschlichen Daseins. In ihr findet alles seinen Sinn und seine Rechtfertigung:

> Mit der heiligen Kommunion wird unser Leben eng mit dem Leben Jesu verbunden. Wenn wir wissen, daß Jesus in der Gestalt des Brotes, in der Hostie gegenwärtig ist, und wenn wir ihn empfangen, dann müssen wir mit ihm auch alle die empfangen, die um uns herum sind, und auch die anderen, die Ärmsten, die Elenden.

Am 12. Mai 1963 schreibt Mutter Teresa:

> Ich habe Deinen Brief erhalten. Ich danke Euch für Eure Gebete, die mir helfen, die Arbeit des lieben Gottes zu tun [...]. Wir sind jetzt 180 Schwestern. Inzwischen haben wir auch die ersten Brüder.
>
> Ich habe mein Albanisch vergessen, und deshalb kann ich Euch nicht ausführlicher schreiben.
>
> Betet für mich. Und ich werde für Euch beten.
>
> Die Liebe Gottes sei mit Euch.

Jahre später wird Lazër erzählen:

> Wenn ich Gonxhe – Mutter Teresa – heute sehe, dann meine ich, unsere liebe Mama zu sehen. Sie sieht ihr sehr ähnlich. Das eine Mal, als meine Mutter nach Tirana kam, bemerkte ich, daß sie sehr glücklich war: weil wir zusammen waren und weil unsere Schwester Gonxhe Nonne war. Sie schrieb uns damals oft und unterstützte uns mit ihren Gebeten. Meine Mutter betete immer: in der Kirche, zu Hause, auf der Straße. Sie hatte immer den Rosenkranz in der Hand.[102]

In diesem Zusammenhang ist zu erwähnen, daß man sich damals unter dem Hoxha-Regime mit seiner perversen Ideologie nirgendwo mit einem Rosenkranz blicken lassen durfte, sondern ihn immer versteckt halten mußte. Von 1946 bis 1990 war Albanien ein nationalkommunistischer, extrem isolationistischer, stalinistischer und antirevisionistischer Staat, der kaum daran interessiert war, mit den anderen kommunistischen Staaten des von der Sowjetunion dominierten Warschauer Pakts politisch zu kooperieren, weil letztere zunächst mit Nikita Chruschtschows Geheimrede *Über den Persönlichkeitskult und seine Folgen* und sodann mit dessen Machtübernahme deutlich vom stalinistischen Persönlichkeitskult abgerückt war.

Hoxha war ein Marxist und Leninist reinsten Wassers und ein großer Bewunderer des sowjetischen Diktators Stalin. Er nahm sich die Sowjetunion zum Vorbild und schlug gegenüber seinen alten Verbündeten, den jugoslawischen Kommunisten, einen schärferen Ton an: sein Verteidigungsminister Koçi Xoxe wurde wegen angeblicher projugoslawischer Aktivitäten zum Tode verurteilt und hingerichtet.

Albanien wurde eines der ärmsten Länder Europas, und auch gegenüber den europäischen Ostblockstaaten nahm das Gefälle zu. Nach dem Sturz des Regimes wurde der Welt die Wirklichkeit enthüllt: ganze Regionen lebten unterhalb des Existenzminimums, es herrschten Unterernährung und schwerste Mängel auch in sanitärer Hinsicht, während die vorhandenen Infrastrukturen großenteils noch auf die Zeit zurückgingen, als Albanien unter italienischer Herrschaft stand.

Nach dem chinesisch-sowjetischen Zerwürfnis, das die Beziehungen zu Moskau in den Folgejahren weiter beeinträchtigte, knüpfte Hoxha 1960 engere Kontakte zwischen Albanien und der Volksrepublik China. 1968 reagierte Albanien auf den sowjetischen Einmarsch in die Tschechoslowakei und zog sich aus dem Warschauer Pakt zurück. Ein Jahr zuvor, 1967, hatte Hoxha nach zwei Jahrzehnten massiver Atheisierung triumphierend erklärt, die Nation sei nun das erste Land der Welt, das den staatlichen Atheismus in der Verfassung festgeschrieben habe, denn in Artikel 37 hieß es: „Der Staat erkennt keine Religion an und unterstützt die atheistische Propaganda, um den Menschen das wissenschaftlich-materialistische Weltbild einzuprägen"; während Artikel 55 des Strafgesetzbuchs von 1977 die Haftstrafe für religiöse Propaganda und die Produktion, Verbreitung oder Lagerung religiöser Schriften von drei auf zehn Jahre erhöhte. Im ehemaligen Jugoslawien war die Situation ganz anders, denn unter Tito war die Religionsfreiheit zwar eingeschränkt, jedoch nicht abgeschafft wie in Albanien.

Fragen wir Don Lush Gjergji, wie er die katholische Welt, die Hoxha-Diktatur und insbesondere die Familie von Mutter Teresa erlebt hat:

> Heroisch, mit viel Mut, großem Glauben und mit dem Martyrium. Während der Hoxha-Diktatur wurden alle Kirchen zerstört oder geschlossen, Bischöfe, Priester, Ordensleute und Nonnen getötet oder eingekerkert, weil es als das schwerste Verbrechen galt, zu glauben und den eigenen Glauben zu bekennen. Die Mutter und die Schwester von Mutter Teresa, die maßlos unter der Unfreiheit, dem Priestermangel und dem fehlenden sakramentalen Leben litten, [...] starben völlig isoliert und verlassen, lebendig begraben, ohne jede Fürsorge, ohne den Trost, Mutter Teresa und Lazër wiederzusehen, den sie am Ende des Zweiten Weltkriegs zuletzt gesehen hatten.
>
> Mutter Teresa sagte einmal zu mir: „Albanien erlebt den Karfreitag, doch damit ist das Leben Jesu nicht zu Ende, denn danach kommt der Sonntag der Auferstehung, das Osterfest. So geht es auch der Kirche in Albanien... Die Mauer des Hasses und der Spaltung kann man nur mit dem Gebet, dem Glauben, der Liebe und der Vergebung überwinden."

Inspiriert von der chinesischen Kulturrevolution ging Hoxha dazu über, alle Moscheen, Kirchen, Klöster und Synagogen zu konfiszieren. Viele wurden sofort zerstört, die anderen als

Werkstätten, Lagerräume, Ställe oder Kinos benutzt. Den Eltern wurde es verboten, ihren Kindern religiöse Namen zu geben. Wer Kopien der Bibel oder des Korans, Ikonen oder andere religiöse Gegenstände in Umlauf brachte, wurde zu langen Haftstrafen verurteilt. Im Süden, wo sich der griechische Bevölkerungsanteil konzentrierte, erhielten die Dörfer, die nach Heiligen benannt waren, neue, weltliche Namen.

Als Mao 1976 starb, kam es auch zwischen Albanien und China zum Bruch; Hoxha warf sich zum Verteidiger des Antirevisionismus auf und kritisierte sowohl Moskau als auch Peking.

1981 ordnete Hoxha im Rahmen einer Säuberungsaktion stalinistischer Prägung die Hinrichtung verschiedener Partei- und Regierungsführer an.

Das Regime behinderte und verfemte die Rede-, Religions-, Freiheits- und Vereinigungsfreiheit, obwohl die Verfassung von 1976 vorgab, jedes dieser Rechte zu garantieren. Die Sigurimi (die Geheimpolizei) verletzte regelmäßig die Privatsphäre, brach den Hausfrieden und das Briefgeheimnis, hörte Gespräche ab und nahm häufig auf böswillige Denunziationen hin willkürliche Verhaftungen vor. Die Gerichte orientierten sich in ihrem Urteilsspruch an den politischen Ansichten der Partei, statt den Angeklagten, die zuweilen nicht einmal einen formellen Prozeß bekamen, ein gerechtes Verfahren zu garantieren.

SIE SAHEN SICH NIEMALS WIEDER

Drane und Age waren nach Lazërs Weggang in Tirana geblieben, hatten jedoch nach dem Zweiten Weltkrieg unter dem gnadenlosen Hoxha-Regime in ein staatliches Gebäude übersiedeln müssen, wo sie in absoluter Armut und Verlassenheit lebten. Drane betete immer, Tag und Nacht, aber sie tat es heimlich, denn jede öffentlich ausgeübte Religiosität wurde schwer bestraft. Einige Wochen vor ihrem Tod schickte sie ihrer geliebten Gonxhe ein Foto; darauf hatte sie geschrieben: „Ich küsse dich – Nëna Loke."

In einem Brief an Gonxhes Bruder hatte die Mutter ihren lebhaften Wunsch zum Ausdruck gebracht, Mutter Teresa noch einmal wiederzusehen. Und seine Schwester schrieb ihm aus Albanien:

> Wie habe ich mich gefreut, Deinen Brief zu erhalten. Mein Herz, Du weißt gar nicht, wie lieb ich Dich habe und wie sehr ich mich danach sehne, Dich so bald wie möglich wiederzusehen. Unsere Mutter hat ständig Dein Foto in der Hand. Ich kann nichts tun als auf den Tag zu warten, an dem wir uns endlich wiedersehen werden... jetzt ist mein Herz nur angefüllt mit Sehnsucht. Von Gonxhe haben wir lange nichts gehört. Ich bin froh, wenn es ihr gesundheitlich gut geht.

Am 12. September 1957 schreibt Mutter Teresa an Erzbischof Périer:

> Ich habe einen langen Brief von meiner alten Mutter bekommen. Sie hat endlich meine Nachricht erhalten – und erst jetzt hat sie etwas über die *Missionaries of Charity* erfahren. 1948 hörte sie, daß ich Loreto verlassen hatte – und dann nichts mehr – so daß sie dachte, ich sei tot.[103]

Elf Jahre waren vergangen – eine Zeit größter Leiden für Mutter Teresa, die sie sich jedoch nie hatte anmerken lassen –, ehe Mutter und Tochter wieder Kontakt zueinander hatten und ehe Drane erfuhr, daß ihre Gonxhe sich entschlossen hatte, bei den Ärmsten der Armen zu sein – eine Nachricht, die ihr Mutterherz mit tiefster Freude erfüllte.

Aus einem Brief erfährt man, daß Gonxhe Bojaxhiu in Skopje aus leicht ersichtlichen politischen Gründen „vergessen" worden war, doch nach vielen, vielen Jahren schrieb Monsignore Branko Dorčić, der Pfarrer von Skopje, einen Brief an die kleine Knospe von einst. Mutter Teresa antwortete am 10. Juni 1962:

> Verehrtester,
> aus Ihrem Brief erfahre ich nun nach 33 Jahren das Neueste aus Skopje, und so können Sie sich meine Freude vorstellen. Ich danke Ihnen. Unser geliebter Herr hat die Stadt Skopje wahrhaftig gesegnet. Ich glaube, daß unsere Armen, die viel leiden, zum Herrn für Sie und für Ihre Stadt beten. Wir sind glücklich, so viele Berufungen zu haben. Unsere Gemeinschaft wächst allmählich. Wir sind inzwischen 194 Schwestern. Einige arbeiten mittlerweile sehr gut in Delhi, andere anderswo. Beten Sie für unser neues Haus.
>
> Seit ich in Indien bin, hat niemand mir mehr irgendwelche Nachrichten geschickt, und so dachte ich, daß Gonxhe vergessen worden sei. Sie sind der erste, der mir geschrieben hat. Beten Sie für mich. Gleichzeitig bitte ich auch alle anderen in Skopje, für mich zu beten. Meine Mutter und meine Schwester sind noch in Tirana. Der Herr allein weiß, warum sie soviel leiden müssen. Bestimmt helfen ihre Opfer und

ihre Gebete mir bei dem, was ich tue. Alles zur Ehre Gottes.
Im Juni ist ein großes Fest für unsere Kirche in Skopje: das Herz-Jesu-Fest... In dieser kleinen Kirche habe ich meine Berufung empfangen.
Betet für mich, und ich werde für Euch beten!
Mutter Teresa Bojaxhiu

In einem Brief vom 4. Januar 1970 schreibt Age: „Mama geht es immer schlechter, sie erkennt mich fast nicht mehr. Sie ist sehr schwach und hat viel an Gewicht verloren (sie wiegt nur noch 39 Kilo). Mir geht es gut, auch wenn ich sehr traurig bin."

Noch einmal schrieb die Mutter an ihren Sohn in Italien: „Ich habe nur einen Wunsch: Dich noch einmal wiederzusehen, bevor ich sterbe, Dich und Deine Familie und meine liebe, geliebte Gonxhe..."

Mutter Teresa ihrerseits versuchte in Begleitung einer Mitschwester, vielleicht Schwester Gertrude, und in Begleitung von Eileen Egan, der Sekretärin der amerikanischen katholischen Vereinigung *Catholic Relief Service,* in der albanischen Botschaft etwas zu erreichen, doch dort bekam sie zu hören: „Wir wollen nicht mit dir sprechen."

Als sie die Botschaft verließen, weinte Mutter Teresa. Sie blieb stehen, blickte zum Himmel und sagte: „Herr, ich nehme dieses Leid um deinetwillen an, aber für meine arme Mama ist es schwierig zu verstehen und zu akzeptieren. In der Mühsal ihres Alters will sie mich nur noch einmal sehen..." Danach versuchte sie noch verschiedene andere Hebel in Bewegung zu setzen, doch ohne Erfolg. Ihrem Bruder vertraute sie an: „Bis heute habe ich mit Gebet und Liebe immer alles erreicht, aber es gibt Mauern und Barrieren, die die Liebe nicht zu überwinden vermag."

Kurze Zeit später erhielt Mutter Teresa von ihrer Schwester Age ein Briefchen, in dem ihre Mutter ihr schrieb: „Wenn wir uns nicht auf dieser armen Erde sehen, meine Tochter, dann sehen wir uns ganz sicher im Himmel wieder."

Es war nichts zu machen, und mit Trauer und Tod im Herzen sprach Mutter Teresa ihr *fiat*. Am 12. Juli 1972 erreichte Lazër folgendes Telegramm von seiner Schwester Age in Tirana: „Heute 12. Juli um 5 Uhr ist Loke gestorben." Am 14. Juli telegraphierte der Bruder von Palermo aus an Mutter Teresa: „Bete für Loke, die am 12. Juli ein neues Leben begonnen hat." Mutter Teresa durfte noch nicht einmal bei der Beerdigung dabeisein. Und auch nicht bei Ages Begräbnis im Jahr darauf.

Don Giuseppe Pelizza, Salesianerpater und Direktor der Zeitschriften „Dimensioni Nuove" und „Maria Ausiliatrice" war einer der ersten, der in das freie Albanien reiste und das von Diktator Enver Hoxha zerkratzte und entstellte Gesicht des Landes sah. Er hat zehn Jahre in Mutter Teresas Geburtsland gelebt und vertritt heute die Interessen der Italiener in Albanien.

Er war Hauskaplan bei den *Missionarinnen der Nächstenliebe* in Skutari, für die er auch geistliche Exerzitien hielt, und selbst als Missionar in den Dörfern aktiv. Das macht sein Zeugnis besonders wertvoll:

> Ich ging 1993 nach Albanien. Ich konnte mit eigenen Augen sehen, welche entsetzlichen Konsequenzen die materielle und spirituelle Plünderung der kommunistischen Diktatur für die Albaner hatte. Das Elend war allgegenwärtig, auf dem Land ebenso wie in den städtischen Zentren. Dorthin kehrte Mutter Teresa nach 63jähriger Abwesenheit zurück, um ein Haus der *Missionarinnen der Nächstenliebe* zu eröffnen. Alles war zerstört, verbreitet herrschte Hunger, die Geschäfte waren leer, überall Schmutz... Tiere wurden aus dem Hof gestohlen, und es fehlte an Saatgut, um die Felder zu bestellen; die Kanäle für die Bewässerung der Felder waren zerstört, die Landwirtschaft lag am Boden, und es fehlte sogar der Mist, um die Felder zu düngen. Als ich dorthin kam, war die Verzweiflung übermächtig, und die

Schwestern von Mutter Teresa kümmerten sich vor allem um Waisen und Kinder mit Behinderungen und degenerativen Erkrankungen. Die Kommunikationswege waren unterbrochen, die Straßen unbefahrbar und die Krankenhäuser verfallen. Die Menschen zogen ins Landesinnere: von den Bergen in Städte wie Skutari, Tirana, Elbasan, Durazzo; ganze Familien siedelten um in der Hoffnung auf ein besseres Leben, und die Schwestern von Mutter Teresa halfen ihnen. Während des Kosovo-Kriegs[104] haben die *Missionarinnen der Nächstenliebe* ihre Häuser auch für die Flüchtlinge geöffnet.

Die Spiritualität der Töchter von Mutter Teresa ist radikal und äußerst anspruchsvoll, und gerade deshalb waren sie, wie ich beobachten konnte, trotz der recht schwierigen und feindseligen Situation immer sehr heiter. Ich habe unglaubliche Szenen mitangesehen, zuweilen wurden die Armen sehr fordernd und waren kaum zu bändigen, doch die Schwestern verloren nie die Ruhe und hatten immer ein Lächeln auf den Lippen. Ihre ganze Kraft schöpften sie aus dem Gebetsleben, ohne das wäre das Leben, das sie führen, unerträglich.

In Tirana habe ich gesehen, wie sie Hunderten und Aberhunderten von Menschen aller Altersklassen zu essen gaben. Ihre Nächstenliebe ist eng mit der Selbsthingabe und dem Opfer verknüpft, das sich aus dem Gebet speist. Das Bewußtsein, daß Gott sie immer und überall begleitet, ist tief in ihnen verwurzelt.

Ihr Lebensstil ist denkbar arm. Als ich bei ihnen im Haus war, waren die Speisen sehr einfach; ich selbst bekam im Unterschied zu ihnen eine Tasse Tee. Sie besitzen nur zwei Saris und kümmern sich um alles selbst, von der persönlichen bis hin zur häuslichen Hygiene; sogar um das Bauwesen kümmern sie sich: die Häuser, die ich in Albanien gesehen habe, und die Kirche von Skutari haben die Schwestern mit Hilfe der örtlichen Handwerker selbst gebaut.

Die Beziehungen zur Kirche sind ausgezeichnet, und auch zu den zivilen Behörden unterhalten sie gute Kontakte; die machen bei Ausländern oft Probleme, aber bei den Schwestern von Mutter Teresa drücken sie ein Auge zu. Ihr Gewand ist der beste Passierschein.

Mutter Teresa hat die Grundlagen ihres Wirkens aus ihrer Familie mitgebracht und dann die familiäre Struktur aus ihrem Zuhause auf einen globalen Maßstab übertragen.

In der albanischen Familie hatte die Frau sehr große Macht. In einer Gesellschaft ohne Staat, ohne Sozialhilfe und ohne Fürsorge umgab sie ein Nimbus der Unantastbarkeit. Die Mutter war die Königin!

Dort, in jenem Land, wo alles schwierig und heikel war, wo die Türken mit Gewalt und Zwang geherrscht hatten, wo der Islam ein ganz anderes Verständnis von Leben und Tod etabliert hatte, wo Muslime und orthodoxe Christen nur gezwungenermaßen zusammenlebten, wo aber weder der islamische noch der kommunistische Sturm die Kerze des Glaubens hatte auslöschen können, lernte Mutter Teresa die Einheit in der Vielfalt der Sprachen, Kulturen und Religionen wie ein Mosaik zu akzeptieren und zu pflegen, das zusammengesetzt und erhalten werden muß.

Wir fragten Don Lush, wie und wo er Mutter Teresa zum ersten Mal begegnet und was ihm besonders aufgefallen sei:

Das war 1968, und ich traf sie in Tor Fiscale in Rom. Ich hatte viel von ihr gehört, aber die Begegnung mit ihr gab mir die Gewißheit, daß ich es mit einem wunderbaren Geschöpf zu tun hatte. Ihre vielfältigen Gaben verzauberten mich, vor allem ihre Einfachheit, Demut, Herzlichkeit, Glaubensgewißheit und begeisterte Liebe. Sie war eine echte Mutter, etwas schüchtern im Gespräch, aber sehr sicher, wenn es darum ging, die Liebe zu Gott im Nächsten zu bezeugen.

Sie war immer auf der Suche nach der Gegenwart und nach der Liebe Gottes und deshalb immer offen für die anderen. Auf diese Weise strahlte sie eine große Zuversicht und Begeisterung aus – Begeisterung für den Glauben und für das Leben im Glauben und in der Liebe.

Für sie waren Gott und Mensch das Gleis des Lebens, auf dem die Liebe wie ein Schnellzug dahinraste; deshalb war ihr Wesen gleichzeitig kontemplativ und aktiv, weil sie immer mit Gott und mit dem Nächsten eins war und das Leben niemals in „Stücke“ zerlegte. Eines Tages vertraute sie mir an: „Wir sind eine Gemeinschaft aus kontemplativen Schwestern in der Welt, kontemplativ in der Arbeit, im Handeln. Wenn es eines Tages keine Armen, Hungernden, Elenden, Aussätzigen mehr geben sollte, würden wir in unsere Klöster zurückkehren und unser Leben ganz dem Gebet weihen..., völlig..., aber mir scheint, wir werden diesen Punkt niemals erreichen. Ich glaube wirklich, daß wir bei unserer Arbeit nie Konkurrenz haben werden; Leiden und Schmerzen gibt es in jedem Winkel der Welt, auf Schritt und Tritt, und zwar nicht nur in materieller Hinsicht: das spirituelle Leid und Elend wächst und vervielfacht sich noch weitaus schneller.“

Mutter Teresa hatte ein sehr tiefes inneres Leben; sie konnte sich von allem und allen zurückzuziehen, um in Gottes Gegenwart zu verharren und mit ihm zu sprechen, und dann wieder zurückkehren und ihren Mitmenschen ihre ganze Nähe und Aufmerksamkeit schenken. Don Lush fährt fort:

Der „Übergang“ von Gott zum Menschen und umgekehrt war bei ihr außergewöhnlich, spontan, unmittelbar...

Auffällig war der Kontrast, der sich in ihr zeigte: einerseits die menschliche Hinfälligkeit ihres winzigen Körpers und ihres vom Alter gezeichneten Gesichts und andererseits die außerordentliche Größe ihres Geistes, jene Gabe, die man

„berühren“ konnte und die die Gegenwart Gottes in ihrem Leben und in ihren Werken greifbar machte.

Bei jener ersten Begegnung in Rom, wo mir meine Zukunft bewußt wurde, erzählte Mutter Teresa uns viele Dinge von Indien, von den armen, alleingelassenen Leuten, von den Aussätzigen, aber was ich nie vergessen werden, war die Freude darüber, zusammenzusein und nun endlich, nach vierzig Jahren (1928–1968) das Band zwischen Skopje und Kalkutta neu knüpfen zu können. Diese Begegnung war der entscheidende Ansporn für meine Priesterberufung.

Mutter Teresa stellte viele Fragen zu unserer Ortskirche, der Diözese Skopje-Prizren, zu den Priester- und Ordensberufungen, zu unserem albanischen Volk im Kosovo, in Albanien, in Mazedonien und in den verschiedenen Teilen der Welt.

Damals hatte ich die Freude, die Ahnung, die Überzeugung, die Gewißheit, es mit einer „lebendigen Heiligen“ zu tun zu haben, und ich beschloß, mein Leben und Forschen der Aufgabe zu widmen, dieses Leben, die Gegenwart Gottes durch Mutter Teresa, kennenzulernen und zu entdecken, zu beschreiben und publik zu machen. Und ganz schüchtern regte sich in mir auch der Wunsch, sie nicht nur zu bewundern, sondern auch nachzuahmen.

IM VIERTEL DER GÖTTIN KALÌ

Am 7. Oktober 1950 war die Kongregation der *Missionarinnen der Nächstenliebe* auf Diözesanebene anerkannt worden, und fünfzehn Jahre später wurde sie päpstlich:

> Das bedeutet, daß wir jetzt direkt zum Heiligen Vater gehören. Das ist ein sehr großes Wunder, daß eine neue Kongregation auf päpstliche Ebene erhoben wird. Bei vielen Kongregationen braucht eine solche Anerkennung 30, manchmal auch 40 Jahre.[105]

Das Wunder war binnen kurzer Zeit geschehen. Nachdem Mutter Teresa zunächst so lange hatte warten müssen, gingen Aussaat und Ernte nun in gleichem Rhythmus und in wunderbarer Steigerung vonstatten: „Der Herr war großzügig zu uns: mit der Arbeit wuchs auch die Zahl der Berufungen."[106]

Der Dienst der Schwestern wurde immer umfangreicher, weil sie niemanden abwiesen: immer fand man bei ihnen einen Platz, ein Bett, ein gastfreundliches Herz: „auch für dein krankes, verlassenes, armes, unerwünschtes Kind", so drückte Mutter Teresa es aus – und eröffnete ein Haus nach dem anderen.

1963 gab es 181 *Missionarinnen der Nächstenliebe*; und das war auch der Zeitpunkt, an dem die Männer, die *Brothers,* die Brüder, also die *Missionsbrüder der Nächstenliebe* ihre Arbeit aufnahmen.

Am 1. Februar 1965 erhielt der Männer- und Frauenorden das *Decretum Laudis,* und mit diesem Dokument war es nun möglich, auch über die Grenzen Indiens hinauszugehen. Dank der Zustimmung Papst Pauls VI. war Mutter Teresas Institut nun eine „Kongregation päpstlichen Rechts". 1967 wurde ein Haus in Venezuela eröffnet; es folgten in den Siebziger- und Achtzigerjahren des vergangenen Jahrhunderts Zentren in Italien, Afrika, Asien, Europa und den Vereinigten Staaten.

Die *Missionarinnen* zählten nun etwa 300 Mitglieder. Die Engel von Mutter Teresa gingen nicht nur in die indischen Slums, sondern auch über die Straßen der Welt, in die westlichen Metropolen, deren Geist weniger von der materiellen als vielmehr von der spirituellen Armut angegriffen war: Einsamkeit, Selbstmord, Alkoholismus, Drogen, Scheidungen, minderjährige Mütter, Abtreibungen, Aidskranke…

Eines Tages – es war das Jahr 1952 – war Mutter Teresa in der Umgebung der Campbell-Klinik, des späteren *Nilratan Sarkar Hospital,* unterwegs, die nicht weit vom Haus der *Missionarinnen der Nächstenliebe* entfernt lag. Wie immer hielt sie nach armen Kranken Ausschau, und sie traf einen Sterbenden: er lag zwischen den Abfällen und sprach sie mit schwacher Stimme an: „Hilf mir, ich sterbe! Ich habe niemanden mehr!" Mutter Teresa ging ins Krankenhaus, um zu fragen, ob es dort einen Platz für dieses arme Geschöpf gebe, und man verneinte. Daraufhin ging sie in die Apotheke, um Medikamente zu besorgen, doch als sie zurückkam, um sie ihm zu verabreichen, war der Mann bereits tot. „Ich war so erschüttert und traurig. Da sagte ich mir: sie kümmern sich mehr um die Hunde und um die Katzen als um die Menschen."[107] Sie beschloß, erneut in die Klinik zu gehen, um sich bei den zuständigen Autoritäten zu beschweren und ihnen einen Vorschlag zu machen: „Wenn ihr diese Leute nicht versorgt oder nicht versorgen wollt, die auf der Straße sterben, dann findet einen Platz für mich, wo ich sie unterbringen und pflegen kann."[108]

Diesmal fiel die Antwort positiv aus, und der Platz, den man ihr für dieses Werk anwies, lag im Viertel Kalighat, dem religiösen Zentrum der Hindus, wo sich der prachtvolle Tempel der

Göttin Kalì befand. Man könnte diesen Vorschlag, wenn man boshaft sein wollte, geradezu als Provokation bezeichnen. An besagtem Ort stand ein großes Gebäude für die Pilger, die den Tempel besuchten und nach den Gebeten und den religiösen Riten einen Ort brauchten, um sich auszuruhen. Ausgerechnet hier sollte nun die Katholikin Mutter Teresa die Verwaltung übernehmen. In Begleitung eines staatlichen Offiziers nahm sie den Platz in Augenschein, den man ihr für ihr Sterbehaus zur Verfügung stellen wollte. Mutter Teresa nahm an. Doch der Anfang war überaus schwierig und sogar gefährlich: sowohl die Priester der Göttin Kalì als auch die Gläubigen wehrten sich so entschieden gegen die Anwesenheit von Mutter Teresa, die diesen heiligen Ort „entweihte", daß ein Funktionär beschloß, dieses „Wahnsinnsprojekt" zu stoppen. Wutentbrannt begab er sich in das Gebäude, doch als er den Saal betrat, wo sich Mutter Teresa und ihre Töchter mit Liebe und tausenderlei Aufmerksamkeiten der Sterbenden annahmen, erkannte er die Verdienste dieser kleinen großen Frau und wünschte ihr alles Gute. Erschüttert von dieser plötzlichen und unerwarteten Erfahrung richtete er nach Verlassen des Gebäudes folgende Worte an die Priester und Gläubigen der Göttin Kalì und an die Journalisten, die sich dort drängten:

> Ja, ich habe wirklich versprochen, diese Frau fortzuschicken, und ich werde mein Versprechen halten; aber hört gut zu, was ich euch sage: zuerst müssen eure Mütter und Töchter und ihr selbst kommen und tun, was diese Schwestern tun. Im Tempel habt ihr eine Göttin aus schwarzem Stein – und hier habt ihr eine lebendige Göttin![109]

Das Sterbehaus erhielt den Namen *Nirmal Hriday* (Haus des Reinen Herzens), wurde der Muttergottes geweiht und öffnete am 22. August 1952 seine Pforten, als die Kongregation aus 28 Schwestern bestand und noch Gast im Hause Gomes war. Mutter Teresa betrachtete jenes Werk als das „Schatzhaus" der *Mis-*

sionarinnen der Nächstenliebe. In ihrer Verlassenheit und Isolation ähnelten die Sterbenden dem „entstellten Antlitz" Christi, wie Mutter Teresa es im Oktober 1980 vor der Bischofssynode in Rom formulierte.

Es war ein überaus mutiges Unterfangen, das Mutter Teresa da in Angriff nahm, das leicht im Martyrium hätte enden können, denn auch wenn man sich der Unterstützung der Behörden nunmehr sicher sein konnte, galt es noch immer, das Mißtrauen der Einwohner und der Pilger in diesem von der Göttin Kalì beherrschten Viertel zu überwinden. Anfangs wurde Mutter Teresa als Feindin und Bedrohung für einen heiligen Bezirk betrachtet, der nicht der ihre war. Am 6. August 1953 schrieb Mutter Teresa einen Brief an Erzbischof Périer; er ist erhalten geblieben und zeugt von den Gefahren, denen die Gründerin und ihre Töchter ausgesetzt waren:

> Schon wieder gab es Ärger in Kalighat – kaltblütig teilte man mir mit, ich müsse Gott dankbar sein, daß auf mich noch nicht geschossen oder daß ich noch nicht verprügelt worden sei, denn alle, die bisher hier gearbeitet haben, bekamen den Tod als Lohn. Ganz ruhig sagte ich zu ihnen, daß ich bereit sei, für Gott zu sterben. Harte Zeiten kommen auf uns zu, beten wir dafür, daß unsere Kongregation den Test der Liebe bestehen wird.[110]

Don Lush zitiert eine Äußerung Mutter Teresas aus dem Jahr 1986:

> Das Haus des Reinen Herzens ist für viele das „Fegefeuer", der Durchgang zum Haus des Vaters. Bis heute sind mehr als 60.000 Männer und Frauen dort gewesen, etwa 30.000 sind im Frieden gestorben, andere sind gesund geworden. Ein typisches Beispiel: eines Tages fand ich einen Mann in einem Abwasserkanal. Sein ganzer Körper war eine einzige Wunde. Die Mäuse hatten ihn praktisch aufgefressen. Ich brachte ihn

> in unser Sterbehaus. Weißt du, was dieser Mann zu mir gesagt hat? Er sagte: „Ich habe all diese Jahre wie ein Tier auf der Straße gelebt. Heute werde ich wie ein Engel sterben, umgeben von Liebe und Fürsorge." Ich werde seine Worte, aber vor allem sein ruhiges und lächelndes Gesicht nie vergessen. Drei Stunden später starb er wirklich wie ein Engel.

Der Mensch ist nicht dazu berufen, auf der Straße zu leben, und er ist auch nicht dazu berufen, wie ein Tier zu leben, denn der Mensch, das Kind Gottes und nach seinem Bild geschaffen, hat eine unendlich große Würde. Mutter Teresa las diese Menschen auf, lud sie sich auf die Schultern oder transportierte sie auf einem Handkarren. Es waren Geschöpfe, denen das Leben mit oder ohne ihr Zutun alles, auch den Respekt und die Ehre, genommen hatte und denen Mutter Teresa und ihre Schwestern die Möglichkeit gaben und noch heute geben, in Anstand und Würde zu sterben. Jeden Morgen gingen sie und ihre Schwestern hinaus, um nach Sterbenden zu suchen. Anfangs verstanden die Leute sie nicht, waren verwirrt, mißtrauisch; dann entstand nach und nach ein Netzwerk aus wertvollen Helfern; die Achtung wuchs, und die Leute begannen, Menschen, deren Leben zu Ende ging und die auf der Straße lagen, in das Haus des Reinen Herzens zu bringen oder den Schwestern den Ort zu nennen, wo sie die Kranken finden konnten.

Ihre Mission begann jeden Morgen, ehe der Tag anbrach, vor dem Allerheiligsten. Benedikt XVI. erklärt in der Enzyklika *Deus caritas est* (Nr. 18):

> Die Heiligen – denken wir zum Beispiel an die sel. Theresa von Kalkutta – haben ihre Liebesfähigkeit dem Nächsten gegenüber immer neu aus ihrer Begegnung mit dem eucharistischen Herrn geschöpft, und umgekehrt hat diese Begegnung ihren Realismus und ihre Tiefe eben von ihrem Dienst an den Nächsten her gewonnen. Gottes- und Nächstenliebe sind untrennbar: Es ist nur ein Gebot.

In der Stille der Kontemplation vernahm Mutter Teresa von Kalkutta den Schrei Jesu am Kreuz: „Mich dürstet." Dieser Schrei traf sie tief ins Herz und trieb sie hinaus auf die Straßen von Kalkutta und in alle Randgebiete der Welt, um in jedem armen, verlassenen und sterbenden Menschen Jesus selbst zu begegnen. Diese Frau, die man auf der ganzen Welt als die Mutter der Armen kennt, „hinterläßt ein beredtes Zeugnis für alle: für Glaubende wie für Nichtglaubende", wie Johannes Paul II. beim sonntäglichen Angelus am 7. September 1997 sagte:

> Sie hinterläßt uns das Zeugnis der Liebe Gottes, die sie in sich aufgenommen hat und die ihr Leben in ein vorbehaltloses Geschenk für die Brüder umgewandelt hat. Sie hinterläßt uns das Zeugnis der Kontemplation, die zur Liebe wird, und der Liebe, die zur Kontemplation wird. Das von ihr vollbrachte Werk spricht für sich und bezeugt den Menschen unserer Zeit die hohe Bedeutung des Lebens, die leider oft in Vergessenheit zu geraten scheint.[111]

Währenddessen wuchs die Zahl der Missionarinnen, und es wuchs auch die Anzahl der Häuser, die Mutter Teresa für Kranke und Sterbende gründete. 1969 existierten bereits 15 Sterbehäuser, zwölf davon in Indien und drei im Ausland.

Zuweilen wurde Mutter Teresa vorgeworfen, sie sei „zu indisch" geworden, und zuweilen kritisierte man sie auch dafür, daß sich die Religionen in ihren Häusern so sehr mischten:

> Es gibt nur einen Gott, und er ist der Gott aller, daher ist es wichtig, daß man alle Menschen als vor Gott gleich ansieht. Ich habe immer gesagt, wir sollten einem Hindu helfen, ein besserer Hindu zu werden, einem Muslim, ein besserer Muslim zu werden, und einem Katholiken, ein besserer Katholik zu werden. [...] Wir sind 475 Seelen – dreißig Familien sind katholisch, und die übrigen sind Hindus, Muslime, Sikhs –,

alle verschiedenen Religionen. Aber sie alle kommen zu unseren Andachten.[112]

Auch zu anderen Themen, die ihr am Herzen lagen, äußerte Mutter Teresa sich öffentlich und wurde in Interviews immer wieder gebeten, Stellung zu nehmen. Mit großem Nachdruck hat sie wiederholt auch vor Politikern und Staatsmännern die Abtreibung und die Methoden der künstlichen Empfängnisverhütung verurteilt. In der Rede anläßlich der Verleihung des Friedensnobelpreises, den sie 1979 in Oslo „für die Arbeit im Kampf gegen die Armut und das Elend, die ebenfalls eine Bedrohung des Friedens darstellen", erhielt, betonte Mutter Teresa, daß sie den Preis ausschließlich im Namen der Armen annehme, und überraschte alle mit ihrer scharfen Attacke gegen die Abtreibung,[113] die sie als die größte Bedrohung des Friedens darstellte. Angesichts einer Welt, die das Leben von Anfang an größtenteils aufgegeben hat und ihre Zukunftshoffnungen auf die Eugenik setzt, klingen Ihre Worte aktueller denn je:

> Ich glaube, der größte Zerstörer des Friedens ist heute die Abtreibung, weil es ein direkter Krieg ist, ein direktes Töten, ein direkter Mord durch die Mutter selbst. […] Denn wenn eine Mutter ihr eigenes Kind töten kann, was kann mich dann noch davon abhalten, Sie zu töten, oder Sie, mich zu töten?[114]

Pater Pio von Pietralcina hat einmal zu einem Arzt gesagt: „Ein Tag ohne eine einzige Abtreibung würde genügen, und Gott würde der Welt bis zum Ende der Zeiten den Frieden schenken."

Ihr ganzes Leben lang kämpfte Mutter Teresa gegen die Legalisierung der Tötung eines Kindes im Schoß seiner Mutter. Die Kultur der Vernichtung, der nach Schätzungen der Weltgesundheitsorganisation jedes Jahr 45 bis 50 Millionen ungeborene Kinder zum Opfer fallen, hat ebensoviel Angst vor dem knospenden Leben wie vor dem fortschreitenden Alter und dem Tod. Als ob die Quintessenz des menschlichen Daseins nur in der Jugend und Reife der Gesunden und Normalbegabten zu finden wäre. Mutter Teresa, eine Frau von äußerster Weisheit, liebte das ganze Leben vom Morgengrauen bis zum Sonnenuntergang – und nicht nur Teile davon, wie die heutige säkulare Kultur, die auf relativistische Weise und anhand willkürlicher und austauschbarer Parameter zu bestimmen versucht, was gut und was böse ist.

Mutter Teresa hat sich zu verschiedenen Gelegenheiten über die Abtreibung geäußert:

> Abtreibung ist der Anfang allen Übels in der Welt. Das Leben des ungeborenen Kindes ist ein Gottesgeschenk, das größte Geschenk, das Gott der Familie machen kann. Heute gibt es viele Länder, die die Abtreibung, die Sterilisation und andere Methoden erlauben, das Leben zu verhindern oder im Anfangsstadium zu zerstören. Das ist ein untrügliches Zeichen dafür, daß diese Länder die ärmsten der armen sind, weil sie nicht den Mut haben, auch nur ein weiteres Leben anzunehmen.
>
> Das Leben des ungeborenen Kindes ist wie das Leben der Armen, die wir auf den Straßen Kalkuttas oder Roms oder anderswo finden, wie das Leben der Kinder und der Erwachsenen immer dasselbe Leben. Es ist unser Leben. Es ist das Geschenk, das von Gott kommt.
>
> Ich diskutiere nicht darüber, ob man die Abtreibung legalisieren sollte oder nicht. Ich glaube nur, daß keine menschliche Hand ein Recht dazu hat, sich zu erheben, um das Leben zu beenden. Jedes Dasein ist Gottes Leben in uns. Auch das ungeborene Kind hat das göttliche Leben in sich. Wir haben keinerlei Recht, dieses Leben zu vernichten, mit keinem Mittel. Mann, Frau, Kind, das macht keinen Unterschied. Mir scheint, daß der Schrei der ungeborenen Kinder sich bis zu uns erhebt, Kinder, die in Stücke gerissen worden sind, ehe

sie zur Welt kommen konnten, eine Anklage, die vor dem Thron Gottes widerhallt.

Die gesetzlich erlaubte weltweite Auslöschung von Kinderleben war in Mutter Teresas Augen wie auch in den Augen einiger anderer Menschen, die noch an die Vernunft glauben, ein Grauen. Die Tötung eines ungeborenen Kindes tötet auch seine Eltern, denn sie haben die Liebe verleugnet, und die Liebe zu verleugnen bedeutet, sein eigenes Leben zu verleugnen.

In seiner Botschaft zum Weltfriedenstag am 1. Januar 2009 „Die Armut bekämpfen, den Frieden schaffen" hat Benedikt XVI. erklärt (Nr. 3):

> Häufig wird die Armut mit der demographischen Entwicklung gleichsam als deren Ursache in Verbindung gebracht. Infolgedessen laufen Kampagnen zur Geburtenreduzierung, die auf internationaler Ebene auch mit Methoden durchgeführt werden, die weder die Würde der Frau respektieren noch das Recht der Eheleute, verantwortlich die Zahl ihrer Kinder zu bestimmen, und – was noch schwerwiegender ist – oft nicht einmal das Recht auf Leben achten. Die Vernichtung von Millionen ungeborener Kinder im Namen der Armutsbekämpfung ist in Wirklichkeit eine Eliminierung der Ärmsten unter den Menschen. In Anbetracht dessen bleibt das Faktum bestehen, daß 1981 etwa 40 % der Weltbevölkerung unterhalb der absoluten Armutsgrenze lebten, während sich dieser Prozentsatz heute praktisch halbiert hat und Völkerschaften, die übrigens ein beachtliches demographisches Wachstum aufweisen, die Armut überwunden haben. Diese Tatsache macht deutlich, daß die Ressourcen zur Lösung des Problems der Armut selbst bei einem Anwachsen der Bevölkerung vorhanden wären. Man darf auch nicht vergessen, daß seit dem Ende des Zweiten Weltkriegs bis heute die Erdbevölkerung um vier Milliarden zugenommen hat und daß dieses Phänomen weitgehend Länder betrifft, die

jüngst auf der internationalen Bühne als neue Wirtschaftsmächte erschienen sind und die gerade dank ihrer hohen Einwohnerzahl eine schnelle Entwicklung erlebt haben. Überdies erfreuen sich unter den am meisten entwickelten Nationen jene mit den höchsten Geburtenraten eines besseren Entwicklungspotentials. Mit anderen Worten, es bestätigt sich, daß die Bevölkerung ein Reichtum und nicht ein Armutsfaktor ist.

Die eugenisch bedingten Zwangssterilisierungen zur Rassenverbesserung sind keineswegs ein Phänomen, das sich auf das Schreckensregime der Nationalsozialisten beschränken ließe, denn noch heute werden die Unerwünschten und Behinderten vor aller Augen und unter dem Schutz der staatlichen Gesetze „aussortiert". Die Eugenik ist eine Utopie der Vollkommenheit, und ihre Verfechter glauben nicht selten, der Menschheit etwas Gutes zu tun. Doch in Wirklichkeit ist die Eugenik (von der Beleidigung, die Gott damit angetan wird, ganz zu schweigen) eine Form extremer Unmenschlichkeit und Gewalt, und zwar unabhängig davon, ob diejenigen, die sie praktizieren, Nazis oder schwedische Sozialdemokraten sind. In den Schwellenländern hat sich die neomalthusianische Ideologie durchgesetzt, die auf der Vorstellung beruht, Hauptursache für die Zerstörung unserer Umwelt sei die sogenannte Überbevölkerung. Daß der Mensch selbst eine Ressource sein kann, wird gar nicht berücksichtigt. Dieser Pessimismus führt zu einem extremen Vertrauen in selektive Techniken wie Abtreibung und Massensterilisierung, von denen wiederum internationale Agenturen und Pharmakonzerne profitieren.

Unter dem mystifizierenden Deckmantel des Gutmenschentums verbirgt sich in Wirklichkeit ein gehobener Zynismus und sogar Rassismus – man muß nur die Texte von Beaulieu, dem Erfinder der Abtreibungspille RU 486, oder die „Magna Charta" der Antinatalisten *The population bomb* von Paul R. Ehrlich lesen.

Die Programme zur Geburtenkontrolle in den Ländern der Dritten Welt, die zu einem großen Teil von der UNO finanziert werden, sind Formen einer von oben ausgeübten und nicht selten grausamen demographischen Planung, die sicherlich nicht im Sinne der Menschenrechte ist. Hinter den schönen Worten der UNO-Resolutionen steckt nicht selten eine Mittäterschaft an erzwungenen Sterilisierungen und Abtreibungen und unkontrolliert erprobten Methoden der Verhängnisverhütung – und allzu viele humanitäre Organisationen schweigen dazu. 160 Millionen sterilisierter Frauen in den Entwicklungsländern steht eine verschwindend geringe Anzahl in den westlichen Industrienationen gegenüber, und es liegt auf der Hand, daß keine Frau sich freiwillig für eine Sterilisation als Methode der Empfängnisverhütung entscheiden würde. Der chirurgische Eingriff wird den Frauen nahegelegt, und sie werden zum Beispiel durch kleine wirtschaftliche Anreize oder durch die kulturelle Verbreitung unter Druck gesetzt. Welche Rolle Puerto Rico bei der Erprobung der empfängnisverhütenden Pille an Frauen gespielt hat, ist bekannt (Wissenschaftler von Pincus bis Beaulieu, die über die Methoden der Empfängnisverhütung geforscht haben, stützen ihre Arbeit auf die dort gewonnenen Ergebnisse), doch auch Bangladesch, Afrika und Indien dienen in ähnlicher Weise als „Versuchslaboratorien". In Indien scheiterte die Regierung von Indira Gandhi – der Premierministerin, die die Auffassung „Kleine Familie, glückliche Familie" vertreten hatte – an einem Volksaufstand gegen die massiven Kampagnen für die Vasektomie: die Sterilisierung des Mannes, die technisch einfacher durchzuführen ist als die der Frau; seitdem haben die Regierungen begriffen, daß es einfacher ist, auf die Frauen einzuwirken.[115] Natürlich muß in diesem Zusammenhang auch die zwanzigjährige Einzelkindkampagne in China erwähnt werden, die mit Zwangsabtreibungen, Haftstrafen, Kindsentführungen, polizeilicher Kontrolle, Gewalt, Repressalien und Vergeltungsmaßnahmen nicht nur gegen diejenigen, die nicht gehorchten oder sich widersetzten, sondern auch gegen die betreffenden Eltern vorging. Dem chinesischen Bevölkerungsminister, der offiziell für diese Politik verantwortlich war, hat UNO-Generalsekretär Perez de Cuellar 1983 einen Preis verliehen, ohne daß dies internationales Aufsehen erregt oder bei den Journalisten und Medien besondere Beachtung gefunden hätte.

Auf der anderen Seite hat *Amnesty International* entschieden, das Abtreibungsverbot als Verletzung der Persönlichkeitsrechte zu betrachten, ohne sich überhaupt mit dem Problem der 160 Millionen zwangssterilisierten Frauen zu befassen.

Im Jahr 2000 wurden in rund 27 Regionen Indiens die Frauen, die aus einheimischen Familien stammten, aber nicht in der Lage waren, die Mitgift für ihre Töchter zu bezahlen, dazu gezwungen, die Mädchen, die sie im Leib trugen, abzutreiben.[116]

Die Päpste – Papst Paul VI. mit der Enzyklika *Humanae Vitae* und jetzt Benedikt XVI. mit seiner Afrikareise – halten nach wie vor daran fest, das Leben von Anfang an zu verteidigen, und bestätigen damit die jahrtausendealte Lehre der Kirche; sie sieht für die Völker der Erde keinerlei Familienplanung vor, weil jede Person, jede Seele, ganz gleich, ob es sich nun um einen Embryo, einen Menschen mit Behinderung, einen kranken oder alten Menschen oder einen Komapatienten handelt, um ihrer selbst willen schon immer von Gott erwünscht, gewollt und geliebt ist.

Die freie Liebe, die seit 1968 verkündet wird, führt lediglich zu gescheiterten Beziehungen und Ehen, und der immer weiter verbreitete Einsatz von Verhütungsmitteln kann die Schönheit der ehelichen Liebe nur herabsetzen und zerstören: wo alles erlaubt ist, steht am Ende nicht die Freiheit, sondern die Knechtschaft des Menschen, dem seine wahre Erfüllung und Selbstverwirklichung verwehrt bleibt. Der Ausbreitung von Aids in Afrika wird nicht durch den Einsatz pharmazeutisch hergestellter Präservative (die im übrigen so falsch angewendet werden, daß sie die Pandemie noch weiter verbreiten), sondern nur durch die Lehre von einem gesunden, reinen und gläubigen Leben Einhalt geboten.

Bei der Nobelpreisverleihung in Stockholm verzichtete Mutter Teresa auf das übliche Bankett für die Preisträger und bat darum, den vorgesehenen Betrag von 6.000 Dollar den Armen von Kalkutta zu spenden, die damit ein Jahr lang keinen Hunger würden leiden müssen: „Der irdische Lohn ist nur von Belang, wenn ihr ihn benutzt, um den Bedürftigen dieser Welt zu helfen", sagte sie, und auf die Frage: „Was können wir für den Weltfrieden tun?" antwortete sie bestimmt: „Geht nach Hause und liebt eure Familien."

Mutter Teresa hat außerdem bedeutende Sensibilisierungskampagnen gegen die Scheidung initiiert, die sie als eine der Ursachen des gesellschaftlichen Zerfalls betrachtete und die ihrer Ansicht nach gesetzlich verboten werden sollte, da die Ehe vor Gott unauflöslich ist. 1996 mobilisierte sie alle Kräfte, damit die Iren bei dem betreffenden Referendum gegen die Einführung der Scheidung stimmten – und hätte beinahe Erfolg gehabt. Auf die ehemalige Frau des englischen Prinzen Charles und Mutter Teresas große Wohltäterin Diana Spencer angesprochen, erklärte sie allerdings im selben Jahr in einem Interview, es sei zwar bedauerlich, aber sie fühle sich erleichtert, nun, da sie ihre Freundin von der Fessel einer so extrem unglücklichen Ehe befreit wisse.

Manche – zum Beispiel der britische Journalist Christopher Hitchens – haben ihr vorgeworfen, sie habe Spenden von nicht sehr achtbaren Personen angenommen. Der Journalist schrieb einen bitterbösen Artikel mit dem Titel *The Missionary Position: Mother Teresa in Theory and Practice* (Die Missionarsstellung: Mutter Teresa in Theorie und Praxis) und einen weiteren Artikel in „Le Monde Diplomatique" mit dem Titel *Mère Teresa, une sainteté médiatique* (Mutter Teresa, eine Medienheiligkeit), in denen er unterstellte, sie investiere die für die Armen bestimmten Spenden in andere Projekte.

Mutter Teresa war das Thema journalistischer Enthüllungsstorys im „Guardian" (1996) und in der deutschen Wochenzeitschrift „Stern", die 1998 einen sehr kritischen Artikel mit dem Titel *Mutter Teresa: Wo sind ihre Millionen?* veröffentlichte. Auch das amerikanische Wochenmagazin „Time" hat sich ausgiebig mit ihr befaßt und ihr ein Titelblatt mit der Bildunterschrift *Lebende Heilige: Botschafter der Liebe und des Friedens* gewidmet.

Mutter Teresa war der Inbegriff einer Missionarin, aber sie war auch eine prominente und in den Medien sehr präsente Persönlichkeit und wurde damit zur Zielscheibe jener Kritiker, die vom Mißtrauen leben. Dank ihrer Berühmtheit wurden die Beträge, die man den *Missionarinnen der Nächstenliebe* spendete, immer größer, und so war es leicht, Mutter Teresa mit Schmutz zu bewerfen – genauso, wie es auch Pater Pio von Pietralcina ergangen war, der im Zusammenhang mit der Gründung des Krankenhauses „Casa sollievo della sofferenza" in San Giovanni Rotondo ein beträchtliches Vermögen zu verwalten hatte. Andererseits sagte man über den heiligen Vinzenz von Paul, den Frankreichs Regentin Anna von Österreich 1643 in den Gewissensrat oder Rat für kirchliche Angelegenheiten berufen und nachfolgend zum Caritasminister ernannt hatte, durch seine Hände fließe mehr Geld als durch die des Finanzministers…

Mutter Teresa ging immer weiter vorwärts; sie behielt den Himmel im Blick und kam nicht vom Weg ab. Eines Tages fragte sie eine der vielen sterbenden Frauen, die sie aufnahm, warum sie ihr diene, sie wasche, sie umarme, sie liebe, und Mutter Teresa gab zur Antwort: „Weil ich dich gern habe, weil Gott dich liebt!" Darauf die Frau: „Sag das noch einmal. Das ist das erste Mal in meinem Leben, daß ich so etwas höre." Dann schied sie aus dem Leben, mit einem Lächeln auf den Lippen und Frieden im Herzen.

Don Lush vertraute Mutter Teresa an:

Hör zu, wenn ich innehalte, dann denke ich, wie glücklich ich bin, heute und jeden Tag, weil ich die Möglichkeit habe, Christus zu helfen, der Durst und Hunger leidet, der aussätzig ist und stirbt. In all diesen Menschen sehe ich Jesus, diene ich Jesus, liebe ich Jesus. Deshalb bin ich glücklich. Deshalb sind, wie ihr sehen könnt, all diese Menschen ein sehr großes Gottesgeschenk. Vielleicht mag dies vielen absurd erscheinen, aber für uns Gläubige, für mich ist es so.

In vielen Ländern der Welt wandten sich Bischöfe, nachdem sie erfahren hatten, was Mutter Teresa da ins Leben gerufen hatte, mit der Bitte an die *Missionarinnen der Nächstenliebe,* in ihren Bistümern Häuser zu eröffnen. Auch Paul VI. lud Mutter Teresa 1968 ein und schickte ihr ein Flugticket von Kalkutta nach Rom. Doch sie zögerte: würde sie denn in der italienischen Hauptstadt Arme finden? „Heiligkeit, ich bin bereit, auch in Rom ein Haus zu eröffnen, aber nur, wenn es dort Arme gibt.“ Der Pontifex bat sie, die Vorstädte zu besuchen, und sie stellte fest, daß es auch in der Ewigen Stadt großes Elend gab: „Heiligkeit“, sagte sie, „Gott scheint überall, in der einen oder anderen Wohngegend oder Stadt, ein bißchen Arbeit für uns reserviert zu haben...“

Häuser, Schulen, Krankenhäuser, Zentren... Mutter Teresa war nicht die Lösung für die grenzenlosen Probleme menschlicher Bedürftigkeit, aber sie war ein Labsal, und sie ist es noch heute mit den Werken, die sie für den Dienst an unzähligen Unglücklichen hinterlassen hat. Sie pflegte zu sagen: „Ich weiß, daß wir nur ein Tropfen im Ozean des Elends und menschlichen Leidens sind, aber wenn dieser Tropfen nicht wäre, dann wären das menschliche Elend und Leiden noch größer...“

Rom, Ostia (1973), Palermo (1974), Neapel (1975), Ragusa (1979), Reggio Calabria (1979), Turin. „Maria, Tor der Hoffnung“, das Haus von Mutter Teresas *Missionarinnen der Nächstenliebe* in der Via Luigi Chiala 14 in Turin, wurde am 2. Februar 2007 eingeweiht. Der Erzbischof der Stadt, Kardinal

Severino Poletto, hatte 2006 um die Präsenz der Schwestern von Mutter Teresa in seiner Diözese gebeten, und am 7. Mai des darauffolgenden Jahres waren sie da. Schon seine Vorgänger, die Kardinäle Ballestrero und Saldarini, hatten sich um sie bemüht, aber ohne Erfolg. „Turin verfügt bereits über viele karitative und soziale Einrichtungen, man braucht uns nicht", hatte Mutter Teresa ihnen geantwortet.

Wir haben eine *Missionarin der Nächstenliebe,* Mutter Elena, gefragt, wie Turin die fünf Töchter von Mutter Teresa – zwei Italienerinnen, zwei Inderinnen und eine Rumänin – aufgenommen habe. „Der Empfang war außerordentlich. Der Bischof war wie ein Vater zu uns, und die Leute haben uns sehr unterstützt. Das ist nicht immer so, doch das Vertrauensverhältnis und die Zusammenarbeit hier in Turin sind wunderbar."

In Italien sind die Schwestern – keine Sozialarbeiterinnen, sondern Verkünderinnen der Liebe Gottes – mit rund zwanzig Häusern vertreten. Sie warten nicht, bis man sie ruft: ihre Mission besteht, wie Mutter Teresa es gewollt hat, darin, von Tür zu Tür, von Familie zu Familie zu gehen. Die Missionarin erklärt weiter:

> Es ist unsere Aufgabe, die materielle und spirituelle Armut zu suchen, und wir bringen Jesus, die Liebe Gottes und den Schutz der Heiligsten Maria mitten unter unsere Kranken und unsere Unglücklichen. Die Menschen kommen und bitten uns um Hilfe, und in den Vierteln, in die der Herr uns schickt, gehen wir direkt zu den Familien nach Hause.

Mutter Teresas Töchter beten immer mit den Armen, und wenn diese selbst nicht gläubig sind, bitten die Schwestern um Erlaubnis, in ihrer Anwesenheit zu beten: „Es sind nur wenige, die diesen Vorschlag nicht annehmen."

In Turin gelten die Liebe und Fürsorge der Schwestern von Mutter Teresa vor allem Frauen ohne festen Wohnsitz, die infolge von Drogenabhängigkeit, Zwangsräumung, psychischen Problemen oder aus anderen Gründen ihr Zuhause verloren haben. Außerdem wächst die Zahl älterer Frauen, die zwar ein Dach über dem Kopf haben, deren Rente aber nicht zum Leben reicht. Auch ihre Töchter werden aufgenommen. Besondere Aufmerksamkeit erhalten zudem die Altenpfleger, die, wenn die von ihnen betreute Person stirbt und sie deshalb ihre Arbeit verlieren, häufig zumindest vorübergehend auf der Straße stehen.

Auch die Krankenhäuser wenden sich in dringenden Fällen oft und gerne an die sozialen Hilfszentren: wenn sie Patientinnen nach Entbindungen oder chirurgischen Eingriffen wieder entlassen müssen und nicht sicher sind, ob diese überhaupt ein Zuhause haben, treten die *Missionarinnen der Nächstenliebe* in Aktion. Überdies sind immer weniger Frauen bereit, sich in gemischten Asylen unterbringen zu lassen. Sie legen Wert auf eine eigene Privatsphäre, und so ist „Maria, Tor der Hoffnung" für sie eine komfortable Unterkunft.

Am Wendepunkt ihres Lebens gehorchte Mutter Teresa dem Befehl: „Du mußt hinausgehen, um den Armen zu dienen." Inzwischen wird dieser Befehl überall auf der Welt von ihren Töchtern umgesetzt, und überall auf der Welt erkennt man sie an ihrem weißen, blau gesäumten Gewand und ihren franziskanischen Sandalen.

Hatte Mutter Teresa ein „Rezept" gegen die Armut? Das heißt, richtete sie, abgesehen davon, daß sie ihre eigenen Kräfte und die ihrer Schwestern mobilisierte, auch Appelle an die Mächtigen dieser Welt, um den Schwächsten zu helfen? Don Lush gibt zur Antwort: „Sie sprach vor allem mit ihrem Leben, mit der Liebe, die in jedem Winkel der Erde wirkte, mit ihrem Dienst an den Ärmsten, den Aussätzigen und den von allen Verlassenen."

„Der menschliche Leib", sagte Mutter Teresa, „kann entstellt, vom Schmerz, vom Elend, von der Krankheit, vom Alter, von der Lepra zerstört sein… aber er kann nie seine Gottebenbildlichkeit verlieren, der in ihm leidende Christus wird immer zu erkennen sein." Im *Nirmal Hriday,* das bezeugen heute alle *Missionarinnen der Nächstenliebe,* wurden die Kranken auch im Endstadium nicht mit einem medizinischen Protokoll ins Jenseits begleitet, wie es im Februar 2009 in Udine geschah, als der Euthanasie in Italien vor aller Augen und ganz offiziell Tor und Tür geöffnet wurde, sondern mit geistlichem Beistand, mit Liebe und mit Fürsorge. Und keiner, der geht, ist bedrückt, verzweifelt oder ungeliebt.

WIE DIE WUNDEN JESU

Die Kinder und die Aussätzigen waren dem Herzen Mutter Teresas immer besonders nah. Für erstere gründete sie 1955 das „Haus des verlassenen Kindes“, das heute in Indien und weltweit über mehr als fünfzig Häuser mit etwa 30.000 alleingelassenen und verwaisten Kindern verfügt, und für letztere, einen Bevölkerungsanteil, der aus etwa vier Millionen Menschen besteht, gründete sie eine Vielzahl von Krankenhäusern: heute besitzen die *Missionarinnen der Nächstenliebe* in Indien mehr als achtzig medizinische Fachzentren.

An einer Wand im Shishu Bhavan, dem Haus des Kindes in Kalkutta, hängt ein Plakat mit folgendem Text:

> Die Leute sind unvernünftig, unlogisch und selbstbezogen, liebe sie trotzdem.
> Wenn du Gutes tust, werden sie dir egoistische Motive und Hintergedanken vorwerfen, tue trotzdem Gutes.
> Wenn du erfolgreich bist, gewinnst du falsche Freunde und echte Feinde, sei trotzdem erfolgreich.
> Das Gute, das du tust, wird morgen vergessen sein, tue trotzdem Gutes.
> Ehrlichkeit und Offenheit machen dich verwundbar, sei trotzdem ehrlich und offen.
> Was du in jahrelanger Arbeit aufgebaut hast, kann über Nacht zerstört werden, baue trotzdem.[117]

Die Lepra – vom griechischen *lepròs*, rauh –, auch Morbus Hansen genannt, ist eine ansteckende und chronische Krankheit, die von dem Erreger *Mycobacterium lepre* verursacht wird. Sie greift die Haut und die peripheren Nerven auf sehr unterschiedliche Weise an und kann je nach Grad schwere Formen der Invalidität verursachen. Früher war sie unheilbar und galt als schmachvolle Krankheit und Strafe Gottes; in der Moderne hat sie sich als sehr viel weniger furchtbar und besser heilbar erwiesen, als man es in der Vergangenheit für möglich gehalten hätte. Heute zieht man die Bezeichnung „Morbus Hansen" vor, um das Stigma der Schande, das die Begriffe „Lepra" und „Aussatz" in der öffentlichen Wahrnehmung noch immer an sich tragen, zu vermeiden. Nach Schätzungen der Weltgesundheitsorganisation gab es in den Achtzigerjahren des vergangenen Jahrhunderts etwa 12 Millionen Leprakranke, während die Zahl in den Neunzigerjahren drastisch auf ungefähr 2,5 Millionen gesunken ist. Im Jahr 2000 sind 91 Nationen als Endemiegebiete ausgewiesen worden; davon sind Indien, das subsaharische Afrika und Südamerika am stärksten betroffen.

Jahrhundertelang wurden die, die an dieser Krankheit litten, von der Gesellschaft ausgestoßen; die eigene Familie überließ die Kranken ihrem Schicksal, oder sie wurden, wie Mutter Teresa selbst berichtet, noch nach ihrer Genesung umgebracht, weil sie von dieser unreinen und abstoßenden Krankheit kontaminiert waren. Angst und Unwissenheit dominieren diese rückschrittliche Mentalität, die den Patienten der Schande preisgibt. Genau das war für Mutter Teresa der Grund, medizinische Fachzentren zu eröffnen. Das Werk für die Leprakranken wurde 1957 ins Leben gerufen, auch wenn Mutter Teresa sich seit ihrer zweiten Berufung von Anfang an um sie gekümmert hatte.

Als sie erfuhr, daß fünf Arbeiter entlassen worden waren, weil sie sich mit der Lepra angesteckt hatten, beschloß sie, mobile Kliniken zu organisieren, die ihren Standort verändern konnten, um die Patienten zu erreichen. Zu Beginn wurde das Wirken der *Missionarinnen der Nächstenliebe* von den Leprakranken selbst sehr mißtrauisch aufgenommen: sie hatten Angst vor dem medizinischen Personal und vor der Isolation, in der sie womöglich enden würden. Die brillante Idee mit den mobilen Einheiten, die in Bengalen unterwegs waren, diente zum einen dazu, die Leprakranken aufzuspüren, um sie zu behandeln, und machte zum anderen die guten Absichten der Ärzte von Mutter Teresa für alle sichtbar. Die Patienten wurden liebevoll aufgenommen, angemessen versorgt und gepflegt und darin unterwiesen, wie sie sich nach ihrer Heilung zu verhalten hätten.

Zu einem bestimmten Zeitpunkt reichten die mobilen Einheiten nicht mehr aus: inzwischen kannte man die *Missionarinnen der Nächstenliebe* und ihre Vorgehensweise, und deshalb wuchs das Vertrauen und folgerichtig auch die Nachfrage nach Hilfe. Also beschlossen Mutter Teresa und ihre Töchter, eigene Dörfer für die Leprakranken einzurichten, wo sie leben, arbeiten und eine Familie gründen könnten. Außerdem entstand eine richtige Stadt, *Shanti Nagar* oder *Die Stadt des Friedens,* die unter der Leitung der kroatischen Ordensfrau Schwester Francesca Saveria Orees gebaut wurde.

Alles begann mit der Entscheidung der Behörden von Asansol, das Viertel der Leprakranken niederzubrennen, wenn diese nicht umgesiedelt würden. Das Viertel lag etwa einhundert Meter vom Haus der *Missionarinnen der Nächstenliebe* entfernt, das im Juli 1961 eröffnet worden war. Also baten die Leprakranken die *Missionarinnen* um Hilfe, und Mutter Teresa ersuchte die Behörden um einen Platz, wo sie die Kranken würde unterbringen können. 1963 wies man ihr 34 Kilometer von Asansol entfernt ein Gelände zu, auf dem die Stadt des Friedens entstehen sollte – die gottgewollte Stadt, wie Mutter Teresa sie nannte

Schwester Francesca Saveria schreibt:

> 1964 haben sie mich beauftragt, *Shanti Nagar* zu bauen, das Gelände einzufrieden, Straßen anzulegen, all das auch mit der Hilfe von Herrn Johna Paiteko, einem Polen aus Ame-

> rika, Mitglied der Bewegung für den Frieden. Wir haben zusammengearbeitet. Ich nahm jeden Mittwoch, nachdem ich meine Arbeit in der Lepraklinik in Howrahu beendet hatte, den Zug nach Asansol und blieb den ganzen Donnerstag über dort, um für den Bau der *Stadt des Friedens* zu arbeiten. Freitag früh mußte ich nach Kalkutta zurückkehren, um in der Ambulanz von Kidderpuru in Kalkutta zu arbeiten. Das ging sechs Monate so [...]. Die Stadtplanung übernahm unser großer Freund und Wohltäter Sivaramkrishna, und er machte es kostenlos. Nachdem wir um das Gelände gebeten hatten, beantragte Mutter Teresa auch eine finanzielle Unterstützung. Die erste Hilfe waren 5.000 Rupien, eine Spende von Frau Naundu. Danach trafen viele Spenden aus Indien und auch aus dem Ausland ein.[118]

Aus einer Reihe von Gründen wurden die Arbeiten unterbrochen und erst einige Jahre später wiederaufgenommen. 1968 wurde die Stadt eingeweiht, und im August trafen die ersten Leprakranken ein. Die Schwestern pflegten sie, arbeiteten und lebten mit ihnen gemeinsam in dieser Stadt aus 400 Häusern, einem Krankenhaus, einer Schule und verschiedenen Werkstätten. Paul VI., der Mutter Teresa 1971 den Friedenspreis „Papst Johannes XXIII." verleihen sollte, kam, um ihre Werke zu besichtigen. Er hatte Indien gewählt, um der Welt das missionarische Antlitz der Kirche zu zeigen und die Frage der Armut in den Vordergrund zu rücken – jener Armut, die damals nicht anders als heute Menschen Hungers sterben läßt.

Am Mittwoch, dem 2. Dezember 1964, um 4.44 Uhr flog der Papst in einer Boeing der Gesellschaft *Air India* in Rom ab. An Bord waren wie auf all seinen Reisen, die Paul VI. „Pilgerfahrten" nannte, eine ganze Anzahl Journalisten.

Gegen halb sechs Uhr Ortszeit kam er in Bombay (dem heutigen Mumbai) an. Die Reise zeigte Wirkung, denn die Zeitungen berichteten über den Hunger in Indien, und doch wurde dem Papst die eigentliche Armut gar nicht gezeigt: unzählige Bettler waren von den Straßen Bombays entfernt worden, und seinen Vertrauten gegenüber klagte Paul VI.: „Das ist nicht die Armut, die ich sehen wollte."

Gemeinsam mit Mutter Teresa besuchte er die Stadt der Leprakranken. In ganz Indien lebten damals fünf bis sechs Millionen Katholiken. Ein Strom von Menschen kam, um den Papst zu ehren – ein echter Triumph in einem Land, wo die Christen in der Minderheit waren. Paul VI. sprach Gebete in der Landessprache, und die Gläubigen wußten diese Geste sehr zu schätzen. Die Reise endete auf einem großen Platz in Bombay mit dem *Kreuzweg* und der stillen Andacht von 600.000 Menschen. Ehe er Indien verließ, brachte Paul VI. seinen Wunsch zum Ausdruck, Mutter Teresa möge in Rom ein Haus der *Missionarinnen der Nächstenliebe* eröffnen, und schenkte ihr die päpstliche Limousine, einen weißen Lincoln, „um ihr", wie er sagte, „bei ihrer universalen Liebesmission zu helfen". Das Auto wurde verkauft und der Erlös den Armen gewidmet.

Die Stadt des Friedens wurde am Josefstag des Jahres 1974 in Anwesenheit von Erzbischof Macachi von Kalkutta und Antonio Dias, dem Gouverneur von Bengalen, eingeweiht. Letzterer spendete im Namen der Regierung 5.000 Rupien.

Mutter Teresa hat alle bewegt, hat Gefühle und Hände mobilisiert, hat der Welt gezeigt, daß man anderen helfen kann, und wenn ihre Lebensbedingungen noch so schlimm und abstoßend sind. Eines Tages fragte sie ein Journalist, wie sie es über sich bringe, die ekelerregenden Wunden der Leprakranken zu reinigen, zu desinfizieren und zu verarzten – etwas, das er selbst für kein Geld der Welt tun würde –, und sie antwortete: „Für Geld würde ich das auch nicht tun!" Und „weshalb tun Sie es dann?" „Ich tue es sehr gerne für Jesus. Wenn ich einen Leprakranken berühre, berühre ich Jesus. Wie sollte man das also nicht tun, und wie sollte man dabei nicht froh sein?!"

Kardinal Angelo Comastri erzählt:

Das erste Mal, als ich Mutter Teresa begegnete, war ich sehr betroffen von ihrem Blick: sie sah mich mit zwei hellen und durchdringenden Augen an. Dann fragte sie mich: „Wie viele Stunden betest du jeden Tag?" Ich war überrascht von dieser Frage und versuchte mich zu verteidigen: „Mutter, von Ihnen hätte ich einen Aufruf zur Nächstenliebe erwartet, einen Appell, die Armen mehr zu lieben. Warum fragen Sie mich, wie viele Stunden ich bete?" Mutter Teresa ergriff meine Hände und hielt sie zwischen den ihren, wie um mir das, was sie im Herzen trug, mit besonderem Nachdruck zu vermitteln; dann vertraute sie mir an: „Mein Sohn, ohne Gott sind wir zu arm, um den Armen zu helfen! Denk daran: ich bin nur eine arme Frau, die betet. Wenn ich bete, legt Gott mir seine Liebe ins Herz, und so kann ich die Armen lieben. Indem ich bete!" Ich habe diese Begegnung und diese Worte nie vergessen: das ist das ganze Geheimnis von Mutter Teresa."[119]

Die Missionarinnen begannen mit Milchkannen durch die Straßen zu ziehen, auf denen stand: „Berühre den Leprakranken mit deiner Güte!" Die Milchkannen füllten sich mit Spenden. Die Anwesenheit von Mutter Teresa und ihren Töchtern war eine Art Befreiung für das Gewissen der Einzelnen: die weiß-blauen Engel kümmerten sich um ihre Mitbürger, um ihre Eltern, um ihre Freunde, die so abstoßend geworden waren.

Mutter Teresa schenkte ihr Lächeln zwar nicht den Journalisten, wohl aber ihren Kindern, ihren Kranken, ihren Aussätzigen – ganz gleich, wie groß die Erschöpfung, wie anstrengend der Tag und wie zahlreich die Probleme gewesen waren, die es zu lösen galt. Sie wußte, daß genau darin die echte Gottesliebe bestand: „Man kann Gott nicht bequem lieben, weil jede echte Liebe uns leiden läßt. Man kann Gott nur auf eigene Kosten lieben."

Mutter Teresa ruhte sich nie aus: Sie war immer unterwegs, in Indien und mit dem Flugzeug, das sie an alle Enden der Erde brachte. Sie eröffnete das erste Krankenhaus für HIV-Infizierte in Gravich Viagen in den Vereinigten Staaten; das war am Heiligen Abend des Jahres 1985. Diese kleine Frau mit den riesengroßen Ideen hat die Landkarte der Nächstenliebe gezeichnet: als die Einwohner von Tschernobyl nach dem Zwischenfall im Kernkraftwerk am 26. April 1986 der radioaktiven Strahlung ausgesetzt waren, ließ sie sie ihre ganze Anteilnahme spüren; sie rettete viele Kinder, die der Krieg in Beirut als Waisen zurückgelassen hatte, und sie war bei den Behinderten in Peking; sie war in Kuba und Äthiopien – und sie war in Skopje, um „unseren Leuten jene Dankbarkeit, jene Liebe zu schenken, die ich hier empfangen habe" und um „meiner Stadt meine Schwestern zu schenken".

1963 gründete sie die *Missionsbrüder der Nächstenliebe;* 1976 den kontemplativen Zweig der Schwestern, 1979 die kontemplativen Brüder und 1984 die *Patres der Missionarinnen der Nächstenliebe.* Dennoch beschränkte sich ihre Inspiration nicht auf die Ordensberufungen. Sie gründete die *Mit-Arbeiter* und die *Kranken und leidenden Mit-Arbeiter,* Menschen verschiedener Bekenntnisse und Nationalitäten, die ihr im Geist des Opfers verbunden sind. Derselbe Geist führte später auch zu der Gründung der *Laienmissionare der Nächstenliebe.* Auf Bitten vieler Priester rief Mutter Teresa 1991 die priesterliche *Corpus-Christi-Bruderschaft* ins Leben, die die Heiligung auf dem kleinen Weg der heiligen Therese von Lisieux propagiert.

Mutter Teresa selbst hat erklärt:

> Wir sind wie die fünf Wunden Jesu: an der rechten Hand die kontemplativen Schwestern; an der linken Hand die kontemplativen Brüder; am rechten Fuß die *Missionarinnen der Nächstenliebe;* am linken Fuß die *Missionsbrüder der Nächstenliebe;* in der Seite unsere *Mit-Arbeiter.*
>
> Glaubt ihr nicht, daß wir in seinen heiligen Wunden Zuflucht suchen können? Die Kontemplativen sind die „Hände", weil sie sich im Gebet falten; die aktiven *Missionare der Näch-*

stenliebe sind die „Füße“, mit ihnen gehen sie in die ganze Welt hinaus; die *Mit-Arbeiter* sind das „Herz“, weil das Herz der ganzen Welt das Zuhause, die Familie ist, wo sie wirklich leben. Wir alle können in seinem Herzen Trost finden.

Die „Liebe in Aktion“, wie sie es nannte, umfaßte nun alle fünf Kontinente, und jeder Baustein des Projekts war Ausdruck der Liebe zum gekreuzigten Jesus.

DAS „ALTER EGO“

In den Anfängen lebten die *Missionarinnen der Nächstenliebe* selbst von der Nächstenliebe und Mildtätigkeit anderer. Die Arbeit in den Elendsvierteln war entsetzlich: Gestank, Hitze, Feuchtigkeit, Schmutz, ansteckende Krankheiten... „Wir müssen den Preis für die Seelen zahlen“, sagte Mutter Teresa zu ihren Schwestern, deren spirituelle und intellektuelle Ausbildung sie niemals vernachlässigte. Leiden, um „zu ergänzen, was an den Leiden Christi noch fehlt“, wie der heilige Paulus sagt, und so die Seelen im Rahmen jener Erlösungsmission zu retten, die das Leben der Mystiker kennzeichnet. In ihrem Kommentar zu den Konstitutionen der Kongregation erklärt Mutter Teresa: „Die Missionarin muß jeden Tag sterben, wenn sie Seelen zu Gott bringen möchte. Sie muß dazu bereit sein, den Preis zu bezahlen, den er für die Seelen bezahlte, den Weg zu gehen, den er für die Seelen ging.“[120] Der Orden würde also durch das Leiden Seelen gewinnen und retten, und „je mehr Opfer es in unserer Gemeinschaft gibt, desto schneller wird unser Ziel, das Dürsten Christi zu stillen, erreicht sein. Unser Werk für die Seelen verlangt viel von uns, doch ohne Buße und viele Opfer wird es unmöglich sein“, nur der Schmerz würde Frucht bringen: „Wir müssen sogar noch viel mehr Buße tun als die Karmeliter – wegen unserer Nähe zur Sünde.“[121]

Das mit dem Kreuzesopfer Christi vereinte Leiden würde keine Traurigkeit, sondern Freude hervorbringen – eine ansteckende Freude, die um sich greifen und mit dem festen Willen zur Heiligkeit einhergehen würde: nicht aus Eitelkeit, sondern um mit der beständigen Hilfe und Unterstützung der Jungfrau Maria in Gott zu leben: „Ich möchte eine wirkliche Sklavin Unserer Lieben Frau werden – um einzig aus seinem Kelch des Schmerzes zu trinken und der Mutter Kirche wahre Heilige zu geben. Ich weiß, daß das, was ich will, meine Kräfte übersteigt – doch er, der mir das Verlangen danach gegeben hat, wird mir auch Stärke geben, um das Unmögliche zu tun."[122]

Immer wieder lassen Mutter Teresas Schriften ihren Wunsch erkennen, heilig zu werden und so den Durst Christi nach Liebe und nach Seelen zu stillen. Überdies hatte sie auch den Wunsch, „der Mutter Kirche so manche Heiligen aus unserer Gemeinschaft zu schenken", wie sie am 4. April 1952 an Erzbischof Périer von Kalkutta schrieb.[123]

Mit ihrem großen Reichtum an Ideen und Initiativen führte Mutter Teresa innerhalb der Kongregation eine neue Form des Apostolats ein: das Alter Ego oder das zweite Selbst. Dieser Einfall kam ihr im Zusammenhang mit der belgischen Krankenschwester und Sozialarbeiterin Jacqueline de Decker, der es aus gesundheitlichen Gründen nicht möglich war, sich ihren Wunsch zu erfüllen und den *Missionarinnen der Nächstenliebe* beizutreten. Deshalb übertrug Mutter Teresa diese Berufung auf ihr Alter Ego: sie würde die spirituelle Zwillingsschwester von Mutter Teresa werden und alle ihre Gebete und Leiden für die Gründerin der *Missionarinnen der Nächstenliebe* und für die Fruchtbarkeit ihrer Werke aufopfern, während Mutter Teresa ihrerseits dem Herrn ihre Gebete und ihren Dienst für Jacqueline aufopferte.

So wurde Jacqueline die erste aus einer langen Reihe apostolischer *Mit-Arbeiter,* Kranker und Leidender, die zwar nicht konkret als *Missionare* vor Ort tätig werden, aber im Geist dazu beitragen konnten, den Durst Jesu zu stillen. Auf diese Weise gab Mutter Teresa vielen Menschen eine konkrete Erklärung für ihr Leiden und ihrem Leben einen neuen Sinn: „Leiden in sich selbst ist gar nichts, doch gemeinsam mit der Passion Christi zu leiden, ist ein wundervolles Geschenk."[124]

Jede Schwester erhielt ein eigenes zweites Selbst: die *leidenden und kranken Mit-Arbeiter* wurden als Töchter und Söhne der Kongregation betrachtet. In Kalkutta, England, Brüssel, Antwerpen, in der Schweiz und an vielen anderen Orten vereinten sich Frauen, Männer und Kinder mit den Schwestern und ihrem Erlösungs- und Wachstumsauftrag. Neben Jacqueline de Decker nahm Mutter Teresa sich ein weiteres zweites Selbst, Nicholas Gomes, und im Lauf der Zeit wurden es immer mehr, wie sie am 23. Oktober 1953 an den Erzbischof von Kalkutta schrieb:

> Bis jetzt stehen 18 auf unserer Liste. Geben Sie bitte den Segen zu diesem Werk? – Ihre Gebete und Leiden segnen unser Apostolat. Es macht sie so glücklich, für jemanden leiden zu können – um [auf ihre Weise] ein *Missionary of Charity* zu sein – obwohl sie selbst blind, gelähmt, tuberkulosekrank, verkrüppelt oder krebskrank sind. Oftmals, wenn ich die Arbeit sehr schwer finde, opfere ich das Leiden dieser meiner Kinder auf und ich merke, daß ich sofort Hilfe erfahre. – Ich glaube, daß viele unserer Kranken und Leidenden sehr viel schneller zur [persönlichen] Heiligung fänden, wenn sie leiden würden, um das Dürsten Jesu zu stillen.[125]

Die vereinten Kräfte von Gebet und Opfer waren die notwendige Voraussetzung, damit die Missionarinnen den Willen Gottes möglichst gut erfüllen und ihre Werke vollbringen konnten.

Bereits Anfang der Fünfzigerjahre wurden die ersten Journalisten auf Mutter Teresa aufmerksam und versetzten sie damit in Angst und Schrecken. Am 17. April 1953 berichtet sie dem Erzbischof von ihrem Kummer:

„Ich befürchte, wir bekommen zuviel öffentliche Aufmerksamkeit. – Bei einigen Dingen, die ich heute abend hörte, wurde mir heiß und kalt, und ich bekam Angst. Gott schütze uns. Bitte beten Sie für mich – daß ich nichts für die Welt bin und daß die Welt mir nichts bedeutet."[126] Gemeinsam mit den Gefahren, denen Mutter Teresa und ihre Schwestern in den von ihnen gewählten Missionsgebieten ausgesetzt waren (man denke etwa an Kalighat und die Gründung des *Nirmal Hriday,* wo die katholischen Missionarinnen sich ihre Anerkennung Tag für Tag mit Mühsal und Leid erkämpfen mußten), diente diese Furcht dazu, das Ziel fest im Auge zu behalten und sich nicht von den Erfolgen ablenken und beirren zu lassen, die täglich größer wurden. Sie wußte, daß die Vorsehung dies alles so wollte und daß sie nur ein Werkzeug war, um die Seelen zu Gott und Gott zu den Seelen zu bringen.

Nicht nur die damit verbundenen Gefahren – auch spirituelle Qualen verhinderten, daß der immense Erfolg ihre Seele beschädigte. Es war, „als ob alles tot wäre. Dieser Zustand besteht mehr oder weniger seit dem Zeitpunkt, als ich mit dem ‚Werk' anfing", schreibt sie am 18. März 1953 an den Erzbischof von Kalkutta.[127] Eine Dunkelheit, die nicht nach außen dringt und die niemand bemerkt. Mutter Teresa sagt: „Ich will Jesus anlächeln und damit den Schmerz und die Dunkelheit meiner Seele sogar vor ihm verbergen."[128] Ihr Lächeln war keine Heuchelei, sondern einfach das Lächeln einer Liebenden, genau so, wie auch eine Mutter, selbst wenn irgendein Kummer ihr Herz durchbohrt, mit den Augen und mit den Lippen ihre Kinder anzulächeln und über sich selbst und ihren Schmerz hinauszuwachsen vermag.

Mutter Teresas Liebe zu Christus ist so grenzenlos, daß sie nach eigener Aussage sogar bereit wäre, dieses spirituelle Leid in alle Ewigkeit zu ertragen, wenn sie damit auch nur eine einzige Seele retten könnte. Die Dunkelheit, die ihre Seele seit 1949/1950 überschattet, ist das bevorzugte Mittel, mit dem die treue Braut das Geheimnis des Kreuzes durchdringt und aktiv am Plan der Erlösung der Seelen teilhat. Das Leiden muß, wie die Gründerin immer wieder betont, in der Berufung einer *Missionarin der Nächstenliebe* eine zuverlässige Konstante sein.

Fünfzig Jahre lang wird sie diese Abwesenheit Gottes und die grenzenlose und ungestillte Sehnsucht nach ihm verspüren. Bei ihrer zweiten Berufung – die Armut auf ihre eigenen Schultern zu nehmen, um den Durst des Erlösers zu stillen – hatte Jesus seiner „Kleinen" angekündigt, daß sie Schweres erleiden würde, und sie neigt das Haupt und nimmt diese Leiden an, nimmt sie auf und umarmt sie in ihrem ganz persönlichen Opfer.

Mutter Teresas internationaler Ruf wuchs ins Unermeßliche, nachdem die BBC ihr und ihren Werken 1969 eine erfolgreiche Reportage gewidmet hatte. Sie trug den Titel *Etwas Schönes für Gott* und war von dem bekannten Journalisten Malcolm Muggeridge gedreht worden.

Außer dem überaus renommierten Friedensnobelpreis wurden Mutter Teresa noch viele andere Preise, internationale Auszeichnungen[129] und Ehrentitel – z. B. den juristischen Ehrendoktor der Franz-Xaver-Universität im kanadischen Antigonish oder den Ehrendoktor in Medizin und Chirurgie an der Katholischen Herz-Jesu-Universität in Rom (1981) – verliehen. Anläßlich ihres 75. Geburtstags im Oktober 1985 erhielt sie eine offizielle Einladung der UNO und wurde dort als „die stärkste Frau der Welt, die Vereinten Nationen" vorgestellt, „weil Mutter Teresa die ganze Welt in der Liebe vereint"; bei dieser Gelegenheit wurde auch eine Dokumentation über ihr Leben in Auftrag gegeben.

1997 haben viele Länder sie als *die Persönlichkeit* des 20. Jahrhunderts eingestuft.

Am 9. Juni 1997 erhielt sie die Goldmedaille des Amerikanischen Kongresses; bei dieser Gelegenheit erklärte der Abgeordnete Jackson jr.:

> Der amerikanische Kongreß ist der Auffassung, daß Mutter Teresa in jedem Lebensbereich und überall auf der Welt einen entscheidenden Einfluß gehabt hat. [...] Mutter Teresa ist nach Einschätzung des amerikanischen Kongresses das

> Instrument des Willens Gottes. Die Liebe Gottes, die uns durch Mutter Teresa vermittelt wird, hat die Geschichte der Menschheit unwiderruflich beeinflußt und verändert. Mutter Teresa lenkt die Menschen durch ihr persönliches Bespiel und zeigt ihnen, wie man in der Liebe zur Menschheit lebt.

Im Lauf der Achtzigerjahre wuchs die Freundschaft zwischen Johannes Paul II. und Mutter Teresa. Der Heilige Vater war Mutter Teresa so eng verbunden, daß die beiden, wie Don Lush es uns gegenüber beschrieben hat, das „Duett Gottes auf den Straßen dieser Welt" zu spielen schienen.

Mit der Unterstützung des Wojtyła-Papsts eröffnete Mutter Teresa in Rom ganze drei Armenhäuser, darunter eine Suppenküche in der Vatikanstadt, die der heiligen Martha, der Schutzpatronin der Gastfreundschaft, geweiht ist, und ein Gästehaus, das „Geschenk Mariens" heißt.

IM DUNKEL ERLOSCHEN

In ihren letzten zwanzig Lebensjahren war Mutter Teresa sehr viel auf Reisen, die sie an alle Enden der Erde und auch an Kriegsschauplätze wie den Libanon führten, den sie im August 1982 besuchte, um Kindern mit körperlichen und geistigen Behinderungen zu helfen.

Am Palmsonntag des Jahres 1987 hielt sich ein Priester, der Beichtvater des Noviziats der *Missionarinnen der Nächstenliebe* in Rom, in der kleinen Kapelle der Schwestern auf. Während er still seine morgendlichen Laudes aus dem Stundenbuch betete, erfaßte ihn ein jäher Gedanke: „Sag Mutter Teresa: ‚Mich dürstet'", und dieser Gedanke kehrte mit Unterbrechungen insgesamt dreimal wieder. Daraufhin entschloß sich der Priester, Mutter Teresa in einem Brief davon zu berichten. Als er mit ihr zusammentraf, fragte ihn die Missionarin: „Was hat er sonst noch gesagt?" Nach so vielen Jahren war die „Stimme" zurückgekehrt und hatte zwar nicht direkt, aber durch einen Boten wieder zu ihr gesprochen. Jesus brauchte sie noch immer, er brauchte das Licht, das sie aus der Dunkelheit heraus verstrahlte, und trotz schwerer Herzprobleme schonte Mutter Teresa sich nicht, sondern eröffnete nach dem Fall der Berliner Mauer 1989 Häuser in Rußland, der Tschechoslowakei, Ungarn und Albanien: „Ich fühle, daß Jesus und Maria von mir wollen, daß ich in dieser Zeit Kirchen eröffne im Land Albanien, in dem die Liebe Gottes so viele Jahre lang zurückgewiesen wurde und die Menschen geistig verhungerten."[130] Monat für Monat schrieb sie Rundbriefe an Missionsschwestern, Priester und Mitarbeiter und erreichte so nach wie vor alle, die sie aufgrund ihrer schwachen Gesundheit und der großen Zahl der Häuser auf der ganzen Welt nicht mehr persönlich aufsuchen konnte.

1983 fiel sie vor Müdigkeit und Erschöpfung aus dem Bett und verletzte sich; sie, die nie auf ihre eigene, sondern immer nur auf die Gesundheit der anderen geachtet hatte, lag nun selbst im Krankenhaus, und man diagnostizierte einen Herzfehler.

1989 erhielt sie einen Herzschrittmacher. Als sie 1990 zum ersten Mal und ohne Konsequenzen ihren Rücktritt von der Position der Generaloberin anbot, kommentierte sie mit der ihr eigenen Klarheit: „Ich habe meinen Rücktritt als Generaloberin, aber nicht als Mutter Teresa eingereicht. Ich bin nicht im Ruhestand. Die Armen gehen nie in den Ruhestand, und deshalb kann auch die Liebe nicht in den Ruhestand gehen."

Am 2. Januar 1991 schrieb sie einen bewegenden Brief an die Präsidenten Bush und Saddam Hussein, um den Irakkrieg abzuwenden. Im selben Jahr erkrankte sie an Lungenentzündung und hatte 1992 neuerliche Herzprobleme. Daraufhin entschloß sie sich, erneut ihren Rücktritt als Generaloberin des Ordens einzureichen, wurde jedoch bei einer Stichwahl, von einigen Enthaltungen abgesehen, praktisch einstimmig wiedergewählt. Sie nahm die Wahl an und blieb weiterhin an der Spitze der Kongregation. Im April 1996 stürzte sie und brach sich das Schlüsselbein. Im März traf sie zum letzten Mal mit Johannes Paul II. zusammen, ehe sie nach Kalkutta zurückkehrte. Am 13. März trat sie endgültig von der Leitung der Missionarinnen der Nächstenliebe zurück und gab die Verantwortung an Schwester Nirmala Joshi ab.[131]

Sie hatte gesagt: „Wenn du aus Altersgründen nicht mehr laufen kannst, dann geh schnell. Wenn du nicht mehr schnell gehen kannst, dann geh. Wenn du nicht mehr gehen kannst, dann nimm dir einen Stock. Aber bleib niemals stehen!"

Nachdem sie trotz ihrer angegriffenen Gesundheit den ganzen Sommer über zwischen Rom, New York und Washington unterwegs gewesen war, kehrte Mutter Teresa im August 1997 nach Kalkutta zurück. Am Abend des 5. September klagte sie nach acht Uhr über Rückenschmerzen; kurz darauf stellten sich Atembeschwerden ein. Man rief einen Priester und einen Arzt. Dann fiel der Strom aus – ganz Kalkutta und auch das Haus der *Missionarinnen der Nächstenliebe* lagen im Dunkeln. Ohne Strom konnte die Herz-Lungen-Maschine nicht in Gang gesetzt werden. Sie, die Jesus zu trinken gegeben und das Licht des Herrn über die Straßen der Welt getragen hatte, starb in der Dunkelheit.

„In ihren 87 Lebensjahren", so bezeugte ihre Nichte Agi, „hatte sie sich praktisch nie um sich selbst gekümmert, allenfalls dann, wenn die Ärzte sie dazu zwangen und sie ihnen gehorchte. Sie hatte sich nie geschont, weder physisch noch psychisch."

Hören wir, wie Agi Bojaxhiu das Dahinscheiden ihrer Tante beschreibt:

> Sie entschlief im Herrn mit dem Rosenkranz in den Händen, ihrer Geheimwaffe, die sie „das Gebetbuch der einfachen Leute" nannte, „das Brevier der Armen, das uns die großen Mysterien der Erlösung vor Augen stellt". Doch ehe sie zu ihm ging, wandte sie sich mit diesen Worten an Schwester Gertrude: „Ich bin bereit, Jesus erwartet mich, ich habe keine Angst." Als Erbe hinterläßt sie ihren gesamten spirituellen Reichtum, außerdem ein Paar Sandalen, zwei Saris, eine Tasche aus Leinen, zwei bis drei Hefte mit ihren Notizen, ein Gebetbuch[132], einen Rosenkranz, einen Wollpulli. Sonst nichts.

Ihr Leichnam wurde in die Kirche St. Thomas in Kalkutta gleich neben dem Loretokloster überführt, das sie 69 Jahre zuvor verlassen hatte. Hunderttausende von Menschen aller Gesellschaftsschichten und Religionen kamen aus Indien und dem Ausland, um ihr die letzte Ehre zu erweisen.

Don Lush erklärt:

> Der Tod der Gründerin ist für jede Ordensgemeinschaft immer ein großer Verlust. Das war er ganz sicher auch für die *Missionarinnen der Nächstenliebe.* Mit Gottes Gnade ist es Mutter Teresa gelungen, so viele Schwestern mit dem Geist des Evangeliums zu erfüllen und zu inspirieren, daß bisher keinerlei Rückgang zu beobachten ist. Ich möchte sogar sagen, daß die Gemeinschaft zu meiner Überraschung eher noch größer und reifer geworden ist. Mutter Teresa wirkt ganz sicher vom Himmel aus weiter und behütet, unterstützt, inspiriert und lenkt ihre kleinen Schwestern.

Das ist keine Hoffnung, sondern bereits Wirklichkeit, denn seit dem Tod der Gründerin ist der Orden um fast eintausend Mitglieder von 3.850 auf heute 4.800 gewachsen und hat über 150 neue Häuser gegründet.

Der Seligsprechungsprozeß wurde – bis dato in der Kirchengeschichte ein einmaliger Fall – mit besonderer Genehmigung von Papst Johannes Paul II. bereits zwei Jahre nach ihrem Tod eröffnet und im Sommer des Jahres 2003 zum Abschluß gebracht. Die Seligsprechungszeremonie fand am 19. Oktober desselben Jahres vor einer unübersehbaren Menschenmenge statt, die auf dem Petersplatz zusammengeströmt waren – es war der Weltmissionssonntag, und drei Tage zuvor hatte sich die Papstwahl Johannes Pauls II. zum 25. Mal gejährt. Millionen von Fernsehzuschauern hörten die Predigt des Heiligen Vaters, der an seine Freundschaft mit der Mutter der Armen erinnerte:

> Ich bin dieser mutigen Frau, deren Nähe ich immer gespürt habe, persönlich dankbar. Als Ikone des barmherzigen Samariters ging sie überall hin, um Christus in den Ärmsten der Armen zu dienen. Nicht einmal Konflikte und Kriege konnten sie aufhalten.

Ab und zu kam sie und erzählte mir von ihren Erfahrungen im Dienst an den Werten des Evangeliums. Ich erinnere mich zum Beispiel an ihre Stellungnahmen für das Leben und gegen die Abtreibung, auch anläßlich der Verleihung des Friedensnobelpreises (Oslo, 10. Dezember 1979). Sie pflegte zu sagen: ‚Wenn ihr hört, daß eine Frau ihr Kind nicht austragen, sondern abtreiben will, dann versucht sie zu überzeugen, daß sie mir dieses Kind bringt. Ich werde es lieben, weil ich in ihm ein Zeichen der Liebe Gottes sehe.'

Die Regierung in Neu-Delhi ehrte Mutter Teresa, die indische Staatsbürgerin, mit einem Staatsbegräbnis. Am 13. September gingen die Mächtigen der Erde vor ihr, einer Frau der Tat, in die Knie. Die Soldaten hielten Ehrenwache in der Thomaskirche, wo Mutter Teresa drei Tage lang aufgebahrt war; dann nahmen sie den Sarg auf ihre Schultern und stellten ihn auf dieselbe Kanonenlafette, die bereits beim Begräbnis von Mahatma Gandhi verwendet worden war. Unter dem für große Generäle üblichen Zeremoniell begleiteten und eskortierten sie sie zum Stadion von Netaji, wo der damalige Kardinalstaatssekretär Angelo Sodano die feierliche Messe zelebrierte.

Dem Altar gegenüber saßen der indische Premierminister Gujral, der Präsident der Republik Italien Oscar Luigi Scalfaro, der albanische Präsident Rexhep Mediani, Ghanas Präsident Jerry Rawlings; außerdem die Königinnen Sofia von Spanien, Noor von Jordanien, Fabiola von Belgien, die Herzogin von Kent, Madame Chirac, Hillary Clinton, Sonia Gandhi, Maria Corazón Aquino. „Wäre sie noch am Leben gewesen, wäre Lady Diana sicherlich die Königin der Versammlung gewesen", schrieb der „Corriere della Sera" (7. September 1997). Die *Missionarinnen der Nächstenliebe* – es waren über tausend – stimmten Kirchenlieder in englischer Sprache und auf Hindi an.

Um zehn Uhr traf der Leichenzug im Stadion ein, an der Spitze Soldaten und Garden in Paradeuniform und mit den typischen roten Mützen. Ein hartnäckiger Nieselregen begleitete die gesamte Begräbniszeremonie. Dann wurde die indische Nationalhymne gesungen. Der Sarg wurde geöffnet. Zwischen den Falten des weißblauen Schleiers wurde das durchscheinende, winzige Gesicht sichtbar; der übrige Körper war in die indische Flagge gehüllt, die Hände waren gefaltet, und um ihre Finger schlang sich der Rosenkranz, den sie immer bei sich getragen hatte. Am Mikrophon lösten der Erzbischof von Kalkutta Henry D'Souza, Kardinal Sodano, Mutter Teresas Nachfolgerin Schwester Nirmala Joshi und verschiedene Vertreter der in Indien lebenden Religionsgemeinschaften einander ab.

Eine große Zahl von Menschen, die Blumenkränze trugen, näherten sich dem Sarg, der anschließend unter Salutschüssen und Trompetenklängen an den Ort der Beisetzung in das Haus der *Missionarinnen der Nächstenliebe* gebracht wurde. Die ganze indische Seele und Kultur war an jenem Tag versammelt, um ihrer Mitbürgerin die letzte Ehre zu erweisen.

Der „Corriere della Sera" brachte am folgenden Tag einen Bericht über Mutter Teresas Begräbnis, der einer Entweihung gleichkommt:

> Doch der lebendigste und interessanteste Augenblick ist der, als die Vertreter anderer Religionen vortreten, um tiefbewegt ihre Solidarität mit der Verstorbenen zu bekunden: und so erleben wir, wie ein Hindu, ein Muslim und Buddhist einander das Mikrophon in die Hand geben. Besser kann man jene nicht Lügen strafen, die Mutter Teresa Proselytismus vorgeworfen und immer geglaubt haben, ihre Nächstenliebe sei nicht frei von „spirituellen" Interessen gewesen: mit anderen Worten, sie habe Kranke und Sterbende nur deshalb mit solcher Hingabe gepflegt, um sie zu bekehren und dann mit Gewalt in „ihr" Paradies zu befördern.[133]

Doch damit nicht genug; der Bericht fährt fort mit seinen respektlosen Fantastereien, die unfreiwillig deutlich machen, wieviel Unheil ein oberflächlicher Journalismus anrichten kann, wenn er sich in die Gedanken anderer einschleicht:

> Am Ende jedoch verläßt man das Stadion mit dem Gefühl, keine einzige wahre, wirklich tiefe emotionale Regung verspürt zu haben: alles in allem hatte dieses prunkvolle und überladene Protokoll nicht das geringste mit Mutter Teresa zu tun. Der Sarg ist nun wieder auf dem Weg zum Mother House, dem Mutterhaus in der North Circular Road Nr. 54, dem ständigen Sitz der *Missionarinnen der Nächstenliebe.* Doch der Regen ist stärker geworden und man hat eine Zellophanfolie über den Sarg gebreitet. [...] Wenn die Dinge der Welt einen Sinn, eine Logik hätten, dann, so denke ich, hätte Mutter Teresa auf einer Rikscha, einem von einem Mann gezogenen Wagen, wie man sie nur in Kalkutta benutzt, zum Ort ihrer Beisetzung gebracht werden müssen, und hinter dieser Rikscha hätte die ganze Verzweiflung des Lebens herziehen müssen, die sie vergeblich zu bekämpfen versucht hatte, die Krüppel, die Aussätzigen, die TBC- und Zirrhosekranken, die Sterbenden von Kalighat oder auch ganz einfach die Ärmsten der Armen, denn trotz all ihrer Bemühungen ist ihre Schar noch immer unüberschaubar. Doch in Wirklichkeit hat sich in Kalkutta nichts geändert: und in ebendiese Wunde haben ihre Kritiker wieder und wieder den Finger gelegt. Jemand hat geschrieben, daß die Oberin der *Missionarinnen der Nächstenliebe* „über der Armut gelebt und nichts getan hat, um sie zu bekämpfen und zu beseitigen“. Ein allzu strenges und ungerechtes Urteil. Es gibt ein Bonmot, das die Dinge wieder an ihren Platz stellt und sich wie ein passender Nachruf auf die Verstorbene anhört: „In Kalkutta hätte nicht einmal Jesus persönlich etwas verändern können.“

Ganz anders als dieser unehrerbietige und respektlose Artikel, der eine der schönsten und konstruktivsten Wirklichkeiten des

20. Jahrhunderts in den Schmutz zieht, schildert eine aus Italien stammenden Missionarin der Nächstenliebe, die ungenannt bleiben möchte, die Beisetzung der Ordensgründerin. Ihre Erinnerung ist anrührend und bewegend:

> Wie warmherzig war dieser letzte Abschied von Mutter Teresa! Die indischen Behörden erwiesen ihr mit ihren Sitten und Bräuchen alle nur erdenklichen Ehren, und die Menschen drängten sich voller Liebe und Dankbarkeit um ihren Sarg. Die Begräbnisfeierlichkeiten dauerten fünf Tage. Viele derjenigen, denen es gelang, sich dem Sarg zu nähern, haben Blumen daraufgestreut. Es regnete Wasser und es regnete Blütenblätter in diesen Stunden der Trauer. Im Garten von St. Thomas hat eine *Schwester der Nächstenliebe* aus Blumen ein wunderbares Portrait der Mutter gelegt. Die Organisation war perfekt, und die Menschenmenge wurde hervorragend gelenkt. Nicht nur die Armee und die Nationalgarden, sondern auch Hunderte von Freiwilligen kontrollierten und ordneten alle und alles. Die Leute auf den Straßen standen Spalier für den Leichenzug, und einige schlüpften unter den Absperrungen hindurch, um den Sarg der Mutter zu berühren. An den Straßen flatterten unzählige Bände.

Aus der Menge erhob sich eine Stimme: „Mutter, du bist eine Quelle des Lichts in dieser Welt der Finsternis gewesen.“ Wir fragen die Schwester, was sie dazu bewogen habe, eine *Missionarin der Nächstenliebe* zu werden.

> Es war die Einfachheit des Lebens, die mich angezogen hat. Die Armut. Als ich in Rom im Haus der *Missionarinnen der Nächstenliebe* auf dem Celio, hinter dem Kolosseum, gleich neben der Kirche San Gregorio, aber auch in anderen Häusern sah, daß auch die Oberinnen in der Küche standen und Fische ausnahmen oder den Boden putzten, begriff ich, daß dieser Orden wie für mich gemacht war. Hier lernte ich, daß es möglich ist, den

Durst Jesu zu stillen. Nach der Lehre Mutter Teresas mehr mit dem Beispiel als mit Worten zu predigen bedeutet, Gott durch die Werke zu den Herzen sprechen zu lassen. Sie nur anzusehen, ihr nur zuzuhören brachte einen schon zu Gott, und nur er, so sagte sie, „kann die Herzen bekehren". Unzählige haben von ihr die Taufe empfangen, und unzählige sind in der Gnade Gottes ruhig und heiter gestorben. Wenn sie hinausging und wenn sie heimkehrte, ging Mutter Teresa unweigerlich in die Kapelle, um den Hausherrn im Allerheiligsten zu grüßen.

Wie verläuft ein typischer Tag bei den *Missionarinnen der Nächstenliebe?*

Wir stehen jeden Tag um 4.30 Uhr auf. Wir beginnen den Tag mit Gebet und Betrachtung, und um sechs haben wir die Messe; dann fangen wir an zu putzen. Um acht laufen je nach den Pflichten, die das Haus übernommen hat, die Dienste an den Armen der Umgebung an. Um 8.30 Uhr gehen alle Schwestern aus dem Haus. Um zwölf kommt man zum Mittagessen zurück. Es folgt der Kreuzweg und dann eine Ruhezeit von 30 Minuten. Danach beten wir und halten eucharistische Anbetung, dann folgt etwas geistliche Lektüre; um 15 Uhr gehen alle (außer den Novizinnen und den Postulantinnen) wieder hinaus. Um 19 Uhr kommen alle nach Hause. Gebet und dann das Abendessen. Ein bißchen Freizeit, und um 21 Uhr zieht man sich zurück.

Mutter Teresa begann jeden Tag mit dem eucharistischen Jesus und verließ das Haus mit dem Rosenkranz in der Hand, um ihn zu suchen und ihm zu dienen. An welcher Stelle steht das Gebet bei den *Missionarinnen der Nächstenliebe?*

An erster Stelle. Genau deshalb beginnt ja unser Morgen sehr früh, damit wir stark sind in den Werken, die wir tagsüber tun und die alle dem Herrn Jesus gewidmet sind.

Welche Gebete sprechen Sie bevorzugt?

Wo immer wir auch sind, beginnen wir das Tagewerk mit diesem Gebet:

Lieber Gott, Du großer Heiler, ich knie vor Dir, denn jede vollkommene Gabe muß von Dir kommen. Ich bitte Dich, schenke meinen Händen Geschicklichkeit, meinem Verstand Scharfblick und meinem Herzen Mitgefühl und Sanftmut. Verleihe mir Zielstrebigkeit, die Kraft, einen Teil der Last meiner leidenden Mitmenschen auf mich zu nehmen, und die wahre Erkenntnis der Ehre, die mir zuteil wird. Nimm alle Falschheit und alles weltliche Verlangen aus meinem Herzen, damit ich mit dem schlichten Glauben eines Kindes auf Dich vertrauen kann. Amen.[134]

Dann begleitet mich den ganzen Tag über immer das Gebet, das wir am Ende jeder Messe beten und das von Kardinal Newman verfaßt worden ist:

Jesus ausstrahlen

O Jesus! Hilf mir, Deinen Wohlgeruch zu verbreiten, wohin ich auch immer gehe.
Laß mein Herz überfließen von Deinem Geist und Deinem Leben.
Dringe ein in mein innerstes Sein, und nimm so davon Besitz, daß mein Leben der Widerschein Deines Lebens sei.
Leuchte durch mich hindurch, und nimm auf solche Weise von mir Besitz, daß jede Seele, mit der ich zusammenkomme, Deine Gegenwart in mir spüren kann.
Nicht mich sollen sie sehen, sondern Dich in mir.
Bleibe in mir, so daß ich durch Dein Licht strahle und mein Licht die anderen erleuchten kann.
All mein Licht wird von Dir kommen, o Jesus.
Nicht einmal der kleinste Strahl wird von mir sein.
Du wirst durch mich die anderen erleuchten.

Lege in meine Lippen das Lob, das Dir am meisten gefällt, und erleuchte andere, die um mich herum sind, so, daß ich Dich nicht mit Worten preise, sondern mit dem Beispiel meiner Taten, mit dem sichtbaren Glanz der Liebe, die von Dir in mein Herz kommt. Amen.[135]

Wie war Mutter Teresa ihren Töchtern gegenüber?

Mutter Teresa war immer klug im Umgang mit den Aspirantinnen, den Postulantinnen und den Novizinnen. Sie war sehr anspruchsvoll, aber gleichzeitig auch sehr liebenswert und mütterlich. Ich hatte das Glück, sie nicht nur zu kennen, sondern an ihrer Seite zu leben. Ihr nahe zu sein hieß, die Liebe Gottes in Aktion zu erleben.

Wie gelang es ihr, verschiedene Ethnien in ein und derselben Schwesterngemeinschaft zusammenleben zu lassen?

Es wäre falsch, die Probleme zu leugnen, die kulturell in einer international geprägten Gemeinschaft wie der unseren entstehen. Doch es gibt ein Heilmittel, auf das Mutter Teresa immer wieder hinwies: Jesus in die Mitte zu stellen, denn mit ihm werden alle Unterschiede überwunden. Zudem ist das Gebet grundlegend: eine Gemeinschaft, die sehr viel betet, funktioniert sehr gut. Der Wille zur ethnischen Mischung war eines ihrer Merkmale. Mutter Teresa bewies der ganzen Welt, daß die Einheit unter dem Banner Christi möglich ist. Ich erinnere mich, wie sie einmal bei der Eröffnung eines Hauses in Südafrika gesagt hat: „Wir brauchen zwei richtig Weiße und zwei richtig Schwarze."

DIE HEILIGE DER DUNKELHEIT

Bei der Zusammenstellung der für den diözesanen Seligsprechungsprozeß von Mutter Teresa von Kalkutta erforderlichen Unterlagen und Materialien wurden das ganze Leid und die innere Passion deutlich, die sie seit 1949/1950 durchgemacht hatte.

Pater Brian Kolodiejchuk, der Postulator der Heiligsprechung von Mutter Teresa und Sprecher der Missionarinnen der Nächstenliebe, ein aus Kanada stammender Pater, der im mexikanischen Tijuana lebt, entdeckte gegen Ende des Seligsprechungsprozesses private Briefe und entschloß sich zu deren Veröffentlichung: das Buch *Come be my light*[136] erschien am 4. September 2007, einen Tag vor dem zehnten Todestag der Seligen.

Bis zu diesem Zeitpunkt hatte sich niemand vorstellen können, wie sehr ihr inneres Leben von Qualen und Leiden geprägt gewesen war, denn ihre geistlichen Leiter hatten Stillschweigen bewahrt. Die Jesuiten besaßen einige Briefe, andere waren in der erzbischöflichen Residenz von Kalkutta archiviert gewesen und wieder andere befanden sich im Besitz von Pater Joseph Neuner.

Mutter Teresa hatte nicht gewollt, daß ihr gesamtes biographisches Material veröffentlicht wird. Denn, so vertraute sie Bischof Ferdinand Périer von Kalkutta an, wenn den Menschen der Anfang ihrer Geschichte bekannt würde, würde sich die Aufmerksamkeit auf sie und nicht auf Christus richten. Bis zuletzt wiederholte sie immer wieder, daß die *Missionarinnen der Nächstenliebe* ein „Werk Gottes“ waren.

Auch die Schwestern, die ihr am nächsten standen, hatten nie von ihren furchtbaren geistlichen Prüfungen erfahren; vielmehr hatten sie alle an eine ganz besondere, vertraute und privilegierte Beziehung zu Gott geglaubt, die es Mutter Teresa ermöglicht hätte, ein so komplexes und intensives Leben zu führen.

Einer ihrer geistlichen Leiter, der Jesuitenpater und spätere Erzbischof von Kalkutta Lawrence Trevor Picachy, trug ihr auf, ihre Erfahrungen in Form einer schriftlichen Beichte festzuhalten.

Mutter Teresas Schmerz war unermeßlich, aber sie gab sich ganz und rückhaltlos dem Willen Gottes anheim und hielt sich auf diese Weise immer an das Gelübde ihrer Jugendzeit, ihm nie etwas zu verweigern. Das wird aus ihrer „Beichte" vom 3. September 1959 deutlich:

> Dann, Jesus, bin ich bereit, aus ganzem Herzen all das zu erleiden, was ich erleide – nicht nur jetzt – sondern für die ganze Ewigkeit – wenn es möglich wäre. Dein Glück ist alles, was ich will. Im übrigen – bitte mach Dir nicht die Mühe – selbst wenn Du mich vor Schmerzen in Ohnmacht fallen siehst. – All dies ist mein Wille. – Ich möchte Dein Dürsten stillen mit jedem einzelnen Tropfen Blut, den Du in mir finden kannst. – Bitte erlaube mir nicht, daß ich Dir in irgendeiner Weise unrecht tun kann – nimm von mir die Macht, Dich verletzen zu können. – Mit Herz und Seele möchte ich für die Schwestern arbeiten – weil sie Dir gehören: sie alle und jede Einzelne – sind Dein. Ich bitte Dich nur um eine einzige Sache – bitte mach Dir nicht die Mühe, bald zurückzukehren. – Ich bin bereit, auf Dich in alle Ewigkeit zu warten. – Deine Kleine.[137]

Ihr Beichtvater, Pater Neuner, vertritt die Ansicht, diese „dunkle Nacht" in Mutter Teresas Seele sei ihre Rettung gewesen; sie habe sie geschützt, behütet, bewahrt und gegen eine entsetzliche Gefahr verteidigt, die ihrem Auftrag und ihrer Berufung drohte. Diese Gefahr bestand in ihrer wachsenden Popularität, dem Erfolg, der allgemeinen Zustimmung, den auf sie gerichteten Fernsehkameras und den renommierten Preisen und Auszeichnungen, die sie erhielt. „All diese Dinge", so der Pater, „konnten ihr Herz nicht berühren, das sich in einer nie ganz erfüllten Sehnsucht nach Gott verzehrte."

Am 25. Oktober 1960 verließ Mutter Teresa „allein mit Jesus und für Jesus" Indien zum ersten Mal, seit sie im Januar 1929 in ihrer neuen Heimat an Land gegangen war. Sie nahm das Flugzeug nach Las Vegas, wo dreitausend Frauen auf sie warteten. Man hatte ihr dazu geraten, doch ehe sie sich zu dieser Reise entschloß, hätte die kleine und demütige Missionarin es sich niemals vorstellen können, vor einem so großen Publikum, „Tausenden von großen Menschen", zu stehen. „Ich würde sterben vor Angst und Schüchternheit."[138] Doch es blieb nicht bei den Vereinigten Staaten: ehe sie in ihr geliebtes Kalkutta zu ihren kleinen Schwestern zurückkehrte – sie zählte bereits die Stunden, „bis ich ihre lächelnden Gesichter wiedersehe" –, besuchte sie England, Deutschland, die Schweiz und Italien, und am 1. Dezember schrieb sie an Erzbischof Périer: „Meine Fahrt in die USA – war der schwerste Akt des Gehorsams, den ich Gott gegenüber jemals leisten mußte."[139] Noch unzählige Male würde sie ähnliche Opfer bringen müssen. Am 10. September 1962 schrieb sie an Pater Neuner: „Ich mußte für den Magsaysay nach Manila fahren. Es war ein großes Opfer. Warum gibt er all dies, nur nicht sich selbst? Ich will ihn, und nicht seine Geschenke oder Geschöpfe. [...] Lassen wir ihn alles nehmen, sogar sich selbst, wenn dies seine Freude größer macht. – Im Gegenzug bitte ich, meine Schwestern heilig zu machen."[140]

Pater Neuner war es auch, der ihr 1961 half, die Gründe für all dieses Leid zu begreifen: die Dunkelheit, den Zweifel und die Ungewißheit, Gottes Nähe nicht zu spüren, waren in Wirklichkeit der eigentliche spirituelle Teil ihrer Arbeit und ihres Wirkens.

Am 25. August 2007 veröffentlichte die italienische Zeitung „La Stampa“ ein Interview mit Pater Brian Kolodiejchuk; es trug den Titel: *Pater Brian: „Sie wollte die Briefe vernichten, ich konnte nicht gehorchen“*, und darin fragte der Journalist Pablo Trincia den Ordensmann, warum die Briefe veröffentlicht worden seien, obwohl Mutter Teresa ausdrücklich um ihre Vernichtung gebeten hatte:

> Weil sie ein einzigartiges und wichtiges Dokument sind. Wir haben uns erst nach langen ordensinternen Beratungen entschieden, was damit geschehen sollte. Dann haben wir beschlossen, sie zu veröffentlichen. Die Welt ist es gewohnt, Mutter Teresa durch ihre Heiligkeit wahrzunehmen. Diese Briefe erzählen von ihrer Tiefe, ihrem menschlichen Antlitz, ihrer Fähigkeit, sich den schwierigsten Situationen zu stellen. Wie viele Menschen hätten nach solchen Erfahrungen die Kraft gehabt, weiterzugehen und zu tun, was sie getan hat? [...] Die Veröffentlichung dieser privaten Briefe dient auch dazu, den anderen Mitgliedern des Ordens zu zeigen, wie sie im Lauf ihres nicht einfachen Lebens im Dienst an den Armen mit den Zeiten der Dunkelheit oder der spirituellen Krise umgehen können. Das hat Mutter Teresa in einem dieser Briefe ihren Mitschwestern erklärt. Die schwierigste Herausforderung ist nicht da draußen, sondern in jedem von uns, in unserem eigenen Inneren.

Seit sie aus diesen Enthüllungen erfahren haben, was in Mutter Teresa vorgegangen ist, können sehr viel mehr Menschen ihr Leben und Wirken besser und tiefer verstehen: sie hat dies alles dank der Tiefe leisten können, in die sie mit ihrer Innerlichkeit vorgedrungen ist, als sie die Abgründe der Gottesferne auslotete. Mit der Zeit hat sie verstanden, daß die Dunkelheit der Seele, die durch das äußerst schmerzliche und qualvolle Gefühl verursacht ist, vom Vater getrennt zu sein, daß diese Dunkelheit ein Grund zur Freude war, wie sie es in einem wunderbaren Brief an die *kranken und leidenden Mit-Arbeiter* – die „zweiten Selbsts“ von Mutter Teresa und ihren Schwestern – erklärt, der vom 9. März 1955 datiert:

> Meine ganz lieben Schwestern und Brüder,
> [...]. Wie dankbar müssen wir als *Missionaries of Charity* doch sein – Ihr, daß Ihr leiden, wir, daß wir arbeiten dürfen. – Wir vollenden in uns gegenseitig das, was in Christus noch fehlt (vgl. Kol 1,24). Wie schön ist doch unsere Berufung, Botinnen der Liebe Christi in den Slums zu sein. – Euer Opferleben ist der Kelch oder genauer gesagt: unsere Gelübde sind der Kelch und Euer Leiden und unsere Arbeit sind der Wein – die makellose Hostie. Wir stehen zusammen und halten denselben Kelch in den Händen, und so stillen wir mit den anbetenden Engeln sein brennendes Dürsten nach Seelen. Meine sehr lieben Kinder – laßt uns Jesus aus ganzem Herzen und ganzer Seele lieben. Bringen wir ihm viele Seelen. – Hört nicht auf zu lächeln. Lächelt Jesus in Eurem Leiden an – um eine wahre M.C. zu sein, muß man ein freudiges Opfer sein. – Wie glücklich bin ich, daß ich [Euch] alle habe. – Ihr gehört zu mir, wie jede Schwester hier zu mir gehört, und wenn die Arbeit besonders schwer ist, dann denke ich oftmals an jeden einzelnen von Euch – und ich sage zu Gott – schau Dir meine leidenden Kinder an und segne unser Werk wegen ihrer großen Liebe zu Dir und sofort funktioniert es. Ihr seht also, Ihr seid unser Schatzhaus – das Energiehaus der M.C.
>
> Betet für mich, meine lieben „zweiten Selbsts“ und lächelt auch weiterhin für Jesus und für mich.[141]

Sie betete immer auf den Knien. Wer sie einmal hat beobachten dürfen, der erinnert sich daran, wie sie kniete, nach indischer Art und zuweilen an die Wand der Kapelle gelehnt, weil die Müdigkeit so groß war. Ihre Hingabe und ihr Gottvertrauen waren grenzenlos; dem Vater schenkte sie alles, und immer war sie bereit, ihm zuzuhören. Sie lehrte: „Beten ist kein Bitten. Beten heißt, sich in Gottes Hände zu geben, sich ihm zur Verfügung zu stellen und in der Tiefe des eigenen Herzens seine Stimme zu hören."

Zugunsten derer, die in der Finsternis leben, verzichtete Mutter Teresa auf ihr eigenes inneres Licht.

Ihrem Oberen, dem Erzbischof Périer, mußte Mutter Teresa mindestens einmal im Monat schreiben, um ihm über ihr geistliches Leben, über die Gemeinschaft und über das Apostolat Rechenschaft zu geben, und dank dieser vielen Briefe können wir uns heute ein sehr genaues Bild von der Heiligkeit machen, zu der Gott sie rief, damit sie Freude und Licht in eine Welt der Dunkelheit und der Tränen brachte: im Tempel ihres Herzens herrschte beständige, dunkle Nacht; dort konnte sie Christus nicht begegnen, doch sie begegnete ihm in den Elendsvierteln. Sie hielt sich für nichtig, doch sie war auch um Gottes willen froh, sich wie ein Niemand fühlen zu dürfen. Je mehr sie sich nach Jesus verzehrte, desto heftiger empfand sie die Trennung, und das alles im Kontext eines eher „ehrgeizigen" Plans, den sie ihren geistlichen Leitern immer wieder einmal vorlegte:

> Was mich betrifft – so habe ich nur einen einzigen Wunsch – Gott so zu lieben, wie er noch nie geliebt wurde – mit einer tiefen, persönlichen Liebe – in meinem Herzen scheint es nichts anderes als nur ihn zu geben – und keine andere Liebe als seine: die Straßen, Kalighat, die Slums und die Schwestern sind zu Orten geworden, an denen er sein eigenes Leben der Liebe ganz lebt. Beten Sie für mich, Euer Exzellenz, daß in mir wirklich ‚nur Jesus' ist.[142]

Mutter Teresa wandte sich immer direkt, spontan und unverblümt an Jesus, und bekräftigte, daß, wenn ihre Trennung von ihm andere zu Christus führte und er Freude und Gefallen an deren Liebe und Nähe fände, sie dann bereit wäre, „aus ganzem Herzen all das zu erleiden, was ich erleide, nicht nur jetzt, sondern für die ganze Ewigkeit, wenn es möglich wäre".

Am 8. Februar 1956 gab Mutter Teresa Erzbischof Périer, dem sie geistlich sehr eng verbunden war, eine detaillierte Beschreibung ihrer spirituellen Erfahrung, über die sie nicht einmal die Beichte hinwegzutrösten vermochte:

> Eure Exzellenz,
> ich möchte Ihnen gerne etwas sagen – weiß aber nicht, wie ich es ausdrücken soll. Ich sehne mich so danach – mit einem schmerzenden Verlangen, alles für Gott zu sein – in einer Weise heilig zu sein, daß Jesus sein Leben ganz und gar in mir leben kann. Je mehr ich ihn will – desto weniger bin ich gewollt. – Ich möchte ihn lieben, wie er noch nie geliebt wurde – und doch ist da diese Trennung – diese furchtbare Leere, dieses Gefühl der Abwesenheit Gottes. – Seit mehr als vier Jahren finde ich keine Hilfe in der Führung durch Pater Van Exem. Trotzdem gehorche ich ihm blind. Oft ging ich zur Beichte, in der Hoffnung, etwas sagen zu können, und dennoch kam nichts. [...] Ich klage nicht – ich möchte einfach nur den ganzen Weg mit Christus gehen. Ich schreibe Ihnen nicht als Erzbischof – sondern als dem Vater meiner Seele – weil ich vor Ihnen noch nie irgend etwas verborgen habe. [...] Bitte, Eure Exzellenz, beten Sie für mich – damit ich ganz nah zu Gott hingezogen werde.[143]

Schon am darauffolgenden Tag antwortete der Erzbischof mit einer kurzen Zusammenfassung dessen, was der heilige Johannes vom Kreuz über die „dunkle Nacht" lehrt – ohne sich allerdings ausdrücklich auf ihn zu beziehen:

> All das, was Sie hierbei beschreiben, ist im mystischen Leben durchaus bekannt. Es handelt sich dabei um eine Gnade, die Gott Ihnen gewährt: die Sehnsucht, ganz sein zu sein, ohne jemals noch auf sich selbst oder auf Geschöpfe zurückzukom-

> men, durch ihn und in ihm zu leben – doch diese Sehnsucht, die von Gott kommt, kann in dieser Welt niemals gestillt werden, einfach deshalb, weil er unbegrenzt und wir begrenzt sind.[144]

Am 27. März schreibt Mutter Teresa an den Erzbischof: „Das einzige Gebet, was ich noch sagen kann, ist: Heiligstes Herz Jesu, ich vertraue auf Dich – ich will Dein Dürsten nach Seelen stillen."[145]

Sie lächelt Gott an, sie lächelt die Menschen an, sie will ein Apostel der Freude werden, und doch leidet ihre Seele in der beständigen Anspannung auf die Heiligkeit hin. „Ich nenne Ihnen meine Fehler. – Manchmal habe ich die Schwestern recht schnell und harsch zurechtgewiesen. Auch anderen gegenüber war ich einige Male ungeduldig."[146] Sie bietet an, die Ewigkeit in diesem entsetzlichen Leiden zu verbringen, um Jesus eine kleine Freude zu machen, wenn sie ihm auf diese Weise auch nur eine einzige Seele zuführen kann. Erschütternd ist ihr „Projekt", Gott zu lieben, „wie er noch nie zuvor geliebt wurde. – Was für ein törichter Wunsch."[147] Aber Mutter Teresa war ohnehin durch und durch erschütternd.

In den fünfzig Jahren ihres spirituellen Martyriums wurde ihr eine einzige Pause, ein einziger Moment der seelischen Freude gewährt. Überglücklich schreibt sie dem Erzbischof von Kalkutta am 7. November 1958, nach dem Tod Pius' XII.:

> Sie werden sehr erfreut sein zu hören, daß ich an dem Tag, an dem Sie Ihre Heilige Messe für die Seele unseres Heiligen Vaters in der Kathedrale aufopferten – zu ihm betete und um einen Beweis dafür bat, daß Gott mit der Kongregation zufrieden sei. Zu diesem Zeitpunkt verschwand diese lange Dunkelheit, dieser Schmerz der Verlorenheit – der Einsamkeit – dieses seltsame Leiden der letzten zehn Jahre. Heute ist meine Seele mit Liebe, mit unsagbarer Freude erfüllt – mit einer ungebrochenen Einheit der Liebe. Bitte danken Sie Gott mit mir und für mich.[148]

Knapp einen Monat währte diese Oase der Ruhe, bis die Dunkelheit erneut von ihr Besitz ergriff und sie sich fest an die Jungfrau Maria klammerte. Im Lauf der Zeit jedoch gelang es ihr, diesen Abgrund der Dunkelheit zu lieben. Nach elf Jahren hatte sie die Prüfung, die Gott ihr auferlegt hatte, liebgewonnen, „weil ich jetzt glaube, daß sie ein Teil, ein winzig kleiner Teil der schmerzlichen Dunkelheit ist, die Jesus auf Erden erlitten hat", und so lernte sie sie als „die spirituelle Seite ihres Werks" zu akzeptieren. Sie begriff, daß der Vater ihr diese Dunkelheit auferlegt hatte, um den Seelen Licht zu geben, und betrachtete sie demnach als vollgültigen Bestandteil des Heilsplans; und gleichzeitig freute sie sich darüber, nichts, wirklich gar nichts, nicht einmal den Trost des Himmels zu besitzen. Sie war der absoluten Armut preisgegeben, der Armut des Kreuzes, nach der sie sich immer gesehnt hatte. Und inzwischen vervielfältigten sich die Früchte und die Ernte des Werks.

Als sie das Buch las, das Margaret Trouner über die heilige Margareta Maria Alacoque geschrieben hat und das 1965 erschienen ist, fühlte Mutter Teresa den dringenden Wunsch, Gott wie die Heilige zu lieben.

Mutter Teresa, die sich im Tod mit Gott vereinen wollte, war nun bereit, alles anzunehmen und zu lieben, was Jesus ihr auch geben, und ihm alles zu geben, was er auch von ihr verlangen mochte – „mit einem großen Lächeln", dem Lächeln, das wir so gut kennen, weil es immer auf ihrem Gesicht lag. Sie war voll und ganz zu dem Bewußtsein gelangt, daß Gott sich ihrer „Nichtigkeit bediente, um seine Größe zu beweisen". Und der Appell an die Spirituale verlor an Intensität, weil Mutter Teresa nun ihren Weg gefunden hatte, ihren Ort, die Fülle ihrer Identität. Die Briefe, die sie von Zeit zu Zeit an ihre Beichtväter schrieb, deuteten allenfalls noch die Ahnung einer Leere an, als ob sie nun in diesem Punkt keine Hilfe mehr nötig hätte. Auch mit Erzbischof Périer sprach sie nicht mehr über ihr spirituelles Leid, und die Briefe an ihn füllten sich statt dessen mit praktischen Fragen.

Mutter Teresa ließ sich einhüllen von der dunklen Nacht des heiligen Johannes vom Kreuz und wurde für lange Jahre die Heilige der Dunkelheit; diese Besonderheit verband sie mit dem heiligen Paul vom Kreuz (1694–1775), dem Gründer des Missionsordens der Passionisten, der ebenfalls auf diese Weise zu seiner Mission berufen worden war („Ich sah mich im Geist in einem bodenlangen schwarzen Gewand mit einem weißen Kreuz auf der Brust und unter dem Kreuz in weißen Buchstaben den Allerheiligsten Namen Jesu").[149] Mutter Teresa erklärte, daß jede Trostlosigkeit, die die armen Menschen erlitten, nicht nur der materielle, sondern auch der spirituelle Mangel, der Erlösung bedürfe, und „wir unseren Teil beitragen müssen".

Nachdem sie 1979 in Oslo den Nobelpreis entgegengenommen hatte, reiste sie nicht direkt nach Kalkutta zurück, sondern zuerst nach Rom. In dem bescheidenen Haus der *Missionarinnen der Nächstenliebe* auf dem Monte Celio erwarteten sie mehrere Journalisten. Einer von ihnen fragte boshaft: „Mutter, Sie sind siebzig Jahre alt! Wenn Sie sterben, wird die Welt wieder aussehen wie vorher. Was hat sich denn nach all diesen Strapazen geändert? Mutter Teresa, ruhen Sie sich aus! Die ganze Mühe lohnt sich nicht: die Welt ändert sich nicht!" Mutter Teresa blieb ganz ruhig und schenkte ihm ihr strahlendes Lächeln: „Sehen Sie, ich habe nie gedacht, daß ich die Welt ändern könnte! Ich habe immer nur versucht, ein Tropfen reinen Wassers zu sein, in dem sich die Liebe Gottes spiegeln kann. Das kommt Ihnen wenig vor? Versuchen Sie auch ein Tropfen reinen Wassers zu sein, und dann sind wir schon zu zweit. Sind Sie verheiratet?" Der Journalist bejahte. „Dann sagen Sie es auch Ihrer Frau, und wir sind zu dritt. Haben Sie Kinder?" Der Journalist hatte drei Kinder. „Dann sagen Sie es auch Ihren Kindern, und wir sind zu sechst..." Alle schwiegen. Und man verstummt auch heute noch angesichts eines Lebens von so erhabener Schönheit, dem sie schon früh einen prophetischen Stempel aufgedrückt hatte: „Wenn ich jemals eine Heilige werde – dann ganz gewiß eine ‚Heilige der Dunkelheit'. Ich werde fortwährend im Himmel fehlen – um jenen ein Licht zu entzünden, die auf Erden in Dunkelheit leben."[150]

Das spirituelle Licht wurde ihr genommen, damit sie den Kleinen dieser Erde das Lächeln Gottvaters bringen konnte. Und aus der Finsternis, in die ihre Seele gestürzt war, strahlte ein intensives, verklärendes Licht, das allen anderen leuchtete.

Christus lebte in ihr.

ANMERKUNGEN

1 Indien hat rund 1.013.662.000 Einwohner, die sich wie folgt auf die verschiedenen Religionen verteilen: Hindu 74,5 %; Muslime 12,1 %; Christen 6,2 %, davon 1,5 % römische Katholiken; Sikhs 2,2 %; Religionslose 1,3 %; Buddhisten 0,7 %; Jainas 0,4 %; Bahai 0,2 %; Atheisten 0,2 %. Vgl. die aus dem Jahr 2000 stammende Tabelle „Religious adherents in India, AD 1900–2025", in: D. Barrett, G. T. Kurian, T. M. Johnson, *World Christian Encyclopedia,* I, Oxford 2001, S. 360.

2 Schwester Nirmala Joshi wurde inzwischen von der deutschstämmigen Schwester Mary Prema abgelöst, die am 24. März 2009 zur neuen Oberin der *Missionarinnen der Nächstenliebe* gewählt worden ist. Die Wahl fand während des Generalkapitels der *Missionarinnen* statt, das am 1. Februar 2009 in Kalkutta zusammengetreten war.

3 P. Gheddo, *Hottanta fiducia. 80 anni in 80 domande al missionario più famoso d'Italia,* Cinisello Balsamo 2009.

4 F. Zambonini, *Teresa di Calcutta. La matita di Dio,* 7. Aufl., Mailand (Paoline) 2006, S. 161.

5 Das sagte Mutter Teresa den Journalisten vor der Verleihung des Friedensnobelpreises 1979 in Oslo.

6 Mutter Teresa an Bischof McCarthy, 29. Juli 1960, zitiert nach: Mutter Teresa, *Komm, sei mein Licht. Die geheimen Aufzeichnungen der Heiligen von Kalkutta,* hrsg. und komm. von Brian Kolodiejchuk, München 2007, S. 235.

7 Vgl. L. Gjergji, *Madre della carità,* Bergamo 2007, S. 37.

8 Mutter Teresa, Instruktion an die *Missionarinnen der Nächstenliebe,* 19. Januar 1983, zitiert nach *Komm, sei mein Licht,* a. a. O., S. 44.

9 Mutter Teresa, Missionarin der Nächstenliebe.

10 Don Lush Gjergji hat sein Leben an der Seite von Mutter Teresa verbracht und kannte sie besser als jeder Verwandte: er ist in ihrem Umfeld aufgewachsen und wurde von ihr geprägt, er ist ihr gefolgt, hat sie mehrmals interviewt und war ihr geistiger Sohn. Er hat bisher dreizehn Bücher über sie geschrieben, die in verschiedene Sprachen übersetzt worden sind. Don Lush ist ein fröhlicher, scharfsinniger und brillanter Priester, ein produktiver Schriftsteller und Journalist und von einer tiefen Leidenschaft für Christus und Mutter Teresa erfüllt. Er wurde am 21. März 1949 in Stublla, Landkreis Vitia, im Kosovo geboren. Er besuchte das humanistische Gymnasium in Dubrovnik, studierte zunächst in Split und anschließend an der Universität *Urbaniana* in Rom Philosophie und hat mit einer sozialpsychologischen Arbeit über „Die albanische Frau" inzwischen auch sein Psychologiestudium an der Universität *La Sapienza* abgeschlossen. Am 11. August 1973 zum Priester geweiht, war er von 1975 bis 1993 Pfarrer von Ferizaj und Sekretär des Bischofs Nikolla Prela, von 1993 bis 2008 Pfarrer von Binça und von 2004 bis 2008 Generalvikar. Heute ist Don Lush Pfarrer der Kathedrale von Prizren.

11 L. Gjergji, *Madre della carità,* a. a. O., S. 37.

12 *Ebd.,* S. 38.

13 So nannten die Kinder der Bojaxhius ihre Mutter. Nëna Loke ist der albanische Ausdruck für Mama oder Mutter.

14 L. Gjergji, *Madre della carità,* a. a. O., S. 38f.

15 *Ebd.,* S. 39.

16 *Ebd.,* S. 39.

17 Nach der deutschen Übersetzung von Adel Theodor Khoury, Gütersloh 1987.

18 L. Gjergji, *Madre della carità,* a. a. O., S. 54.

19 *Ebd.,* S. 39.

20 „Drita" ist eine religiöse und kulturelle Monatszeitschrift in albanischer Sprache. Sie wurde 1970 gegründet. Derzeit ist Don Lush Gjergji ihr Chefredakteur und Leiter des in Prizren ansässigen Verlags.

21 Mt 6,3–4.

22 L. Gjergji, *Madre della carità,* a. a. O., S. 41 f.

23 *Ebd.,* S. 45.

24 J. L. González Balado, *La gioia di darsi agli altri,* Mailand, S. 165 f. (span. Original: *La alegría de darse a los demás,* Madrid 1977).

25 L. Gjergji, *Madre della carità,* a. a. O., S. 47.

26 Ebd., S. 47 ff.

27 *Ebd.,* S. 50

28 *Ebd.*, S. 50.

29 G. B. Cottolengo, *Detti e pensieri*, Mailand 2005, Nr. 201.

30 Beide wurden am 19. Oktober 2008 in Lisieux seliggesprochen.

31 E. Bambara, *Madre Teresa. Una donna del Kosovo*, SIR (Servizio Informazione Religiosa) 16, 29. Februar 2008.

32 L. Depolo, „Evandjelje uvijek danas", in: Veritas, 12/1980.

33 Mutter Teresa, Instruktion an die *Missionarinnen der Nächstenliebe*, 24. Mai 1984, zitiert nach *Komm, sei mein Licht*, a. a. O., S. 25.

34 L. Gjergji, *Madre della carità*, a. a. O., S. 64.

35 Mutter Teresa, *Riflessioni per l'anima*, Lima, Peru 2008.

36 L. Gjergji, *Madre della carità*, a. a. O., S. 67.

37 *Ebd.*, S. 70.

38 L. Gjergji, *Madre della carità*, a. a. O., S. 70.

39 *Ebd.*, S. 71.

40 *Ebd.*, S. 107.

41 *Ebd.*, S. 81.

42 *Ebd.*

43 *Ebd.*

44 *Ebd.*, S. 85; dt. Fassung aus: Mutter Teresa, *Komm, sei mein Licht*, a. a. O., S. 27ff.

45 Zitiert nach *Komm, sei mein Licht*, a. a. O., S. 27.

46 Mutter Teresa in der katholischen Zeitschrift „Blagovijest", November 1932, zitiert nach *Komm, sei mein Licht*, a. a. O., S. 30 f.

47 Zitiert nach *Komm, sei mein Licht*, a. a. O., S. 32 f.

48 Der Evangelist Johannes erzählt: „So kam er zu einem Ort in Samarien, der Sychar hieß und nahe bei dem Grundstück lag, das Jakob seinem Sohn Josef vermacht hatte. Dort befand sich der Jakobsbrunnen. Jesus war müde von der Reise und setzte sich daher an den Brunnen; es war um die sechste Stunde. Da kam eine samaritische Frau, um Wasser zu schöpfen. Jesus sagte zu ihr: Gib mir zu trinken! Seine Jünger waren nämlich in den Ort gegangen, um etwas zum Essen zu kaufen. Die samaritische Frau sagte zu ihm: Wie kannst du als Jude mich, eine Samariterin, um Wasser bitten? Die Juden verkehren nämlich nicht mit den Samaritern. Jesus antwortete ihr: Wenn du wüßtest, worin die Gabe Gottes besteht und wer es ist, der zu dir sagt: Gib mir zu trinken!, dann hättest du ihn gebeten, und er hätte dir lebendiges Wasser gegeben. Sie sagte zu ihm: Herr, du hast kein Schöpfgefäß, und der Brunnen ist tief; woher hast du also das lebendige Wasser? Bist du etwa größer als unser Vater Jakob, der uns den Brunnen gegeben und selbst daraus getrunken hat, wie seine Söhne und seine Herden? Jesus antwortete ihr: Wer von diesem Wasser trinkt, wird wieder Durst bekommen; wer aber von dem Wasser trinkt, das ich ihm geben werde, wird niemals mehr Durst haben; vielmehr wird das Wasser, das ich ihm gebe, in ihm zur sprudelnden Quelle werden, deren Wasser ewiges Leben schenkt. Da sagte die Frau zu ihm: Herr, gib mir dieses Wasser, damit ich keinen Durst mehr habe und nicht mehr hierher kommen muß, um Wasser zu schöpfen. Er sagte zu ihr: Geh, ruf deinen Mann und komm wieder her! Die Frau antwortete: Ich habe keinen Mann. Jesus sagte zu ihr: Du hast richtig gesagt: Ich habe keinen Mann. Denn fünf Männer hast du gehabt und der, den du jetzt hast, ist nicht dein Mann. Damit hast du die Wahrheit gesagt. Die Frau sagte zu ihm: Herr, ich sehe, daß du ein Prophet bist. Unsere Väter haben auf diesem Berg Gott angebetet; ihr aber sagt, in Jerusalem sei die Stätte, wo man anbeten muß. Jesus sprach zu ihr: Glaube mir, Frau, die Stunde kommt, zu der ihr weder auf diesem Berg noch in Jerusalem den Vater anbeten werdet. Ihr betet an, was ihr nicht kennt, wir beten an, was wir kennen; denn das Heil kommt von den Juden. Aber die Stunde kommt und sie ist schon da, zu der die wahren Beter den Vater anbeten werden im Geist und in der Wahrheit; denn so will der Vater angebetet werden. Gott ist Geist und alle, die ihn anbeten, müssen im Geist und in der Wahrheit anbeten. Die Frau sagte zu ihm: Ich weiß, daß der Messias kommt, das ist: der Gesalbte (Christus). Wenn er kommt, wird er uns alles verkünden. Da sagte Jesus zu ihr: Ich bin es, ich, der mit dir spricht." (Joh 4,5–26)

49 Mutter Teresa, Brief vom November 1931, veröffentlicht in der Zeitschrift „Katoličke misije".

50 L. Gjergji, *Madre della carità,* a. a. O., S. 98.

51 Zitiert nach *Komm, sei mein Licht,* a. a. O., S. 37 f.

52 Mutter Teresa von Kalkutta, *Erklärung der ursprünglichen Konstitutionen* der Missionaries of Charity, o. J., zitiert nach *Komm, sei mein Licht,* a. a. O., S. 42.

53 A. O'Rahilly, *Father William Doyle S.J. A Spiritual Study,* London/New York/Toronto 1925, S. 288, zitiert nach *Komm, sei mein Licht,* a. a. O., S. 43.

54 Mutter Teresa, Instruktion an die *Missionarinnen der Nächstenliebe,* 31. März 1987, zitiert nach *Komm, sei mein Licht,* a. a. O., S. 46.

55 Theresia Martin, *Geschichte einer Seele,* Trier 1953, S. 188 ff.

56 Mutter Teresa, *Komm, sei mein Licht,* a. a. O., S. 46.

57 Mutter Teresa, Instruktion an die *Missionarinnen der Nächstenliebe,* 30. Oktober 1981, zitiert nach *Komm, sei mein Licht,* a. a. O., S. 47.

58 Papst Paul VI., *Gaudete in Domino,* Apostolisches Schreiben über die christliche Freude (9. Mai 1975), Nachkonziliare Dokumentation Bd. 53, Trier 1976, S. 53–55.

59 L. Gjergji, *Madre della carità,* a. a. O., S. 114.

60 *Ebd.*

61 Mutter Teresa, *Komm, sei mein Licht,* a. a. O., S. 50

62 *Ebd.*

63 E. Egan, *Such a Vision of the Street: Mother Teresa, the Spirit and Work,* New York (Image Doubleday) 1985, S. 24, zitiert nach *Komm, sei mein Licht,* a. a. O., S. 51.

64 L. Gjergji, *Madre della carità,* a. a. O., S. 130 f.

65 *Ebd.,* S. 131.

66 Eine Loretoschwester, die die ewigen Gelübde abgelegt hatte, wurde normalerweise mit dem englischen Wort *Mother* und nicht mit dem bengalischen *Ma* angeredet. Schwester Teresas Schutzbefohlene aber nannten sie nach wie vor bei diesem zärtlichen und vertraulichen Namen.

67 Mutter Teresa von Kalkutta, *Erklärung der ursprünglichen Konstitutionen* der Missionaries of Charity, o. J., zitiert nach *Komm, sei mein Licht,* a. a. O., S. 55.

68 Mutter Teresa an die Schwestern, Brüder und Patres der *Missionaries of Charity,* 25. März 1993, zitiert nach *Komm, sei mein Licht,* a. a. O., S. 56.

69 Bruder Silvestro sprach mit einem großen Pappmaché-Kruzifix aus dem 18. Jahrhundert. Es stand vergessen in einem Kellergeschoß, und er transportierte es von Chieri (Turin) nach Goundì in Burkina Faso. Über dieses Kruzifix sagte der *Missionar von der Heiligen Familie:* „Er gibt mir die Kraft zum Handeln!"

70 Zitiert nach *Komm, sei mein Licht,* S. 56.

71 *Ebd.,* S. 57.

72 *Ebd.*

73 Mutter Teresa in „Katoličke misije“, Februar 1935, S. 25, zitiert nach *Komm, sei mein Licht,* a. a. O., S. 58.

74 *Komm, sei mein Licht,* a. a. O., S. 58.

75 Mutter Teresa an Erzbischof Ferdinand Périer, 13. Januar 1947, zitiert nach *Komm, sei mein Licht,* a. a. O., S. 61–67.

76 Im Buch Numeri (15,37–39) heißt es, daß die Streifen für das Volk Israel die Treue Gottes zu seinem Bund symbolisieren.

77 Zitiert nach *Komm, sei mein Licht,* a. a. O., S. 73 f.

78 Ebd., S. 79 f.

79 Brief von Mutter Teresa an den Erzbischof Ferdinand Périer, Asansol, den 30. März 1947, zitiert nach *Komm, sei mein Licht,* S. 82 f.

80 Erzbischof Ferdinand Périer an Mutter Teresa, 7. April 1947, zitiert nach *Komm, sei mein Licht,* S. 85 ff.

81 Mutter Teresa an Erzbischof Ferdinand Périer, Fronleichnam 1947, zitiert nach *Komm, sei mein Licht,* a. a. O., S. 91–96.

82 Zitiert nach *Komm, sei mein Licht,* S. 98 f.

83 Mutter Teresa an Pater Van Exem, 19. Oktober 1947, zitiert nach *Komm, sei mein Licht,* S. 107.

84 Pater Van Exem an Bischof Périer, 8. August 1947, zitiert nach *Komm, sei mein Licht,* a. a. O., S. 109.

85 Pater Van Exem an Bischof Périer, 20. Oktober 1947, zitiert nach *Komm, sei mein Licht,* a. a. O., S. 109.

86 Zitiert nach *Komm, sei mein Licht,* a. a. O., S. 111.

87 Zitiert nach *Komm, sei mein Licht,* a. a. O., S. 124.

88 Anstelle der erbetenen Säkularisierung wird Mutter Teresa exklaustriert, das heißt, sie erhält die Genehmigung, für eine Zeit von bis zu einem Jahr außerhalb des Loretoklosters zu bleiben, ohne von ihren Ordensgelübden als Loretoschwester entbunden zu werden.

89 Vgl. L. Gjergji, *Dashuria, tërheqëse: Nëna, jonë Terese,* Zagreb 1980. Hierbei handelt es sich um die erste vollständige Biographie über Mutter Teresa von Kalkutta. Das Buch ist in mehrere Sprachen übersetzt worden.

90 Dominique Lapierre, *Stadt der Freude,* München 1985, S. 57.

91 Zitiert nach *Komm, sei mein Licht,* a. a. O., S. 144.

92 Mutter M. Gabrielle an Mutter Teresa, 3. September 1948, zitiert nach *Komm, sei mein Licht,* a. a. O., S. 150. Tatsächlich fiel der Namenstag der Seligen auf den 3. Oktober, daher ist es wahrscheinlich, daß Schwester Gabrielle sich bei der Datierung des Briefs geirrt hat.

93 Mutter Teresa, *Journal,* 24. Januar 1949, zitiert nach *Komm, sei mein Licht,* a. a. O., S. 158.

94 Mutter Teresa, *Journal,* 24. Januar 1949.

95 Vgl. L. Gjergji, *Dashuria, tërheqëse: Nëna, jonë Terese,* a. a. O.

96 Vgl. *ebd.*

97 Mutter Teresa, *Journal,* 16. Februar 1949, zitiert nach *Komm, sei mein Licht,* a. a. O., S. 159.

98 Zitiert nach *Komm, sei mein Licht,* a. a. O., S. 160.

99 Vgl. L. Gjergji, *Dashuria, tërheqëse: Nëna, jonë Terese,* a. a. O.

100 Vgl. *ebd.*

101 Mutter Teresa an *Pius XII.,* 1. März 1950.

102 L. Gjergji, *Madre della carità,* a. a. O., S. 73.

103 Zitiert nach *Komm, sei mein Licht,* a. a. O., S. 203.

104 Am 28. Juni 1989 hielt Milošević, seit dem 8. Mai Präsident der Republik Serbien, eine heftige Rede gegen die albanische Ethnie, in der er die Albaner mit den osmanischen Türken verglich. Einerseits war diese Rede eine der Ursachen, die zum Zerfall Jugoslawiens führten. Andererseits markierte sie den Beginn einer gewaltsamen Politik der „ethnischen Säuberung“: autonome albanischsprachige Schulen wurden geschlossen und Verwaltungsfunktionäre und Lehrkräfte durch Serben oder Personen ersetzt, die als serbientreu galten.
Zunächst reagierte die albanische Ethnie unter der Führung von Ibrahim Rugovas demokratischer Liga des Kosovo (LDK) mit gewaltlosem Widerstand auf den Verlust ihrer verfassungsmäßigen Rechte. Die Albaner boykottierten die Institutionen und die offiziellen Wahlen, richteten eigene Institutionen und Schulen ein und erklärten am 2. Juli 1990 die Unabhängigkeit der Republik Kosovo, die nur von

dem seit kurzem wieder demokratischen Albanien anerkannt wurde. Sie verabschiedeten eine Verfassung (September 1990) und hielten ein Referendum über die Unabhängigkeit ab (1992), an dem 80 % aller Wahlberechtigten teilnahmen, von denen wiederum 98 % mit Ja stimmten (das Referendum fand zwar in Anwesenheit internationaler Beobachter statt, wurde jedoch international nicht anerkannt).
Dennoch entschlossen sich ab 1995 – nach dem Ende des Kriegs in Bosnien-Herzegowina – viele Albaner für den bewaffneten Unabhängigkeitskampf unter der Führung der *Ushtria çlirimtare e Kosovës* (UÇK), die auch die Veteranen aus dem soeben beendeten Krieg einsetzten. 1999 brach ein echter bewaffneter Konflikt aus, in dem verschiedene internationale Streitkräfte intervenierten, um den Kosovo gegen die Angriffe der Zentralregierung in Belgrad zu schützen.
Auf der Grundlage der Resolution des Sicherheitsrats der Vereinten Nationen Nr. 1244 aus dem Jahr 1999 wurde der Kosovo mit einer Übergangsregierung und einem provisorischen Parlament ausgestattet und unter internationales Protektorat der UNMIK und der NATO gestellt. In den darauffolgenden Jahren normalisierte sich die Situation allmählich, auch wenn es immer wieder zu gewaltsamen Zwischenfällen kam; so griffen im März 2004 Gruppen, die vorwiegend aus albanischstämmigen Kosovaren bestanden, innerhalb von fünf Tagen mehr als dreißig christliche Kirchen und Klöster im Kosovo an, töteten mindestens zwanzig Menschen und steckten Dutzende serbischer Häuser in Brand. Am 10. Dezember 2007 endeten die von der UNO geführten Verhandlungen weitgehend ergebnislos. Serbien und der Kosovo hielten an ihren bisherigen Positionen fest. Die kosovarischen Behörden bestanden darauf, eine einseitige Unabhängigkeitserklärung abzugeben (das war die von der albanischen Mehrheit bevorzugte Lösung, für die es bisher mit Osttimor nur einen einzigen Präzedenzfall gibt).
Am 17. Februar verabschiedete das Parlament von Priština auf einer außerordentlichen Sitzung die Unabhängigkeitserklärung des Kosovo, die von Premierminister Hashim Thaçi verlesen wurde. Flagge und Wappen wurden so gewählt, daß sie die multiethnische Zusammensetzung des Landes berücksichtigten. Die Rede des Premierministers spricht von einer demokratischen, säkularen und multiethnischen Republik, die von den Prinzipien der Nichtdiskriminierung und des gleichen gesetzlichen Schutzes für alle geleitet wird. Zehn Minuten nach der Erklärung, die gegen 15.00 Uhr stattfand, beeilte sich die serbische Regierung, selbige für illegitim und illegal zu erklären: niemals werde man die sezessionstische Republik als unabhängig anerkennen. Am 9. April 2008 hat das Parlament des Kosovo die

neue Verfassung einstimmig angenommen, die festlegt, daß das Land ein laizistischer Staat ist, der die Religionsfreiheit respektiert und die Rechte aller ethnischen Gemeinschaften garantiert (vgl. Internet: http://it.wikipedia.org/wiki/Storia_del_Kosovo, abgerufen am 22. März 2010, A. d. Ü.).

105 L. Gjergji, *Madre della carità,* a. a. O., S. 145.

106 *Ebd.*

107 *Ebd.,* S. 158.

108 *Ebd.*

109 *Ebd.,* S. 162.

110 Zitiert nach *Komm, sei mein Licht,* a. a. O., S. 180.

111 *Angelus* in Castel Gandolfo am 7. September 1997, in: *Der Apostolische Stuhl 1997,* S. 123.

112 Mutter Teresa, *Der einfache Weg,* zusammengestellt von Lucinda Vardey, Hamburg 1995, S. 67 f.

113 1987 wurde Mutter Teresa Ehrenpräsidentin aller Lebensschutzbewegungen weltweit.

114 Mutter Teresa, *Komm, sei mein Licht,* a. a. O., S. 336 f.

115 Denken wir etwa an die Anwendung von Mepacrin (einem Malariamittel, das eine Art Nekrotisierung der Gebärmutterschleimhaut bewirkt) zur chemischen Sterilisierung oder an den zynischen Einsatz von Arzneimitteln, die die Gesundheit der Frau gefährden und deshalb in den westlichen Ländern nicht zugelassen sind.

116 Vgl. Internet: www.fides.org/ita/documents/Dossier_steri_donne_230808.doc, S. 15 ff., abgerufen am 22. März 2010 (A. d. Ü.).

117 Mutter Teresa, *Der einfache Weg,* a. a. O., S. 205.

118 J. Gusić, *Majke odbačenih: djelovanje Majke Terezije iz Kalkute i njezine Družbe misionarki ljubavi,* Zagreb 1976, S. 236 f.

119 A. Comastri, Madre Teresa. *Una goccia d'acqua pulita,* 4. Aufl., Mailand 2007, S. 32 f.

120 Mutter Teresa, *Komm, sei mein Licht,* a. a. O., S. 166.

121 Mutter Teresa an Erzbischof Périer, 20. Januar 1951, zitiert nach *Komm, sei mein Licht,* a. a. O., S. 166 f.

122 Mutter Teresa an Erzbischof Périer, 15. April 1951, zitiert nach *Komm, sei mein Licht,* a. a. O., S. 167.

123 *Ebd.,* S. 170.

124 Mutter Teresa an die Mit-Arbeiter, 1. März 1995, zitiert nach *Komm, sei mein Licht,* a. a. O., S. 173.

125 Mutter Teresa, *Komm, sei mein Licht,* a. a. O., S. 181 f.

126 *Ebd.,* S. 180.

127 *Ebd.,* S. 177.

128 *Ebd.*

129 1962 der Ramon Magsaysay Award für Frieden und internationale Verständigung; der indische Preis Padma Shri;

1971 der Friedenspreis „Papst Johannes XXIII.", der ihr von Papst Paul VI. überreicht wurde; der Kennedy-Preis;

1972 der Nehru-Preis für die Förderung des Friedens und der internationalen Verständigung;

1973 der Templeton-Preis;

1975 der internationaler Albert-Schweitzer-Preis;

1978 der Balzan-Preis „für die außerordentliche Hingabe, mit der sie ihr ganzes Leben der Aufgabe gewidmet hat, in Indien und in anderen Ländern der Welt den Opfern von Hunger, Elend und Krankheiten, den Verlassenen und den Sterbenden zu helfen und ihre Liebe zu der leidenden Menschheit in unermüdliche Arbeit zu verwandeln";

1979 und 1980 Indiens höchste zivile Auszeichnung Bharat Ratna;

17. Oktober 1979 der Friedensnobelpreis „für die Arbeit im Kampf gegen die Armut und das Elend, die ebenfalls eine Bedrohung des Friedens darstellen";

1981 der Orden der Ehrenlegion, verliehen von Jean-Claude Duvalier;

1985 die Freiheitsmedaille, verliehen von US-Präsident Ronald Reagan;

1996 die Ehrenbürgerwürde der Vereinigten Staaten;

1997 die Goldmedaille des Kongresses.

130 Mutter Teresa an die *Missionarinnen der Nächstenliebe,* 23. April 1991, zitiert nach *Komm, sei mein Licht,* a. a. O., S. 360.

131 Schwester Nirmala Joshi wurde 1934 in dem kleinen ostindischen Dorf Duranda in der Nähe von Ranchi im Staat Bihar von nepalesischen Eltern geboren. Sie studierte Jura, um den Armen in Rechtsfragen beizustehen, hat den Anwaltsberuf jedoch nie ausgeübt. Sie hat rund sechzig Häuser eröffnet, davon eines in Jerusalem.

132 Mutter Teresas kostbares Gebetbuch ist veröffentlicht und in mehrere Sprachen übersetzt worden: *Das Gebetbuch der Mutter Teresa,* ausgew. u. übers. v. José Luis Gonzáles-Balado, Freiburg im Breisgau [u.a.] 1999 .

133 E. Mo, *I potenti della terra si inginocchiano,* „Corriere della Sera", 14. September 1997.

134 Deutsche Fassung zitiert nach Mutter Teresa, *Der einfache Weg,* a. a. O., S. 101.

135 Deutsche Fassung zitiert nach *Das Gebetbuch der Mutter Teresa,* a. a. O., S. 24.

136 Mutter Teresa, *Komm, sei mein Licht. Die geheimen Aufzeichnungen der Heiligen von Kalkutta,* hrsg. und komm. von Brian Kolodiejchuk, München 2007.

137 Mutter Teresa an Pater Picachy, 3. September 1959, zitiert nach *Komm, sei mein Licht,* a. a. O., S. 227.

138 Mutter Teresa an Eileen Egan, 24. Juli 1960, zitiert nach *Komm, sei mein Licht,* a. a. O., S. 238.

139 *Ebd.*

140 *Ebd.,* S. 275.

141 Zitiert nach *Komm, sei mein Licht,* a. a. O., S. 187 f.

142 Mutter Teresa an Erzbischof Périer, 17. November 1956, zitiert nach *Komm, sei mein Licht,* a. a. O., S. 198.

143 *Komm, sei mein Licht,* a. a. O., S. 193.

144 *Ebd.,* S. 194.

145 *Ebd.,* S. 194.

146 Mutter Teresa an Erzbischof Périer, 8. April 1957, zitiert nach *Komm, sei mein Licht,* a. a. O., S. 201.

147 Mutter Teresa an Pater Picachy, 28. Juni 1958, zitiert nach *Komm, sei mein Licht,* a. a. O., S. 205.

148 *Komm, sei mein Licht,* a. a. O., S. 207 f.

149 1721 bekleidete der Bischof von Alexandrien, sein Spiritual, den heiligen Paul vom Kreuz mit einem schwarzen Gewand: er trug das Symbol der Passion Jesu, war barfuß, und sein Haupt war unbedeckt.

150 Mutter Teresa an Pater Neuner, 6. März 1962, zitiert nach *Komm, sei mein Licht,* a. a. O., S. 268.

BIBLIOGRAPHIE

Allegri, R.
Mutter Teresa: ein Leben für die Ärmsten der Armen, München 1993.

Arribas Sánchez P.
Madre Teresa di Calcutta. L'evangelo di una santa. Illuminando la „notte oscura", Mailand 2008.

Chawla, N.
Mutter Teresa , München 1993.

Comastri, A.
Madre Teresa. Una goccia d'acqua pulita, 4. Aufl., Mailand 2007.

Dainotti, M. T.
Madre Teresa di Calcutta. Un cuore per il mondo, Turin 1972.

Le Joly, E.
Wir leben für Jesus: Mutter Teresas geistlicher Weg, Freiburg i. Br. [u. a.] 1978;
Wir lieben Gott in dieser Welt : die Frömmigkeit Mutter Teresas, Freiburg i. Br. [u. a.] 1985.

Egan, E.
Such a Vision of the Street: Mother Teresa, the Spirit and Work, New York 1985.

Gaeta, S.
Il segreto di Madre Teresa, Casale Monferrato 2003.

Gjergji, L.
Dashuria, tërheqëse: Nëna, jonë Terese, Zagreb 1980;
Lule per Nënën, Drita, Ferizaj 1986;
Vivere, amare, testimoniare. La spiritualità di Madre Teresa, Bergamo 1995;
Madre Teresa, L'amore in azione, Bergamo und Turin 2002;
Madre della carità, Bergamo 2007.

González-Balado, J. L.
Il sari e la croce. La vita e le opere di Madre Teresa di Calcutta, Assisi 1988;
I fioretti di Madre Teresa di Calcutta, Mailand 1992;
Parole Sante, Mailand 1997.

Gorrée, G./Barbier, J.
Amour sans frontière, Mère Teresa de Calcutta, Paris 1972.

Kolodiejchuk, B.
Mutter Teresa, Komm, sei mein Licht. Die geheimen Aufzeichnungen der Heiligen von Kalkutta, München 2007.

Laghi, P.
Madre Teresa di Calcutta. Il Vangelo in cinque dita, Bologna 2003.

Lapierre, D.
Stadt der Freude, München 1985;
Les héros de la cité de la joie, Paris 1986.

Mutter Teresa
Ein Weg zum Lieben, 4. Aufl., München 1991;
Saremo giudicati sull' amore. La vocazione cristiana, Rom 1988;
La mia vita, Mailand 1990;
Für jeden Tag, München 1990 ;
A Gift for God. Prayers and Meditations, New York 1996;
Amare fino a morire, hg. von R. Paganelli, Bologna 1997;
Ti offro il mio cuore, o Signore, Mailand 1998;
La mia regola, Casale Monferrato 2000;
Das Gebetbuch der Mutter Teresa, Freiburg i. Br. [u.a.] 1999.
Der einfache Weg, Hamburg 1995.

Muggeridge M.
Mutter Teresa, Freiburg i. Br. 1972.

Pucci, M. V.
Madre Teresa di Calcutta, 3. Aufl., Padua 1990.

Salvoldi, G.
Madre Teresa nel Kosovo della riconciliazione, Padua und Bergamo 2003.

Salvoldi, V.
Madre Teresa emblema di pace, Turin und Bergamo 2003.

Sammer, M.
Mutter Teresa begegnen, Augsburg 2003.

Serrou, R.
Mutter Teresa, Freiburg i. Br. 1980.

Spink, K.
For the brotherhood of man under the fatherhood of God: Mother Teresa of Calcutta, her missionaries of charity and her co-workers, New Malden 1981;
A chain of love: Mother Teresa and her suffering disciples, London 1984;
Mutter Teresa: ein Leben für die Barmherzigkeit, Bergisch Gladbach 1997.

Varnava, S.
Con tanto amore. Pensieri di Madre Teresa, Bologna 1985.

Zambonini, F.
Madre Teresa di Calcutta. La matita di Dio, 7. Aufl., Mailand 2006;
Madre Teresa di Calcutta. La mistica degli ultimi, Mailand 2003.